韓國女性學研究序說

강 숙 자

지식산업사

한국여성학연구서설

초판 1쇄 발행 1998. 10. 26
초판 4쇄 발행 2004. 1. 15

지은이   강숙자
펴낸이   김경희
펴낸곳   (주)지식산업사
주소   서울시 종로구 통의동 35-18
전화   (02)734-1978(대)
팩스   (02)720-7900

인터넷한글문패 지식산업사
인터넷영문문패 www.jisik.co.kr
전자우편 jsp@jisik.co.kr, jisikco@chollian.net

등록번호 1-363
등록날짜 1969. 5. 8

ⓒ 강숙자, 1998
ISBN 89-423-3034-7 93300

책값 13,000원

이 책을 읽고 지은이에게 문의하고자 하는 이는 지식산업사 e-mail로 연락 바랍니다.

머리글

게릴라식 폭우가 전국의 산하를 할퀴고 있던 올 여름에 우린 미처 가을을 예비할 여유가 없었다. 그러나 그 여름은 역시 '열음'이었다. 계절은 어김없이 성큼 우리 곁에 다가와 풍성한 열매 맺음을 노래하고 있지 않은가! 이 결실의 가을에 어리석은 소견을 엮어서 한 권의 책으로 내어놓으려니 참으로 부끄럽기 그지없다.

여기에 실린 글들은 각기 다른 시간대에 독립된 원고로 씌어졌기 때문에 내용의 중복이 다소 있음을 밝힌다. 그러나 이 땅의 여성학은 '서양 여성의 경험'이 아닌 '한국 여성의 경험'으로 시작해야 한다는 뚜렷하고 일관된 주제를 벗어난 적은 없다. 마치 광야에서 메시아의 도래를 외치는 외로운 선지자의 심정으로 다음에 든 몇 가지 점을 늘 놓치지 않으려 애썼다.

ㅇ 근대화가 과연 여성에게는 발전만이었는가.
ㅇ 한국여성들은 식민지 근대화과정에서 지위가 더욱 왜곡되었다.
ㅇ 한국 전통사회 여성들의 삶을 올바로 평가해야 한다.
ㅇ 한국여성학으로서 이 땅에 뿌리 내리기.

이 지면을 빌려 지금까지 가르쳐 주시고 지도해 주신 여러 선생님

4

들께 감사를 드린다. 특히 성의를 다해서 석사학위 논문을 지도해 주신 박용옥 선생님, 강단에 서는 기쁨을 누리도록 배려해 주신 이은순 선생님, 다시금 학문의 길을 걸을 수 있게 도와주신 진덕규 선생님, '88년 미국 여성학대회에서 '한국여성운동과 남북통일'이라는 주제로 (공동)발표의 기회를 마련해 주신 (당시) 하와이대학 윤영구 선생님, 노이만의 책과 해외여행 후에 국외 여성학 신간을 소개해 주셨던 김상일 선생님, 야심 찬 박사학위논문 주제 ─ 유교의 가족주의 이데올로기와 공동체 문화 ─ 는 미리 정해 놓고도 두 자녀의 대학입시 뒷바라지 때문에 수년간 학교 근처에는 얼씬도 하지 않는 게으른 제자의 소식을 말없이 기다리시는 박충석 선생님, 마흔아홉의 나이로 다시 박사과정에 들어가서 딸과 같은 후배들과 과정을 마치느라 힘겨워 하는 필자에게 때로는 비판과 때로는 격려로써 보살펴 주신 정외과의 여러 선생님들께, 또한 시련과 좌절을 통하여 인내를 터득하게 한 당시 여성학과 선생님들께도 감사를 드린다. 그리고 그 힘들었던 시절 필자의 푸념과 한숨을 조용히 감내 한 가족들 ─ 남편과 아들 양헌, 딸 연주 ─ 에게도 고마움을 보낸다. 그리고 지식산업사 직원 여러분들의 노고에도 감사드린다.

1998. 9. 26 통의동 집에서

저 자

차   례

한국가족법 개정운동의 쟁점분석과 개선 방향

한국 여성운동의 이념정립을 위한 시론

한국 전통사회 여성의 삶에 대한 연구

무엇이 바람직한 성문화인가?

이끄는 글
― 내가 걸어온 길, 내 생각, 한국여성학

필자는 10여 년 동안 여성학을 강의해 오면서 강의 첫 시간에 학생들에게, 여성학을 선택하게 된 자신의 경험을 이야기해 주는 것으로, 여성학 오리엔테이션을 대신해 왔다. 비록 개인의 삶에 대한 이야기이지만, 필자와 동시대를 호흡한 한국 중산층 여성들의 보편적 가치관을 반영하는 것이기도 하며, 한국에서 여성학이 배태되는 현대사의 길목에서 비록 작은 골목이나마 한 모퉁이를 지키고 있었다고 감히 자부하기 때문이다.

해방되기 바로 전해인 1944년에 식민지 모국 일본 동경에서 태어나, 1945년 해방이 되자 귀국선을 타고 부모를 따라 귀국한 이후 경북 안동에서 여고시절까지 살았다. 이름이 '숙자'인 것은 일본명 '요시코'를 한자음으로 읽은 것이다. 50대를 넘은 한국 여성들의 이름에 '아들 자'로 끝나는 이름이 흔한 것은 식민지 시기의 흔적이 아닌가 한다. 영자·명자·광자·경자·군자·민자·미자·정자·징자·지자·청자·향자·희자·혜자·홍자·행자·화자·애자·아자·양자·옥자·인자·연자·순자·수자·신자·송자·복자·만자·길자·방자·춘자·추자 등 모두들 정다운 이름들이다. 6·25전쟁이 시작된 1950년에 초등학교 1학년에 입학하였으나 전쟁통에 학교 건물이 폭격을 맞았기 때문에 저학년 시절에는 가교사에서 공부를 하였고, 6학년이 되어서야 마룻바닥 교실에서 공부할 수 있었다. 전쟁 이후 먹을 것과 입을 것이 넉넉하지 못했기 때문에 간혹 눈물겨운 일화들이 많았다. 저학년 남녀 합반 시절에 어떤 남학생은 끼니가 없어서 술막지(찌꺼기)를 먹고 와서 첫시간부터 얼굴이 벌개져서 졸다가 선생님한테 꿀밤을 맞는 것을 본 적도 있었다. 초등학교를 졸업할 때까지 일년에 두 차례 학교에서 전교생을 대상으로 회충약을 나누어 주고 복용하게 하였는데, 다음날 선생님께 보고할 때 서른두 마리의 회충이 나왔다고 말한 남학생도 있었다.

인생의 격랑기인 사춘기 시절의 가슴 아련히 저미는 추억 한자락쯤은 누구나 고이 간직하고 있을 터이다. 필자가 여중학생이었을 때 일어난 사건(?) 하나는 차마 공개하기 어려운 경우이다. 삼학년으로 진급하자 당시 학도호국단의 간부인 대대장이 되었다. 그 시절에는 일주일에 두 차례 전교생이 운동장에 모여서 조회하던 때에 '교장 선생님께 경례'를 대대장의 구령에 따라서 군대식으로 거수경례를 하였다. 마땅히 품행이 방정한 모범생으로 인정되었다. 그런데 어느 날 저녁 무슨 바람이 불었는지 세 명의 친구와 함께(그 가운데 한 명은 중대장이었다) 의기투합해 사복을 입고서 몰래 극장 관람을 감행하였다. 호머의 서사시 〈일리아드〉를 영화화한 〈트로이의 헬렌〉이었다. 트로이의 프리아모스왕 아들 파리스가 스파르타왕 메넬라오스의 왕비 헬렌을 납치해 갔기 때문에 트로이 전쟁이 일어나 10년 동안 지속된다. 10년째 되는 해에 그리스 군사가 목마 속에 숨어 들어가서 트로이를 점령하고 헬렌 왕비를 다시 귀국시키는 것으로 영화는 끝을 맺는다. 여배우 롯사나 포테스타가 연기한 헬렌 왕비는 비록 배에 실려서 육신은 스파르타로 향해 가고 있으나, "나는 여전히 트로이의 헬렌"이라고 독백하는 마지막 장면에 감동해 있을 때 갑자기 후닥닥 도망치는 발소리에 뒤이어서 '후루룩' 호루라기 소리와 함께 손전등 불빛이 객석을 이리저리 비추었다. 우리 네 명도 '이젠 죽었구나!' 생각하면서 무조건 출구 쪽으로 도망쳤다. 그런데 문을 밀고 나오자 아아, 그 복도에는 바로 우리 학교 조○○ 선생님이 우뚝 서 계시지 않은가! 사복을 하고서 극장 출입을 한, 학생신분을 망각한 죄에 대한 처벌로 필자와 친구가 각각 대대장과 중대장에서 직위해제되고 네 명의 부모님께는 교장 선생님의 이름으로 경고서한이 우송되는 것으로 일단락 되었다. 그때 필자는 부모님으로부터 호된 벌이 내려지지 않을까 조바심을 켰으나 부모님은 이 사실을 아신 후 끝내 침묵으로 일관하였다. 아마도 한번의 잘못에 대해 두 번 벌하는 것은 온당하지 못하다는 의미가 아니었을까.

고등학교 이학년 때에 4·19혁명을 맞았고, 고3 시절에 5·16군사쿠데타가 일어났다. 군사정부는 학원의 부조리를 근절한다는 명분으로 개별 대학의 입학전형제도를 없애고 대학입학 국가고사를 시행하였다. 이때 사지선다형 객관식 시험이 첫선을 보인 것이다. 1962년 첫번째 치른 국가고사에서 전국 각 대학 모든 학과의 정원을 합한 숫자만큼만 직접 국가가 선발하였다. 응시원서에는 지망학과만 표기하고 대학은 점수가 발표된 뒤에 개별적으로 지원하도록 하였다. 그러다보니 서울에 있는 인기대학에는 정원이 찼으나 지방의 비인기 대학은 정원 미달 사태가 빚어졌다. 입학을 포기하고 재수를 희망하는 학생들이 있었기 때문이었다. 이러한 시행착오를 거쳐서 이듬해인 1963년에는 전국 대학정원의 30퍼센트를 초과한 학생수를 선발하였다. 고등학교 졸업반이 되었을 때 군사정부의 구조조정 방침에 따라 철도 공무원이었던 아버지가 이른바 명퇴를 당하였다. 당시에는 명예퇴직금 제도도 없었던 터라 부모님은 필자에게 하루아침에 문과 지망에서 이과 지망으로 바꾸도록 종용하였다. 서울로 유학을 보내자면 등록금은 문제가 아니요 하숙비가 비싸기 때문에 일찌감치 기숙사에 입주하는 간호학과가 적합하다는 이유에서였다. 어머니는 당시 존슨 미국 대통령의 맏딸 린다 양도 간호학을 전공한다면서 설득하였으나, 초등학교 시절 예방주사 맞는 날에 마치 도살장에 끌려가는 소의 심정이 되었던 필자로서는 한사코 거부하였다. 기숙사 입주라는 실리적인 이유 하나만으로 시험일자를 두어 달 앞두고 전공과목을 졸지에 바꾸도록 종용하는 부모님들의 심정을 헤아리기보다 필자는 학교 결석이라는 비상수단을 감행하면서 반항하였다. 학교를 결석한 날, 아버지는 직접 담임 선생님을 만나서 간호학과로 지원하였다. 시험과목 가운데 선택과목을 바꾸는 혼선이 있었으나 1962년도 첫해 국가고사에서 일단 합격하였다. 다음은 지원대학에 가서 체능시험을 보는 일만 남았다. 군사정부는 국민의 체력단련을 목적으로 개별대학 입학시험에 체능시험을 치르도록 한 것이다. 50점의 체능점수는 당락을 좌우하고도 남음이 있었다.

원님 덕에 나팔 분다고 필자는 서울 구경도 할 겸 연세대 간호학과에 입학원서를 내고 상경하였다〔이때가 두번째 상경이었는데 첫번째는 고2 겨울방학에 한국기독학생운동(KSCM) 경안지구 학생 대표로서였으며, 관광을 할 자유시간이 없었다. 회의장소가 중앙대 캠퍼스여서 버스를 타고 제1한강교를 지날 때 한강 물이 꽁꽁 얼어붙어 있던 광경이 기억난다〕. 유치원 때의 소꿉친구 집에 일주일 동안 머물며 체력장 연습은 뒷전으로 하고 연일 함께 상경한 고향 친구들과 르네상스·디쉐네 등 음악감상실을 섭렵하고 서울의 명소를 누비느라고 여념이 없었다. 그때 단성사에서 상영한 킴 노박 주연의 외화 〈만날 때는 언제나 타인〉을 감상한 것이 지금도 기억에 생생하다. 정신여고에서 이화여대 음대 기악과를 지망한 친구는 학교에서 입시생들을 소집해서 운동장에서 달리기·멀리뛰기·던지기·팔굽혀펴기·높이뛰기의 다섯 종목의 체력장 훈련을 시켰으므로 매일 학교에 나갔다가 귀가한 시간은 필자와 일치하였다. 매섭게 추운 겨울날, 신촌 연세대 캠퍼스 백양로에서 100미터 달리기 등 다섯 종목의 체력장을 무사히 마쳤다. 그러나 결과는 예측했던 대로였다. 50점 만점을 받은 친구에 비해서 필자는 기본점수 25점을 받았다. 당시 연세대 간호학과 지망생은 13명이 초과되었던 데 비해 이화여대 등에서는 정원 미달 사태를 빚었었다. 최종 합격자 발표일까지 남은 며칠 동안 아버지의 친구 댁을 방문하는 일로 계속 바쁜 일정을 보냈다. 그 과정에서 우연찮게도 당장 우리 집이 서울로 이사와야 하는 전기가 마련되었다. 애초에 간호학과 지망이 필자의 의지가 아니었던 만큼 합격 여부에 연연해할 이유가 소멸되었기에 합격 여부도 덮어둔 채로 당장 그길로 귀향하였다. 내년에는 하숙비 걱정 없이 문과 공부를 할 수 있으리라는 안도감을 품은 채로.

초등학교 고학년 시절의 꿈은 여성 법관이 되는 것이었다. 그런데 이 꿈이 사라지게 된 계기는 아마도 황윤석 판사의 죽음이 아니었던가 한다. 세상을 떠들썩하게 했던 우리나라 최초의 여성 판사 황씨가 가정불화로 자살한 사건이었다. 자신도 의식하지 못한 채 평범한 삶이 좋다는 생각이 뇌리에 자리잡게 되었는지도 모를 일이다. 일 년간의 여유 있는 서울 생활 끝에 정원의 30퍼센트를 더 뽑은 두번째 국가고사를 치르고서 이번에는 여성에게 무난한 이화여대 영문학과를 지망하였다. 전해의 50점이란 체력장 점수가 너무 비중이 크다는 비판 여론 때문에 다음해에는 만점을 25점으로 하향 조정하였다. 그럼에도 필자는 체력장의 기본점수(5점)밖에 받지 못했으나 무난히 입학이 허가된 것은 1963년 봄이었다. 그런데 대학 재학 시절 체구가 날씬한 편이어서 문과대학 체육대회 때에 영문과 달리기 선수로 추천이 되어서 그때마다 체력장에서 기본점수만 받았음을 장황히 설명해야 하는 곤욕을 치르기도 했다.

이화여대는 매년 2학기가 되면 학생생활 지도부가 졸업생들에게 결혼에 대한 설문조사를 실시하여 그 결과를 학보에 게재하는 것이 연례행사의 하나였다. 필자의 4학년 2학기에도 어김없이 '여대생의 결혼관'이란 설문조사는 실시되었다. 그로부터 30여 년이 흐른 지금 기억에 남는 사지선다형의 몇 가지 문항은 이러한 내용들이었다. 배우자의 선택 방법을 묻는 문항에, 대부분의 졸업반 여대생들은 중매 반 연애 반의 절충형을 선호하였다. 그때 순수 연애 또는 순수 중매 결혼을 하겠다는 응답자는 극히 소수에 불과하였다. 배우자와 연령 차이는 대략 세 살 정도가 적당하다는 것이 중론이었으며, 배우자의 형제 서열을 묻는 물음에는 차남을 압도적으로 선호하였고, 장남과 결혼하기를 희망하는 졸업생은 1,400명이 넘는 가운데 단 한 명도 없었던 것으로 기억한다(이 결과 때문에 선생님들은 이기적이라는 이유로 우리를 심하게 꾸짖기도 하셨다). 선호하는 배우자의 직업을 묻는 문항에는 대개 안정된 직업 — 외교관·교수·은행원·공무원·목사 등 — 이 윗부분을 차지하였고, 정치가는 그 당시에도 배우자 직업 선호 순위에서 제일 하위를 차지하였다.

이렇게 1960년대 후반 여대생들의 결혼관의 내용을 자세히 설명하는 까닭은 당시 여성 고등교육 기관의 최고 요람지라고 자타가 공인하는 이화여대에서도 졸업생들에게 '당신은 졸업 후에 어떤 분야에서 직업 갖기를 희망하느냐'는 물음은 묻지 않았다는 점을 지적하고 싶어서이다. 그것은 바로 이화여대의 교육내용이 현모양처를 배출하는 수준에 그쳤음을 반증하는 것이다. 졸업을 앞둔 학생들에게 김세영 희곡 선생님은 고별강의에서 결혼식에서 챙겨야 할 여러 가지 일들을 자상하게 일러주셨다. 예를 들면 결혼반지를 끼워 줄 때 긴 장갑을 벗어야 하는 번거로움 대신에 약지 손가락 부분의 실밥을 풀어둔 상태에서 그 손가락 부분만 벗어서 반지를 낀 다음 다시 그 부분만 끼면 된다는 것 등이었다. 그러면서 배우자는 대화가 가능한 상대여야 한다고 강조하였고, 수박 겉핥기 식으로 영문학을 섭렵하였으나 그래도 여러 고전작품들을 읽으면서 다양한 유형의 작중인물들과 만나는 과정을 통하여 남과 함께 울 줄 알고 남과 함께 웃을 수 있는 인간미(humaneness)를 지닌 인격체로 육성하려 한 노력만큼은 교육자로서 자부심을 갖는다고 술회하였다. 홍복유 수필 선생님은 평상시에 'high thinking-simple living'을 강조하였으며, 김옥자 미국소설 선생님은 자신이 독신인 이유를 아직도 right man을 찾지 못했기 때문이라고 토로하였다. 우리들도 허만 멜빌의 〈모비딕(Moby Dick)〉을 읽으면서 주인공인 선장 에이하브의 남성미에 매료되었던 것 또한 사실이었다. 'Plan ahead'를 강조했던 셰익스피어 담당 나영균 선생님은 때때로 "수재들이 들어와서는 바보가 되어서 졸업을 한다"고 자조 섞인 말을 하였으나 왜 우리들을 바보라고 하는지 그때에는 그 뜻을 잘 이해할 수 없었다. 우리들은 헨릭 입센의 〈인형의 집〉 주인공 노라보다는 사랑을 위해서 도피행각을 서슴지 않았던 엘리자베스 베렛 브라우닝에게 더 후한 점수를 주었고, 빅토리아 시기의 여성작가 버지니아 울프보다는 제인 오스틴의 작품 〈오만과 편견〉에서 '결혼은 여성의 삶에서 근본적인 목표'임을 은연중 공감하기도 하였다. 4년 내내 교양 필수과목이었던 '기독교문학'의 어느 해 수업시간에 막 30대 후반에 들어선 정의숙 선생님은 자신의 결혼에 대한 견해를 수줍게 피력한 적이 있었다. 그때 명예총장이었던 김활란 선생님은 독신 제자 교수들에게 결혼할 것을 권유하면서 자신은 '이제 은퇴를 했으니 지금이야말로 결혼할 때'라고 했다는 말을 전하면서 "중간에 끼인 우리들은 이럴 수도 저럴 수도, 도무지 어떻게 해야 좋을지 모르겠다"고 웃으면서 소개하였다. 실로 1960년대 후반 여대생들의 당면현안은 결혼이었고, 결혼 후에는 가정에서 살림을 하는 것이 정상으로 인식되었다. 그래도 대학까지 졸업하였는데 결혼 전 일이 년 정도는 사회 경험을 하는 것도 그리 나쁘지 않다는 생각들을 가지고 있어서 영문과 졸업생들은 대부분 취업을 하였다. 주로 국내은행·외국은행 지점, 외국인 상사나 국내 기업체·신문사 등에 취업을 하였다. 은행에 취업을 한 친구 C는 학창시절에는 그래도 워즈워드의 시를 외우고 제임스 조이스의 소설에 심취했던 문학도였는데 취업한 후 일주일 내내 지폐를 세는 실습만 하여서 마침내는 화장실에 가서 울었다는 일화도 들려주었다. 당시에는 은행에 돈 세는 기계가 없어서 여행원들이 지폐를 부챗살처럼 펴 들고 정확하게 세는 법부터 익혔다고 한다. 그리고 입행할 때 여행원은 결혼을 하면 퇴직하겠다는 퇴직각서를 쓰고 취업하였다. 필자도 결혼 전 2년여 정도의 취업은 무난하다는 생각에 공감을 표했던 터라 N나일론 무역부에 첫 일터를 구했다. 이어서 친구 Y가 결혼해서 캐나다로 이민 떠나면서 소개한 대한가족계획협회로 직장을 옮긴 것은 1967년 11월 초순이었다.

1961년 군사정부가 들어선 전후 한국의 일인당 국민소득은 미화 80여 달러 수준이었다. 박정희 장군의 '잘 살아보세'와 중진국으로 도약해야 한다는 일념은 이러한 시대적 산물이었다. 1962년부터 시작한 제1차 경제개발 5개년 계획은 바로 가족계획사업을 발판으로 한 청사진인 셈이었다. 보편적으로 선진국·중진국·후진국을 가늠하는 잣대가 다름 아닌 그 나라의 일인당 국민소득이 미화로 얼마인가였으며, 이 일인당 국민소득은 곧 국민총생산을 전체 인구로 나눈 수치이기에 인구증가를 억제하는 일이야말로 경제개발계획의 성패를 가름하는 관건이며 중진국으로 도약하는 디딤돌인 것이다. 60년대 초 우리나라의 연평균 인구증가율은 3퍼센트 수준이었으며, 이상적인 자녀수는 3남 2녀의 다섯 명이었다(우리 부모님도 2남 3녀를 두었다). 이 다섯 명의 이상 자녀수를 세 명으로 줄이는 것이 가족계획사업의 첫 목표였다. 자녀를 몇 명 가질 것인가의 문제는 순전히 가족의 사적 영역에 속하는 일인데, 정통성에서 약한 군사정부가 개인의 사생활에 개입하는 양상은 바람직하지 않기에 민간단체인 가족계획협회가 소자녀를 홍보하고 정부(당시 보건사회부)는 보건소를 통하여 의료 서비스를 담당하는 이원체계로 진행되었다. 필자는 초기에 비서 업무와 국제교류 업무를 담당하다가 70년 이후에는 공보 업무를 맡아보았다.

결혼 전 2년여 정도 직장 경험을 쌓다가 좋은 사람 만나서 결혼하면 가정에서 살림을 한다는 그 당시의 상식을 벗어나지 않았고 배우자의 선택방법에서는 중매 반 연애 반의 절충형을 선호하였으므로, 친지나 친구들의 소개로 '맞선보기'를 일찌감치 시작하였다. 그러나 결혼을 할 마음의 준비가 되지 않았던 탓인지 2년여의 세월을 허송하였다. 친구들은 졸업한 지 일년이 채 못 되어 하나 둘씩 결혼을 하기 시작하더니 필자의 나이 스물다섯을 전후해서는 동기생 가운데 반 이상이 결혼하고서 가정살림에만 전념하였다. 아침에 눈을 떠서 천장을 바라보며 '회사 가는 일이 너무 지겹다'고 생각했던 때가 바로 그 무렵이었던 것 같다. 주말에 연극과 영화를 함께 보러 다닐 친구들이 없게 되자 직장 후배나 동료들과 함께 어울려 다녔고, 시간적 여유가 많아지자 그때부터 일하는 것이 재미있어졌다. 스물여섯도 어느덧 지나가고 스물일곱이 되었을 때는 남아 있는 동기생들이 열 손가락 안에 꼽힐 정도였다. 이미 올드미스라는 달갑지 않은 칭호가 붙은 지는 오래되었다. 스물일곱 살 되던 1970년 10월에 일본 동경에서 서태평양지역 가족계획 세미나가 열리게 되었을 때, 직장에서 평직원인 필자를 참석자에 포함시킨 배려는 외국여행 다녀와서 시집 잘 가라는 뜻이었을 것이다. 동경 세미나 회의장을 곧잘 벗어나서 아키하바라의 전자상가를 누비면서 토스터·전기밥솥·믹서기·텔레비전·전축 등 혼수용 가전제품을 마련하느라고 바빴다(그러나 이 혼수용품은 6년 더 다락에서 방치되었다가 정작 결혼할 때는 거의 구식이 되어 겨우 전기밥솥과 전축만 쓸모가 있었다). 당시에는 해외여행이라는 단어는 존재하지 않았고, 다만 유학과 이민 그리고 국제회의 참석이 여권 발급을 할 수 있는 내용이었다. 그리고 출국자는 미화 100 달러만 소지하도록 하였으나, 국제가족계획연맹에서 비행기표는 물론 일당을 포함한 넉넉한 체재비를 주었기 때문에 이 정도의 쇼핑은 할 수 있었다. 또한 한국의 '원'화가 일본의 '엔'화보다 몇 배의 가치가 있었고 일본 전자제품은 너무 가격이 쌌기에, 흑백 텔레비전 한 대에 이만 원을 지불하였다. 당시 일본은 컬러 텔레비전을 보급하던 시기였으므로 동경 주택가 골목 쓰레기통에는 버려진 흑백 텔레비전을 흔히 볼 수 있었다. 저렴한 쇼핑의 대가로 김포공항에서 10만 원의 관세를 물었으나, 1970년 미국 우주선이 달나라에 착륙할 때 그 놀라운 광경을 안방에서 편안하게 지켜보았다.

스물여덟이 되던 해에 미국 국제개발처(United States Agency

for International Development)가 마련한 한국의 인구 분야 종사자들 가운데서 몇 명을 선발하여 미국에 1년간 유학 보내는 프로그램이 있었다. 혼기를 놓쳤으면 공부라도 하라는 배려에서였는지, 협회장의 추천을 받아서 과학기술처가 주관하는 영어 자격고사를 치렀다. 열 몇 명 가운데서 필자는 명색이 영문과 출신인지라 시험 성적이 제일 좋았다는 결과를 통보 받았다. 시험 결과 때문에 무난히 미국에 갈 것으로 예상했을 뿐 복병이 숨어 있을 줄은 미처 예기치 못했다. 필자는 원래 커뮤니케이션 분야를 지원하였는데, 보사부 직원이 그 분야는 자신을 단독 후보로 하고 필자를 공중보건 분야로 지원케 해서, 남성인 서울대 보건대학원생과 경합을 벌이게 되었다. 필자와 보건대학원생의 영어 점수는 현격한 차이가 있었음에도 당시 보사부 차관은 그 보건대학원생을 후보로 최종적으로 결정하였고, 따라서 필자는 낙방의 쓴 잔을 마시게 되었다. 그 당시의 이유는 여성이 일년간 공부를 하고 돌아와서 결혼하고 가정에 들어앉으면 국가적으로 손해이지만 대신 남성에게 투자하면 평생 국가를 위하여 봉사할 터인즉 남성에게 기회를 주는 것이 국가적으로 더 이익이라는 것이었다. 필자는 이때 처음으로 여성이기 때문에 받은 불이익을 경험하였지만, 여성차별이라는 사례로 공론화 하지 못하고 개인적인 일로 묻히고 말았다. 당시 여성단체들의 주된 사업 내용은 꽃꽂이 강습, 일선장병 위문 등 여가선용 차원의 활동을 하는 수준이었기에 여성단체의 도움도 받을 수 없는 상태에서 개인이 정부를 상대로 투쟁하는 것은 무모한 일이었다(그 보건대학원생은 그 후 미국대사관 시험에 통과하지 못해서 결국 미국행을 놓쳤다는 소식을 들었다). 71년 한 해는 우울하고도 상처받은 앙금을 남긴 채 그럭저럭 보냈다.

스물아홉 하고도 4월 무렵, 영국 런던에 있는 국제가족계획연맹

(International Planned Parenthood Federation)에서 오웬 경(Sir David Owen)을 기리는 인구문제연구소를 오웬 경이 졸업한 웨일즈 카디프대학에 설립하는데, 디플로마 과정의 첫 수강생을 추천하라는 공문이 왔다. 국제가족계획연맹은 비정부기구(non-governmental organization)이므로 정부 추천과는 달리 조건이 까다롭지 않았고, 그곳에서 결혼하고 돌아오지 않아도 좋으니 제발 떠나라는 것이 높은이들의 생각이었다(정부 추천은 기한 안에 귀국해야 하며 귀국 후 3년 안에는 사표를 내서는 안된다는 규정이 있었다). 스물아홉의 노처녀는 신중을 기하지 않을 수 없었다. 일년의 과정을 마치고 돌아오면 서른이 되는 것이 아닌가? 여기서 잠깐 아홉 끝수가 얼마나 중요한지를 말해 주는 토막 이야기 하나를 소개하겠다. 이화여대 모 학과에는 서른아홉의 노총각 교수님이 계셨는데 1967년 졸업예정자인 제자와 1966년 12월에 결혼식을 올렸다. 이화여대 학칙에 기혼여성은 학생이 될 수 없으므로, 그 제자는 1967년 2월 졸업식에 학사모를 쓰지 못하고 말았다. 그 노총각 선생님은 12월을 넘기면 40대가 되므로 그래도 결혼을 30대에 하고 싶었기 때문이었으리라. 이처럼 중대한 스물아홉 나이에 여러 가지 염려되는 구석이 많았음에도 필자는 용기 있게 영국에 가리라 결심하였다. 카디프대학측의 준비기간이 예상외로 길어져서 실제로 영국에 간 것은 그 다음해인 1973년 10월 학기였다.

　데이비드 오웬 인구연구소의 제1기 수강생은 15명이었는데, 국적별로는 영국·미국·콜럼비아·스리랑카·모르셔스·타일랜드·네팔·이집트·이라크·인도·방글라데시였다. 비록 필자가 영문과 출신이었다고는 하나 처음에는 문화충격 등의 이유로 수업시간에 질문은 고사하고 강의를 청강하는 데에도 무척 힘이 들었다. 필자를 제외한 참석자들은 거의 영연방국가 출신자들이거나 미리 런던의 언어학교를 거쳐온 사람들이었다. 오죽했으면 '남의 나라 식민지 노릇을 할 바에야 차라리 영어권 식민지였더라면 덜 고생할 터인데' 하는 터무니없는 생각까지 할 정도로 처음 2~3개월은 힘이 부쳤다. 영어로 꿈을 꿀 결심까지 하였으나 매일 밤 꿈에는 오로지 친숙한 모국어만 사용되었다. 6~7개월이 지나서야 영어로 꿈을 꾼 경험을 하였다.

 60년대 초에 한국의 '이상 자녀수 다섯 명을 세 명으로' 캠페인을 벌인 결과 70년대 초에는 연평균 인구증가율이 3퍼센트에서 2퍼센트로 낮아졌다. 10년 안에 1퍼센트의 감소를 성취한 한국은 가족계획 사업에 성공한 사례로서 세계에 널리 알려지게 되었다. 그러나 6·25 전쟁 이후에 태어난 다산붐(baby boom) 세대가 1970년이 넘어서면 가임기에 접어드므로 이들이 모두 세 명의 자녀를 갖게 되면 인구는 오히려 증가할 것이라는 인구학자들의 우려가 제기되었다. 이로써 72년에 '셋낳기'에서 '둘낳기'로 정책을 전환하게 된 것이다. 두 명의 자녀 갖기가 보편화하는 과정에서 아들 선호 사상은 필연적으로 대두되게 마련이다. 다섯 명보다는 세 명, 세 명보다는 두 명, 즉 소자녀를 갖는 일이 규범이 될 때에 그 가운데 한 명은 꼭 아들이어야 한다는 강박관념은 두 자녀 갖기에서 더 심하기 때문이다. 70년대 초 한국가족계획연구원이 전국의 가임여성들을 상대로 한 표본조사의 물음— 당신은 두 명의 딸만으로도 단산하겠는가? — 에 70퍼센트가 넘는 응답자들이 '아들을 출산할 때까지 계속 낳겠다'는 부정적인 대답을 하였다. 아들이 꼭 필요한 이유는 첫째가 '가문을 잇는다'는 것이요 그 다음은 '노후 의지를 위해서'였다. 영어 말문이 트였을 때 한국의 '두 자녀 갖기' 운동이 '아들 선호 사상'의 장애에 걸려 있음을 그곳 사회학 선생님에게 설명하였다. 그러자 카터 선생님은 대뜸 '당신네 나라에서는 사회보장제도를 실시하느냐?'고 되물었다. 70년대

전반기에 한국에서는 사회보장이라는 개념이 없었기에 필자는 묵묵 부답일 수밖에 없었다. 아들을 선호하는 이유는 가문을 잇는다는 유교의 명분 외에도, 사회보장제도를 실시하지 않는 한국에서는 노후 보장을 위한 사회보장의 성격을 갖는 것이었다.

카디프에서의 유학생활은 캠퍼스, 도서관, 여자 기숙사(Aberdare Hall의 별관)의 규칙적인 생활의 반복이었다(Aberdare Hall 본관에 기숙하는 싱가포르에서 온 중국계 학부 여학생 오드리가 종종 자신의 남자 친구들과 함께 주말에 디스코 테크에 가자고 제의하였으나, 막내 남동생 같은 젊은이들과 어울려 다닐 수 없어서 매번 사양하였다). 이러한 반복은 '왜 구미 선진국의 여성들은 정부나 민간단체의 적극 개입 없이도 스스로 소자녀를 갖고 단산하는가?'라는 물음에 해답을 찾기 위함이었다. 많은 석학들의 논문과 저서는 위의 물음에 아래와 같은 답을 제시하고 있었다.

교육 수준이 높은 여성이 낮은 여성보다,
전업주부보다는 직업을 가진 여성이,
수입이 적은 여성보다 많은 여성이 소자녀를 갖는다.

교육·직업·수입은 그 나라 여성의 지위를 가늠하는 척도이다. 통상적으로 스웨덴의 여성들이 아프리카 소말리아의 여성들보다 지위가 높다는 것은 교육·직업·수입면에서 스웨덴 여성들의 지수가 더 높기 때문이다. 따라서 인구문제의 궁극적인 해결은 바로 여성의 지위 향상에 직결된다고 해도 지나친 말은 아니다. UN이 1974년 '세계 인구의 해'에 이어서 1975년을 '세계 여성의 해'로 정한 이유도 바로 인구문제와 여성문제는 동전의 앞뒷면과 같은 관계에 있기 때문일 것이다. 특히 교육은 여성의 지위 향상과 직결되는 선결조건이다. 직업의 질적인 측면과 수입의 많고 적음은 바로 교육수준과 비례하기에 그러하다. 처음 영국에 가서 받은 신선한 충격은 무료교육에 있었다. 요람에서 무덤까지 사회보장제도가 잘된 영국에서는 고등학교까지의 12년간은 의무교육이었고, 대학과 대학원도 입학만 허가되면 국비로 다닐 수 있었다. 영국의 남녀 학생인 이안 로버트와 쟈넷은 정부로부터 학비는 물론 생활비까지 포함된 Grant를 받기 때문에 부모한테서 독립하여 따로 생활하면서 공부하고 있었다. 쟈넷은 여자 친구 두 명과 아파트를 얻어서 자취하고 있었다.

대한민국의 헌법에도 물론 교육의 기회균등은 누구에게나 차별 없이 보장되어 있다. 그러나 초등학교 6년간의 의무교육을 제외하면 여성에게는 실질적인 기회균등이 보장되어 있다고 말하기는 어렵다. 초등학교에서 중학교로, 중학교에서 고등학교로, 그리고 고등학교에서 대학으로 진학할 때 남녀간의 진학률에서 격차는 점점 커진다. 가난한 집안의 부모들은 노후보장책으로 아들에게는 교육투자를 아끼지 않는다. 아들의 학자금을 마련하려고 소 팔고 돼지 팔고 심지어는 밭이나 논도 판다. 그러나 가난한 집안의 딸들은 일찌감치 고등교육의 기회균등을 포기하고 공장에 나가서 일해 번 돈으로 남동생이나 오빠의 학비를 대준다. 그 결과 아들들은 블루 칼라에서 화이트 칼라로 계층이동을 할 수 있지만 딸들은 자신과 비슷한 학력의 소유자와 만나서 결혼 후에도 그 지긋지긋한 여공생활을 계속해야 하는, 가난을 재생산하는 악순환(vicious cycle)을 되풀이할 뿐이다. 이 가난한 딸들의 꿈은 한결같이 결혼 후에는 가정에서 예쁜 앞치마 두르고 된장찌개 맛있게 끓여 놓고서 남편의 귀가를 기다리는 전형적인 주부상인데도 이들에게는 이러한 소박한 꿈이 멀기만 했다. 디플로마 논문 준비차 런던에 갔을 때 한국대사관에서 당시 보사부가 펴낸 청사진을 보고서 뛸 듯이 기뻐하며 그 내용을 논문에 인용한 바 있다. 한국정부는 제4차 경제개발 5개년 계획이 시작되는 1977년부터 의무교육의 연한을 6년에서 9년으로 확대한다는 내용이었다. 아아! 그런데 그로부터 20여 년이 지난 오늘에도 중학교까지 무료교육은 실시될 조짐이 보이지 않는다. 가난한 여성들의 경제적 평등을 개별가족에게 책임을 돌리기보다는 국가가 책임지는 사회보장제도로 수렴하기를 희망한다. 그러나 당시 사회보장을 책임진 부처인 보사부의 예산이 전체 정부예산의 3퍼센트를 약간 넘는 수준에 머물렀지만, 국방비 예산은 36퍼센트를 웃돌았던 것으로 기억한다. 가난한 여성들의 복지 비용의 몫은 분단체제의 유지에 대폭 할애했으나 그 누구도 감히 공개적으로 통일논의의 물꼬조차 트지 못했던 70년대 초반의 상황에서 필자는 그저 암담하기만 하였다.

학기초에 영어 말문이 트이지 않아서 세미나 시간의 발표순서를 맨 마지막으로 정했다. 때문에 선생님들 가운데에는 종강을 한 경우도 있어서, 학생들은 주로 집이나 도서관에서 논문 준비하느라 시간을 보내고 교실에서 만나는 횟수는 드문 시기였다. 필자가 발표하던 세미나 시간에 15명의 클래스메이트 전원이 참석한 것은 물론(급우 가운데 아파서 장기결석했던 미국에서 학부를 마친 콜럼비아의 엘레나까지 참석하였다), 담당 교수 외에도 IPPF 본부가 파견한 선생님도 참석하였다. 발표제목으로 엉뚱하게도 어네스트 헤밍웨이의 소설 제목 〈누구를 위하여 좋은 울리나?(For Whom the Bell Tolls?)〉를 차용하였고, 소설 서문의 시를 낭독하는 것으로 발표를 시작했다. 곧 이어서 깜짝 선언을 감행하였다. 필자가 영국에 온 첫번째 이유는 폭 넓게 결혼할 상대를 찾아보기 위함이요, 두번째 목표는 영어를 능숙하게 터득하는 일이며, 셋째가 만약 카디프대학에서 인구분야의 이론에 관하여 배울 바가 있다면 배우는 것이었다. 그러나 9개월이 흐른 지금 첫째 목표는 이미 실패로 끝났으며, 둘째 목표 또한 성공적이라고 단언할 수 없다. 그런데 셋째 목표에서 그나마 소량의 수확을 얻었다고 할 수 있으나 그 수확이 오히려 필자로 하여금 다음과 같은 질문을 하게 만들었다고 고백하였다. 제1세계와 제3세계가 점점 더 부익부 빈익빈으로 간격이 벌어진다면 왜 제3세계의 가난한 부모들은 자녀들을 많이 가질 권리조차 포기해야만 하는가? 전세계 자원의 상당량을 주로 누가 소비하는데, 인구 폭발로 인한 자원의 고갈을 감히 호소할 수 있는가? 구미의 가치관, 신념체계, 생활양식이 전세계의 규범으로 자리한다면 아시아는 어디에 있으며 아프리카는 또 어느 곳에 존재할 것인가? 데이비드 오웬 센터가 웨일즈대학이란 상아탑(Ivory Tower) 안에 위치하기 때문에, 회전의자 전문가(arm-chair expert), 혹은 원탁회의 토론자(round-table discussant)들처럼 현실과는 괴리된 이론을 위한 이론으로 만족해야 하는가? 상아탑 안에서의 진리가 현실생활에서 쓸모가 없다면 왜 진리는 탐구해야 할 그 무엇으로 존재해야 하는가? 필자는 한국에 돌아가면 인구문제보다는 여성문제, 특히 가난한 여성의 문제에 관심을 갖겠다고 결론을 지었다. 발표가 끝나자 클래스메이트들은 필자에게 박수로 격려를 아끼지 않았으며, 특히 이라크에서 온 바실은 '아이 러브 코리아'를 연발하였다. 이 내용은 IPPF 파견 선생님을 통해서 멀리 고국에까지 전해졌다. 필자의 해학을 깊이 있게 이해하지 못한 인도와 네팔에서 온 순수한 친구들은 평생을 통하여 세 번의 중매를 성사시켜야만 천국에 갈 수 있다는 자신들의 관습을 설명하면서, 자국의 친구들을 소개시켜 주겠다고 열성을 보이기까지 했다.

수료를 앞두고 IPPF 부사무총장이던 루빈 씨와 졸업생과의 간담회에서 필자는 정식으로 아래와 같이 제의하였다. 일년간의 카디프 생활은 여성의 교육수준의 향상이 궁극적으로 인구문제의 해결방안 임을 일깨워 주었다. 장기적인 안목에서 국제기구는 피임약 제공이나 피임시술 서비스를 지원하기보다는 제3세계 가난한 여성들에게 교육기회를 확대하기 위하여 경제적 지원을 할 용의는 없는가 라고. 루빈 씨는 'She is divine!'이라는 표현을 쓰며 칭찬은 하였으나 후속조치는 뒤따르지 않았다.

1974년 귀국했을 때 1975년 UN이 정한 '세계 여성의 해'를 앞두고 한국사회에서는 한창 여성문제에 관심을 쏟기 시작하고 있었다. 여러 단체에서 여성문제에 대한 심포지엄, 세미나를 개최했으며 언론매체에서도 여성의 지위에 상당량의 기사를 할애하였다. 당시 가족계획협회에서는 여성차별에 초점을 맞춘 여인극장의 '세계 여성의 해' 기념 연극 공연을 재정적으로 지원하였다. 그 연극의 줄거리는 파리에서 그림을 전공하고 귀국해서 고국의 대학강단에 서는 여교수가 대학교수 사회에서 여성이기 때문에 차별 받는다는 내용이었다. 공연을 마친 후 관계자들과의 간담회에서 필자는 눈치도 없이 강한 어조로 비판하였다. "도대체 한국사회에서 해외유학을 마치고 대학강단에 서는 여교수가 전체 여성 가운에 몇 퍼센트나 되며, 이것이 세계 여성의 해 기념공연으로서 한국 여성문제의 보편성을 제기하는 데에 적합한 내용인가?" 필자가 협회를 떠나 있는 동안 새로 부임한 여성부장이 이 일을 추진해 왔었는데 그 사실도 모른 채 필자는 솔직하게 비판했기 때문에 이 후에 그 여성부장과는 소원한 사이가 될 수밖에 없었다.

1975년 '세계 여성의 해'를 전후해서 현모양처를 배출하는 한국의 여자대학 교육이 비판을 받게 된 것은 너무나 당연한 일이었다. 대학의 일부 재정이 국민의 세금으로 지원 받고 있는데, 대학을 졸업한 여성들이 가정에 안주한다면 국가적인 인력 낭비요 손실이라는 점이었다. 이즈음 어느 남성 학자는 여자대학에서 현모양처만을 양산한다면 여자대학의 교육연한을 2년제로 단축하라는 제안까지 하였다. 초급대학만 나와도 현모양처의 역할은 훌륭하게 감당해 낸다는 주장이었다. 진실로 1970년대 중반까지도 평균치 한국 미혼여성들의 장래희망은 현모양처로 각인 되었다. 미스 코리아 선발대회 최종심사에서 키 크고 젊은 김동건 아나운서나 혹은 변웅전 아나운서가 미인 후보들에게 장래희망이 무엇이냐고 물으면 이들은 한결같이 현모양처라고 대답하였다. 그러나 여성의 경제적 자립, 남녀평등의 세계적 조류에 드디어 한국도 편승해야만 할 시점에 다다랐다. 1975년 6월 19일부터 7월 2일까지 멕시코에서 UN이 정한 '세계 여성의 해'를 기념하는 여성대회가 열렸을 때 한국정부도 공식대표들을 파견하였고, 이들 가운데에는 이화여자대학의 이효재 교수도 포함되었다. 110여 개국의 세계 여성 대표들이 참석한 이 대회를 전환점으로 제3세계에서도 여성문제는 현안으로 부상했다. 따라서 여성 고등교육의 요람인 이화여대가 먼저 여성의 경제적 자립을 위한 전문인을 양성하는 교육기관으로 탈바꿈을 시도하면서 1977년 2학기부터 여성학을 학부의 교양 선택과목으로 채택한 것이다.

서른한 살의 나이로 귀국한 필자는 그래도 결혼을 포기하지 못한 채 맞선보기를 계속하였지만 결혼의 관문은 당연히 이전보다 더 좁아지게 되었다. 결혼하면 직장은 그만두고 가정에서 살림만 하겠다던 대학 졸업 당시의 생각이 결혼 후에도 계속 직업을 갖겠다는 신념으로 바뀐 탓이었다. 가정과 직업을 양립하겠다는 소신은 물론 구미 여성운동의 중심지 영국에서 일년간 살면서 그들의 영향을 받은 덕분이었다. 하지만 당시 필자의 맞선 상대가 되는 남성들의 6~7할은 여자가 결혼하면 마땅히 가정에서 살림하는 것이 본분이라고 응수하였으므로 서른한 살도 그리고 서른두 살도 넘긴 후 서른세 살에 노총각 남편을 맞이하게 되었다. 결혼을 결심하게 된 배경은 친정어머니가 막냇동생이 머리 깎고 군에 입대하던 날 쓰러지셨다가 그 다음날 돌아가신 일이었다. 어머니의 고혈압 증세에 한몫의 책임을 통감하던 터라 불효를 씻는 심정에서 조속한 결혼을 결심하였다. 생전에 어머니는 시골에서 상경한 친척들로부터 "자네는 과년한 딸을 시집도 안 보내고 어쩔려고 하는가"라는 말을 들을 때마다 얼마나 신경을 쓰셨을까! 남편은 맞선보는 자리에서 필자에게 "내조란 무엇인가"라는 질문을 했던 것으로 기억한다. "집에서 빨래하고 와이셔츠 다림질하는 것만이 내조가 아니지 않는가"라며 "결혼한 후에도 계속 직업을 갖겠다"고 답하였다. 이 부분에서 남편이 이해심을 발휘했기 때문에 결혼을 결심할 수 있었다. 그런데 막상 결심을 하고 나니 마음이 평안해지는 것이 아니라 오히려 갈등에 시달려야 했다. 그럴 때 문득 몇 해 전 결혼을 앞둔 친구가 필자에게 했던 말이 생각났다. 교회학교에서 함께 반사로 일했던 기독교 교육을 전공한 친구에게 "세상의 많은 사람들 가운데 어떻게 바로 이 사람이다는 생각이 들어서 결정을 할 수 있었니?"라고 물었더니 그 친구의 답변은 뜻밖에 걸작이었다. "미친 척하고 가는 거지 뭐." 당시에는 이해하지 못했던 내용이었으나 이제서야 그 친구의 답이 참으로 명언임을 깨닫게 되면서 필자도 미친 척하고 결심한 것이다. 생전에 어머니에게 "납작구두 신고 웨딩드레스 입는 결혼식은 하지 않겠다"고 누누이 얘기했던 말이 반대로 씨가 되었는지 남편의 키가 작아서 필자는 결국 납작구두 신고 웨딩드레스를 입고 결혼식을 올렸다(솔직하게 털어놓자면 필자의 남편도 아홉 끝수의 위기감 때문에 서른아홉 12월에 결혼하였다). 결혼이란 이상의 실현이라기보다는 현실과의 적절한 타협(compromise)인 셈이었다.

가정과 직업을 양립하겠다던 필자의 굳은 의지는 첫아이(아들)를 출산하고서도 흔들림이 없었다. 첫아이는 서대문 고려병원에서 출산했는데 분만대기실과 분만실에는 남편은 물론 어느 누구도 출입 금지였다. 출산을 경험한 여성이라면 누구나 아는 사실이지만 진통이 있을 때 느끼는 그 아픔이란! 사실 현대사회에서 산모는 병원분만을 할 때 정서적인 소외를 경험한다. 분만대기실의 침대 구석에서 까무러쳐 있으면 간호사는 물 묻힌 가제를 메마른 산모의 입술에다 의무적으로 축여 주면서 "아줌마는 별나게도 소리를 지른다"는 등 핀잔을 주면서 자기네들끼리 돌아서서 잡담을 하며 산모를 환자로 다룬다. 이에 비해 전통사회의 출산은 비록 비위생적이었을지는 몰라도 산모를 중심으로 친정어머니 혹은 시어머니 그리고 여성 친척들과 함께하는 여성 공동의 행사로 치렀기에 결코 정서적 소외감은 느끼지 않았을 것이다. 분만을 무사히 마친 산모의 그 느긋한 포만감과 안정감은 아는 사람만이 이해할 것이다.

첫아이 출산 후 산후조리를 하는 동안 노처녀 때 꼬리표처럼 붙어 있었던 기미가 말끔히 없어진 사실은 참 신기하였다. 산후 출산휴가는 겨우 6주간이었다. 근로기준법에 명시된 출산휴가는 산전 4주, 산후 4주였다. 그러나 필자는 산전 4주를 쉬지 않았지만 합쳐서 8주의 출산휴가는 안된다는 것이었다. 여름휴가를 앞당겨서 6주를 쉬기는 하였으나, 첫 출근 때 얼굴의 부기가 덜 빠진 상태였다. 그리고 6주간의 휴가기간에는 모유를 먹일 수 있었으나 출근 후에는 자연히 우유병으로 대체할 수밖에 없었다. 첫아이의 백일잔치를 치르고 난

후, 그리고 연년생이 될 둘째 아이(딸)의 임신 사실을 알았을 때 필자는 직업을 포기하지 않을 수 없었다. 우리 어머니의 세대는 대부분 모유를 먹였기 때문에 수유기간 동안은 산모의 건강이 빨리 회복되지 않으므로 임신이 안되었으나 현대 여성들은 유아에게 분유를 먹이고 영양분 있는 음식물 섭취를 많이 하기 때문에 그만큼 임신 가능한 시기가 빨리 오게 되는 것이다.

사실상 여성들이 가정과 직업을 양립하기 어려운 것은 결혼 후 이어지는 임신·출산·수유와 양육 때문이다. 남성들은 결혼을 하더라도 직장생활을 하는 데 아무런 불편이 없으며, 오히려 안정된 분위기에서 직장생활에 충실할 수 있으나 여성에게는 임신과 출산, 수유와 양육이라는 역할 때문에 가정과 일이라는 두 가지 역할을 완벽하게 감당하기란 거의 불가능하다. 구미에서는 50년대 말과 60년대 초에 모유(breast nursing)와 분유(bottle feeding) 논쟁이 있었다. 우유에는 단백질이 많이 함유되어서 우유를 먹는 아기는 쑥쑥 잘 자란다는 것이었다. 따라서 출산 후에도 직업을 갖는 구미의 여성들은 우유병에다 아이들을 맡기고 일터에서 일을 하였다. 우리나라에도 60년대 말에 분유가 도입되어 70년대에는 분유로 양육하는 것이 신식 여성의 표상처럼 생각되었다. 그러나 70년대 말에 접어들면서 세계보건기구(WHO)가 모유로 자라는 아이는 질병에 쉽사리 노출이 되지 않으며, 특히 처음 3개월간의 모유는 유아에게 필수적이라고 모유를 권장하기 시작하였다. 아무리 여성운동가들의 목소리가 커졌다고 하더라도 태어나서 일년 동안의 영아에 대한 각별한 보살핌과 피부접촉(skinship)은 어린이의 성격 형성에 중요한 영향을 미친다는 이론은 여전히 유효하다. 그렇다면 산모에게는 최소한 3개월의 유급 출산휴가와 일년간의 육아휴직제의 제도적 장치가 보장되어야 할 것이다. 필자가 영국에 있을 때에 그곳 신문에 보도된 한 기사가 화제가 된 적이 있었다. 1974년 스웨덴에서는 남편이 아내 대신에 일년간의 육아휴직을 맡아서 집에서 육아를 전담하고 아내는 일을 계속한다는 내용이었다. 그로부터 20여 년이 흐른 오늘, 비록 무급이기는 하나 한국에도 형편에 따라 일년간의 육아휴직제를 남편이 신청할 수 있게 되었다. 충분한 출산휴가와 육아휴직제 같은 제도적 장치가 마련되지 않았던 것도 당시 필자가 직장을 포기한 이유 가운데 하나였다고 생각한다.

연년생인 두 아이를 양육하는 동안은 신문을 거의 읽지 못할 정도로 바빠서 세상이 어떻게 돌아가는지조차 잘 몰랐다. 그러나 당시에는 아기를 돌볼 사람을 쉽사리 구할 수 있어서 시골에서 온 이십대 초반의 언니가 필자의 양육 보조역할을 담당하였다. 이처럼 힘드는 양육이지만 아이들은 매일매일 새로움과 변화를 부모에게 가져다주므로 지루하다거나 귀찮다는 생각은 들지 않았다. 실로 양육은 주의와 집중을 요구하는 힘든 노동이다. 임신과 출산과 수유는 여성의 생물학적인 역할이라면 양육은 여성에게 부과된 사회적 역할이다. 그럼에도 남성의 사회적 역할인 생산노동은 신성하고 가치 있는 일이지만 여성의 사회적 역할인 재생산노동(양육)은 너무나 당연해서 심하면 하찮은 일로 평가받아 왔다. 한때 거수기 역할에만 충실하고 별 볼일 없는 국회의원들을 지칭해서 "집에 가서 아기나 보시지"라는 유행어가 풍미했었다. 이처럼 아기 보는 일은 하찮고 별 볼일 없다는 뜻이었다. 누가 전담하든, 양육은 가치 있는 일이며 정당하게 사회적 평가를 받아야 할 시점에 와 있다 할 것이다. 필자의 아이들이 네 살, 다섯 살이 될 무렵 아기 보는 언니가 결혼하려고 시골로 내려간 후부터는 파출부 제도를 이용하였다. 친구들은 대부분 육아과정은 졸업을 하고 우아하게 제도교육의 여러 측면을 화제로 삼을 때 필자는 아직도 골몰스럽게 연년생인 어린 두 자녀를 양손에 잡고 동창회 모임에 데리고 다녔다. 어느 날 모임에서 한 친구가 핀잔을 주었다. "자신은 미혼 때 남다른 삶을 살 것처럼 주장하더니 너도 별수 없구나. 그리고 가족계획협회에서 10년씩이나 근무했다면서 어떻게 아이를 연년생으로 낳아서 기르니?" 지당하신 말씀이다. 그렇지만 이론과 실천 사이에는 항상 괴리가 있게 마련이지 않는가!

큰아이가 유치원 들어갈 때쯤 시간적 여유가 생겨서 가끔 신문을 보게 되었다. 어느 날 신문에서 이화여대 대학원 여성학 석사과정의 신입생을 모집한다는 광고를 보게 되었다. 여성문제에 관심을 갖겠다던 소망은 1983학년 봄학기 서른아홉의 나이로 여성학과에 입학함으로써 비로소 실현되었다. 여성학을 전공하는 과정에서 겪어야 했던 고뇌와 갈등 그리고 왜 정치학 박사과정으로 진로를 바꾸었는지에 대해서는 후일을 기약하며, 한국에서 여성학이 태어난 시대적 배경과 필자가 여성학을 전공하게 된 개인적 동기 설명은 이쯤에서 마무리하고자 한다.

서양 전기 급진주의 여성이론의 비판적 고찰
— 한국과 서양의 비교문화론적 접근 —

Ⅰ. 문제제기

한국에서 대학 교과목으로 여성학이 개설된 지도 20여 년이란 연륜이 쌓이게 되었다. 초기에 한국 여성학의 출발 동기가 구미의 여성운동의 영향을 전면 배제할 수 없었던 만큼, 한국 여성학은 지금까지 서양 여성해방 이론을 소개하고 그들의 분석틀 안에서 연구가 진행되어 왔다. 그러나 한국 여성연구가 점차 밀도를 더해가면서 서양 여성해방 이론에 대한 적지 않은 논란이 제기되었다. 특히 급진주의 여성이론에 대한 부정적인 견해들이 그것이었다.[1] 즉 서양 급진주의 여성이론은 한국의 문화 토양에 맞지 않은 이질적인 것이므로, 한국문화에 토착화가 가능한 이론이 정립되어야 한다[2]는 논지들이 주류를 이루었다. 필자 또한 일찍이 이러한 문제의식을 공유하였던 터라, 서양 급진주의 여성이론 — 특히 레즈비어니즘은 서양의 특

---

1) 김광자, 〈여성운동 뒷받침할 이데올로기 제시〉, 《여성연구》 겨울호(서울 : 여성개발원, 1984), pp. 33~37.
2) 정세화 외, 〈여성학 교과과정 재정립을 위한 기본자료의 수집 및 평가〉, 《논총》 44집(서울 : 이대한국문화연구원, 1984), p. 341.

수 문화를 기반으로 한 특수이론이며 한국 여성들의 경험을 포괄하는 보편의 이론이 아님을 논증한 바 있다.[3]

그런데 이러한 필자의 주장에 대하여 "여성학 이론을 부인한 것"이라는 비판이 제기된 바 있어,[4] 이에 대한 좀더 밀착된 논의가 필요하게 되었다. 레즈비언 여성이론은 서양 여성해방의 한 갈래 이론임이 분명하며, 필자 또한 이를 부인한 적이 없다. 단지 필자는, 레즈비어니즘은 한국 여성들의 문제를 분석하는 체계로서 보편적 이론이 아님을 주장한 것일 뿐이다. 이에 대한 자세한 필자의 반론은 독립된 후고를 기약하며, 본논문에서는 전기 급진주의 여성이론을 한국과 서양의 비교문화론적 관점에서 비판적으로 검증하고자 한다. 그 이유는 레즈비어니즘이 지향하는 레즈비언 공동체가 궁극적으로 전기 급진주의 이론인 《성의 변증법》에서 제시된 시험관 아기(test-tube baby)와 마찬가지로 생물학적 가족의 해체라는 공통의 분모 위에 기반하므로 전기 급진주의 이론을 먼저 고찰하는 것이 순차로 보아 타당하기 때문이다. 더욱이 전기 급진주의 이론가인 슐라미스 파이어스톤(Shulamith Firestone)은 여성의 출산 기능이 여성을 억압하는 기제로 파악하였기에 한국의 출산문화와 비교하여 세밀히 검토해보고자 한다. 그러면 전기 급진주의 이론의 논점을 선명히 부각시키기 위하여 성 차이에 대한 각각의 여성이론의 입장을 우선 살펴보기로 하자.

---

3) 강숙자, 〈한국 여성운동이념의 방향 정립을 위한 시론〉, 《여성연구》 봄호(서울 : 한국여성개발원, 1987).
4) 장필화 교수 논평, 1987년 6월 8일자 〈이대학보〉 제2면.

Ⅱ. 성 차이에 대한 여성이론의 쟁점

역사시대 이래로 여성이 차별받아 왔다는 대전제에는 모든 여성이론가들이 일치된 견해를 공유하지만, 그 차별의 원인이 무엇이며 그에 따른 대안을 제시하는 방식에 따라, 자유주의·마르크스주의·급진주의·사회주의 여성이론으로 갈라진다.[5] 이들 갈래 이론들은 성 차이에 대한 논의에서도 다양한 입장의 차이를 보이고 있다. 성 차이에 대한 논의가 왜 여성학에서 쟁점으로 부각되는지는 한 남성 보수주의자의 견해를 살펴보면 쉽사리 이해가 된다. 스티븐 골드버그 (Steven Goldberg)는 "남성 호르몬인 테스토스테론이 공격성을 유발하고, 이 공격성이 남성으로 하여금 사회에서 주도적인 위치를 차지하게 하는 요인이며, 이를 차별이라고 주장한다면 불가피한 자연적인 현상"이라고 피력한 바 있다.[6] 이와 같은 논리는 여성이 사회참여를 한다고 하더라도 주변적인 위치에 머무를 수밖에 없다는 결론을 암암리에 내포하고 있다. 때문에 제2차 세계대전 이래, 균등한 기회로 여성의 경제활동 참여를 추구하는 구미의 여성운동가들에게는 상당한 장애물이 아닐 수 없었다. 따라서 남성과 여성의 성 차이는 존재하는가, 존재한다면 그것은 본연의 것인가 혹은 후천적인 것인가 하는 물음은 여성운동가들에게는 매우 중요한 명제로 자리잡는다.

앞서의 스티븐 골드버그와 유사한 견해는 구미의 지적 풍토에서 그 뿌리가 매우 깊음을 알 수 있다. 근대화 시기에 서양의 여러 남

---

5) Alison Jagger, *Feminist Politics and Human Nature*(Sussex : The Harvester Press, 1983).

6) 앨리슨 재거와 폴라 스트럴, 신인령 역, 《여성해방의 이론체계》(서울 : 풀빛, 1978), p. 174.

성 지성들은 한결같이 남녀의 성 차이는 본질적인 것이며 여성이 지켜야 할 곳은 가정이라고 되풀이하여 주장하였다. 즉 여성은 천성적으로 순종적이고 감성적이며, 사소한 일에 신경 쓰는 자이며, 이러한 심리적 특성은 양육자로서의 여성의 사회적 역할에 적합하다는 것이다. 더욱이 정치적 권력획득에 요구되는 합리성과 보편성을 결여했기 때문에 여성을 정치생활에서 배제하는 것이 정당하다고 굳게 믿어왔다. 이러한 풍토에서 과감히 반론을 제기한 이는 다름아닌 존 스튜어트 밀(John Stuart Mill)이었다. 밀은 1869년에 출간한 그의 저서 《여성의 예속》에서 여성성은 생래적인 것이 아니라 후천적인 환경과 교육에 따라 형성된 것이라고 논증하였다. 물론 이와 같은 문제제기는 밀이 당시의 주변상황과 학문적인 조류의 영향을 받은 산물이기도 하다. 18세기 말과 19세기의 서양은 찰스 다윈(Charles Dawin)이 발표한 《종의 기원》이 사회의 각 분야에 영향을 미쳤으며, 변화에 대한 기운이 충만한 시기였다. 이러한 때에 인간에게는 고유한 본유의 성질이 있다는 지금까지의 선천론(nativism)에 도전하여 인간의 본성은 조형 가능한(malleability) 것이라는 새로운 사상이 싹트게 되었고,[7] 이러한 조류에 밀도 예외가 될 수는 없었다. 특히 밀은 영국의 경험주의 철학자인 존 로크(John Lock)의 이론을 직접 수용하였다.

> 현재 이른바 여성의 본성이라 불리는 것은 현저하게 인위적인 것이다. 즉 어떤 방향으로는 강제로 억압되고 또 다른 방향으로는 부자연스러운 자극을 받은 결과이다.[8]

---

7) Maurice Mandelbaum, *History, Man, & Reason —A Study in Nineteenth-Century Thought*(Baltimore : The Johns Hopkins Univ. Press, 1971), pp. 141~162.
8) 존 스튜어트 밀, 김예숙 역, 《여성의 예속》(서울 : 이대출판부, 1986), p. 70.

'인간의 품성은 선천적이 아니다'라는 명제는 '남녀간의 속성의 차이는 없다'는 명제와는 분명 그 내용이 다르다. 그럼에도 밀은 논리적 비약을 감수하면서 다음과 같이 결론을 맺고 있다.

> 나는 이제 가장 논쟁의 소지가 없는 남녀의 차이조차도 자연적 능력의 차이가 아니라, 상황에 따라 만들어진 것에 불과할지도 모른다는 것을 말하고자 한다.[9]

'불과할지도 모른다'라는 자못 조심스런 태도를 견지하였으나, "여성은 단지 페티코트를 입은 남성"이라는 밀의 가정에 당시 영국 빅토리아시대의 보수적인 사회분위기는 냉혹할 만큼 비판적이었다. 《에딘버러 리뷰》지는 혹독한 비판가들의 대변가임을 자처하였다. 그럼에도 밀의 주장은 후대의 여성 이론가들에 의해 더 한층 강화되었다. 즉 추정이 확신으로 바뀐 것이다. 시몬느 보부아르(Simone de Beavoir)의 《제2의 성》, 베티 프리단(Betty Fridan)의 《여성의 신비》로 이어지는 자유주의 여성해방 이론가들은 대개 밀의 주장을 계승하고 있다. "여성은 여성으로 태어나는 것이 아니라 단지 여성으로 길러진다"는 보부아르의 유명한 언설은 여성에게는 어떤 본유의 속성도 없음을 주장한 것이며, 프리단 역시 여성성은 남성들이 만들어낸 신화일 뿐이라는 것이다. 공적 경제활동에 남성과 균등한 기회로 참여하려는 이들 이론가들에게 여성의 공적 활동 참여를 근본적으로 저해하는 원인이 바로 여성성으로부터 유래한다고 주장한다면, 이들은 필연적으로 여성성이 생래적인 것이 아니라 후천적인 환경에 의한 것으로서 남성과의 성 차이는 없다는 귀결점에 이를 수밖에 없을 것이다. 이러한 이유에서 50~60년대 구미의 제2기 여성운동가들의

---

9) 존 스튜어트 밀(1869), 앞의 책, p. 115.

핵심주장은 성별에 따른 성 차이는 없다는 것이며, 이를 지지하는 것이 여성이론가의 반열에 들어서는 척도가 되었던 것이다. 그러나 공동체 여성이론가인 진 엘슈타인(Jean Bethke Elshtain)은 성 차이를 인정하지 않는 자유주의 여성이론가들의 주장을 비판하고 나섰다. 그녀는 문제의 핵심이 성 차이가 있다 혹은 없다는 논쟁에 있는 것이 아니라 여성성이 열등하다는 남성우월주의적 가치관에 있다는 것이다. 즉 남성성은 우등하고 여성성은 열등하다는 통념과, 남성의 일은 가치가 있고 여성의 일은 가치가 없다는 통념은 남성들이 만들어놓은 가치체계인데, 그러한 남성우월주의적 체계를 깨뜨려야 함에도, 소수의 여성운동가들 스스로가 오히려 남성들의 가치관을 동조 강화시키는 모순된 행위를 자초하였음에 비난을 가하였다.[10]

고전 마르크스주의 여성이론은 자유주의 여성 이론가들처럼 인간의 본성은 조형가능한 것이라는 입장에 선다. 칼 마르크스(Karl Marx)와 프리드리히 엥겔스(Friedrich Engels)는 선대 철학자들이 시도한 인간의 고유한 본성을 단순히 어느 특정 시대의 사회적 유산을 구성하는 사회관계와 생산력의 총화라는 견해로 대체하였다. 개인은 그가 처한 사회의 영향을 받는다는 그들의 관점은 인간본성의 조형가능성을 전제한 것이라 하겠다. 그러나 마르크스주의 이론은 여성 특유의 성(性)의 문제를 간과하였다(gender blind)는 여성학자들의 비판에서 알 수 있듯이 구체적으로 여성성이 우등하다 혹은 열등하다라는 언급을 생략하였다. 그리고 여성 억압에 대한 대안으로서 엥겔스는 모든 여성을 공적(公的) 생산에 투여해야 한다는 주장을 펴면서도 모든 여성들이 공격성을 갖추고서 공적 일에 참여해야 하는지 아닌지에는 끝내 함구하였다.

---

10) Jean Bethke Elshtain, *Public Man, Private Women*(Princeton : Princeton Univ. Press, 1981).

급진주의 여성 이론가들의 성 차이에 대한 입장은 자유주의자들이나 마르크스주의자들과는 상반된 입장을 취한다. 이들은 인간의 본성이 존재한다는 선천론에 위치한다. 선천론이면서도 전기와 후기 급진주의로 나뉘면서 성 차이에 대한 견해는 이분화된다. 전기 급진주의 여성 이론가인 파이어스톤은 남녀간에 성 차이를 인정하면서 여성의 생물학적 열등성을 문제 삼는다.

> 성적 계급은 보이지 않을 정도로 뿌리가 깊다. …… 여성해방론자들은 서양문화의 모든 것뿐 아니라 문화조직 그 자체, 나아가서 **자연의 조직** 그 자체에 관해서도 질문해야 한다.[11] (고딕체는 필자)

여성성이 우월하다, 아니면 열등하다는 차원의 논의가 아니라 아예 여성의 신체 자체가 열등하다는 전제를 수용한 것이다. 이 점이 바로 여타의 여성 이론가들로부터 파이어스톤이 남성 우월주의자들과 손을 맞잡았다는 비난을 받게 하는 것이다. 이와는 반대로 후기 급진주의 여성이론인 레즈비어니즘은 여성의 본성을 인정하지만, 여성은 신체적으로 남성보다 우월하며 여성성이 더욱 가치가 있다고 주장한다. 이들 이론가들은 생물학적 결정론을 역이용하여 남성이야말로 여성보다 신체적으로 열등하다는 것이다.

> 최초로 남성은 아마 질병이나 태양으로부터 방사선 충격에 의해 유전자가 일부 손상되어 생겨난 돌연변이이자 기형이었다. 남성에게는 남성인자와 연계되어 있는 색맹과 혈우병 같은 열등한 유전적 속성이 남아 있다. 남성인자가 비정상적이며, Y염색체가 가계에 좋지 못한 징조를 보이는 우연적인 돌연변이가 아닌가 하는 의구심은, 지금까지의 살인자들과 범죄자들이 염색체를 하나도 아니고 둘씩이나 가지고 있다는, 말하자면 유전학

---

11) 슐라미스 파이어스톤, 김예숙 역, 《성의 변증법》(서울 : 풀빛, 1983), pp. 13~14.

42

적으로 바람직하지 못한 남성인자를 두 배로 가지고 있다는 사실을 최근 유전학자들이 발견해냄으로써 더욱 강력하게 뒷받침되고 있다. 만약 Y염색체가 X염색체의 퇴화 형태이고 불구라고 한다면 남성은 퇴화된 여성, 불구인 여성을 나타낸 것이다.[12]

남성이 퇴화한 여성, 불구인 여성이라는 주장은, 후술하겠지만 아리스토텔레스의 생물학을 뒤집은 내용이다. 이와 같이 성 차이에 대한 논의가 여성이론의 중요한 쟁점으로 떠오르자, 70년대부터 여성 심리학자들의 연구과제는 자연히 성 차이로 집중되었다. 그러나 여성 심리학자들의 연구방향은 성별에 따른 생래적인 본성의 차이는 없는 것으로 진행하였고, 차이가 있더라도 극히 한정된 부분에 지나지 않으며, 이러한 남녀간 성 차이는 동성간의 개인차에 비교하면 더 미미한 것으로 평가절하했다. 이의 연장선상에서 산드라 벰(Sandra Bem)은 한 개인이 남성성과 여성성을 모두 겸비한 양성적 인간상을 바람직한 대안으로 제시하였다.[13] 이 대안 역시 헤스터 아이젠슈타인(Hester Eisenstein)에 의해 냉혹하게 거부되었다. 즉 양성적 인간상이란 전통적인 개념의 남성성과 여성성을 꿰어맞추려는 시도에 불과하며, 여전히 '여성다움'과 '남성다움'의 기본적인 사고틀 안에 머무르기에 새로운 방식으로 현상을 조직하거나 세계를 개념화하는 데에는 실패했으며 더욱이 이들 양성성 주장자들은 부르주아(자유주의) 여성해방론자들의 주장과 궤를 같이한다[14]는 지적이었다.

정신분석학 여성 이론가 낸시 초도로우(Nancy Chodorow)는 좀 색

---

12) 린다 M. 글래논, 이수자 역, 《여성과 이원론》(서울 : 이대출판부, 1986), p. 164.
13) 정진경, 〈심리적 성차와 양성성〉, 《남녀평등과 인간화》(서울 : 연대출판부, 1986), pp. 153~161.
14) 헤스터 아이젠슈타인, 한정자 역, 《현대여성해방사상》(서울 : 이대출판부, 1986), p. 141.

다른 연구를 시도하였다. 초도로우는 인간의 생래적 양성성(Andro-genous)을 전제함으로써 그를 선천론으로 분류할 수 있다. 그런데 초도로우는 후천적인 학습과 환경에 따라 성 차이가 조장된다면, 그 성 차이가 어느 시기에 내면화하느냐 하는 문제에 더 관심을 두었다. 후자의 측면에서 보면 그녀는 인간의 본성이 조형가능한 것이라는 입장에 서기도 한다. 그녀의 논의를 자세히 풀어보면, 후천적인 학습이 생래적인 본성을 파괴하고 대체된다는 주장이기에 그 자체가 논리의 모순이라 아니할 수 없다.

최근에 다양성(plurality)에 무게를 두는 포스트 모던 여성 이론가들은 성별에 따른 다름을 인정하고(그러나 그 다름이 선천적인 것인지 후천적인 것인지에는 언급이 없으나 선천론의 입장에 선다고 보는 편이 무난하다), 지금까지 남성들에 의하여 폄하되어 온 여성성이 가치가 있다는 주장을 편다. 이들은 여성의 특성인 직관, 감성, 부드러움, 타인에 대한 관심과 배려, 수용성, 양육의 능력이 가치 있는 덕목이라는 것이다.[15] 포스트 모던 이론가들은 이런 점에서 엘슈타인과 견해를 같이하고 있다.

지금까지 살펴본 바 여성이론의 갈래에 따라 성 차이에 대한 견해도 다양함을 알게 되었다. 이처럼 팽팽한 쟁점들에 마침내 마침표를 시도한 한 여성 철학자의 견해가 매우 주목을 끈다. 매리 미드글리(Mary Midgley)는 남녀간에 생래적인 차이가 있다면 이것이 문제되어서는 안되며, 이러한 차이가 차별화로 이어지는 점만을 문제 삼아야 한다고 주장하였다. 성 차이가 없다고 주장하는 이들은 교육과 환경에 전적으로 책임을 돌리고 있으나 여건이 같은 교육환경에서도 그 성과가 다양하게 나타나는 점을 어떻게 설명해야 하는가를 그녀

---

15) Rosemarie Tong, *Feminist Thought*(Boulder : Westview Press, Inc., 1989), pp. 153~161.

44

는 되묻고 있다. 만약 남녀의 속성에 아무런 차이가 없이 획일적이며, 단지 개인 차이만 존재한다면, 여성운동에서 여성의 연대를 강조하는 자매애(sisterhood)는 그 존립기반이 침식당하는 이율배반에 직면하게 됨을 경고하였다.[16]

이보다 시기적으로 뒤지기는 하나 한국 학계에서도 동일한 문제점이 지적되었다. 남녀간에 성 차이가 없다면 여성운동의 근거가 소멸된다는 것이다.

> (남녀간의) 차이성이 존재하지 않는다면 남성과 여성이라는 말 자체가 무의미해지며, 따라서 남녀평등의 문제도 처음부터 잘못 설정된 문제가 된다고 할 것이다.[17]

> …… 본성상의 차이가 없는 것이라면, 단순히 여성에게만 그러한 직업, 직능에의 참여 기회가 제한되어 있다는 것이 문제가 되는 것이 아니라, 남성·여성을 불문하고 다수의 인간들에게 그러한 기회가 제한되어 있다는 사실을 처음부터 문제 삼아야 하는 것이며, 이 경우에도 물론, 여성의 자유·평등의 문제는 무의미해지며 인간들 사이의 일반적인 평등의 문제로 환원되는 것이다.[18]

물론 여기에서 언급한 내용은 전반적인 여성학자들의 성 차이에 대한 쟁점을 상대로 한 것은 아니며, 성 차이에 대한 밀도 있는 최초의 논의자라고 할 수 있는 밀의 《여성의 예속》에 대한 비판적 성

---

16) Mary Midgley, "On Not Being Afraid of Natural Sex Difference", in M. Griffiths & M. Whiteford(eds.), *Feminist Perspectives in Philosophy*(Indianapolis : Indiana Univ. Press, 1988), pp. 29~41.
17) 양승태, 〈예속과 해방의 논리와 비논리 — 밀(J. S. Mill)의 《여인의 예속》에 나타난 여성의 자유·평등 논리에 대한 인성론적 비판〉, 《논총》 57집(서울 : 이대한국문화연구소, 1990), p. 238.
18) 같은 글, p. 249.

찰이기는 하다. 그러나 밀이 성 차이 논쟁에서 단초를 연 장본인이
기에 밀에 대한 비판은 그를 잇는 자유주의 여성 이론가들뿐 아니라
여성 심리학자들에게도 상응하는 비판이라 하겠다. 그렇다면 이 시
점에서 중요한 것은 지금까지의 소모적인 논쟁에 종지부를 찍고 여
성의 품성을 유지하면서 여성도 사회적 경제활동에 적극 참여할 수
있다는 전략으로 여성운동의 방향선회가 불가피한 때가 아닌가 한
다.[19] 본논의로 돌아와서 이들 쟁점 가운데 유독 여성의 신체적 열등
성을 문제 삼은 파이어스톤의 관점은 어디로부터 유래하는지 다음
장에서 살펴보려 한다.

Ⅲ. 《성의 변증법》과 여성의 생물학적 열등성에 대한 서양의 지적 전통

앞장의 인용문에서 서술한 대로 파이어스톤은 《성의 변증법》의 서
두에서 자연의 조직 그 자체에 의문을 제기하였다. 즉 여성의 신체
자체가 열등하다는 인식이며, 이와 같은 사유방식은 뿌리깊은 서양
의 지적 전통이기도 하다.

희랍의 철학자 아리스토텔레스는 여성을 다음과 같이 규정하였다.
"여성은 남성으로 되려다가 만 잘못된 것(misbegotten male)"으로서
여성은 무언가 결핍되고(deficiency), 불구적(deform)인 것으로 간주
하였다. 아리스토텔레스는 또한 인간 생명의 창조과정에서 여성의
기능은 보잘것없는 것으로, 남성의 배타적인 기능을 강조하였다. 즉
남성의 정액(semen)이 스스로 조그만 모형인간(homunculus)을 형

---

19) 사실 남성들의 공격성이 지배한 이 세계는 기아와 질병, 전쟁으로 점철되지 않
    았는가! 여성의 부드러움, 타인에 대한 배려와 관심이 어느 때보다 요구되는 시
    점이다.

성하며, 여성은 단지 이미 완성된 모형인간을 배 속에 담고 있는 그릇(vessel) 역할만 한다고 하였다.[20] 이처럼 미숙한 아리스토텔레스의 생물학은 현미경이 발명된 근대에 와서야 겨우 극복이 가능하였다.

서양 중세의 스콜라 철학자인 토마스 아퀴나스(Thomas Aquinas)는 유태교·기독교 전통과 희랍의 전통(특히 아리스토텔레스의)을 체현한 사상가라 할 만하다. 그의 저서 《신학대전》에 투사된 여성관은 이 두 전통을 충실히 반영하고 있다. "여성은 첫번째 창조물로 창조되었느냐"라는 질문에 대하여 다음과 같이 서술하고 있다. "철학자가 말하기를, 여성은 불완전한 남성(misbegotten male)이므로 불량품, 혹은 손상된 것이 처음 창조물이 될 수 없다"고 언급하였다.[21] 물론 아퀴나스는 여성이 남성의 머리나 발이 아닌 갈비뼈로 지음받은 것은 높음도 낮음도 아닌 적절한 중간 위치를 택하였다는 기독교적 해석을 곁들이고는 있으나, 중세에서도 다시금 여성이 신체적으로 열등하다는 사상이 내재하였음을 확인하였다.

근대로 넘어오면서 여성의 신체 자체가 불완전하다는 직접적인 주장은 그리 보이지 않는다. 대신에 신체적인 차이에서 파생된 남녀간의 심리적인 차이는 본질적이며, 여성성은 남성성보다 열등하다는 생각은 당시 많은 지성인들의 공통된 견해였다. 여성은 이성을 결여했다는 해묵은 신념은 이 시기에도 퇴색하지 않았다. 이러한 맥락에서 루소는 여성성이 부드럽고 섬세하므로 여성이 바깥일보다 가정을 돌보는 일에 더 적합하며 가정을 지키는 것이 본분이라고 강조하였다.[22] 이 시대의 많은 지성들 — 마키아벨리·칸트·니체 등은 정도의

---

20) Jean Bethke Elshtain, *op. cit.,* p. 47.

21) Martha Lee Osborne, *Woman in Western Thought*(New York : Random House, 1979), p. 68.

22) Ellen Kennedy-Susan Mendus, *Woman in Western Political Philosophy*(New York : St. Martin's Press, 1987).

차이는 있을지언정 한결같이 여성성은 열등하며 그리고 여성의 본분은 가정을 지키는 일이라고 역설하였다.

근대 후기에 이르러 지그문트 프로이트(Sigmund Freud)는 다시금 여성의 신체 자체를 문제 삼는 조짐을 보인다. "해부학이 운명이다"라는 그의 유명한 언명은 여성의 생물학적 열등성 때문에 차별은 필연적이라는 함의를 암암리에 시사한다. 프로이트의 이른바 정신분석학 이론은 여성이 신체적으로 불완전하며 손상되었다[23]는 서양의 지적 전통에 바탕한 것임을 곧 알 수 있다. 다음의 인용문은 여자아이가 어머니의 애착으로부터 벗어나 아버지한테로 향하는 과정을 거세 컴플렉스와 남근 선망으로 설명하는 프로이트의 이론인데, 여성이 생물학적으로 열등하다는 전통과 얼마나 합치되는가를 잘 보여주고 있다.

> 여자아이의 거세 컴플렉스 또한 남자아이의 음경을 봄으로써 시작된다. 여자아이는 즉시 그 차이점을 깨닫고 또한 그 차이점의 의의를 깨닫게 된다. 여자아이는 자신이 매우 손상되었다고 느끼며 종종 '나도 저런 것을 가졌으면' 하고 말하고 '음경선망'에 빠지기도 하는데 음경선망은 여자아이의 발달과 성격형성에 지울 수 없는 흔적을 남기고 …… 그의 어머니가 거세되었다는 것을 발견하는 것과 동시에 어머니를 사랑의 대상에서 제외시키는 것이 가능하게 되고, 그 결과 오랫동안 축적되어온 적개심의 동기가 우세를 점하게 된다.[24]

지금까지 살펴본 바 파이어스톤은 바로 여성의 신체 자체가 열등하다는 서양의 지적 전통을 이어받았음이 확연해졌다. 이 점이 곧

---

23) Carol Hymowitz, *History of Women in America*(New York : Bantam Books, 1978), p. 299.

24) 폴라 스트럴, 앨리슨 제거(1976), 신인령 역, 《여성해방의 이론체계》(서울 : 풀빛, 1983), p. 167.

그녀가 남성 우월주의자들과 손을 맞잡았다는 비판을 면하기 어렵게 하는 것이다. 여성의 신체 자체가 열등하다는 전제는 필연적으로 여성의 생물학적 기능인 출산을 부정적으로 보기 위한 수순에 불과하다. 다음은 여성의 생물학적 기능인 출산이 기독교 문화권에서 어떻게 해석되며 또한 파이어스톤이 출산의 기독교적 해석을 얼마나 수용하였는지를 살펴보기로 한다.

Ⅳ. 《성의 변증법》과 기독교 문화권의 출산의 부정성(不淨性)

앞에서도 언급하였지만 파이어스톤은 여성의 신체가 열등하다는 인식을 수용하였고, 이 인식은 곧 출산기능을 부정적으로 보는 견해와 상통한 것이다. 그녀는 《성의 변증법》 여러 곳에서 출산을 여성억압의 원인으로 기술하였고, 이를 대체할 대안으로서 후기 산업사회의 테크놀로지에 의한 시험관 아기(test-tube baby)를 제시하였다.

경제적 계급과는 달리 성적 계급은 생물학적 현실로부터 직접적으로 발생했다. 남성과 여성은 다르게 만들어졌고, 평등하게 특권을 누리도록 창조되지 않았다. 드 보부아르가 지적한 대로 차이 그 자체가 계급체계의 발전을 필연적인 것으로 만들지는 않지만 출산기능의 차이가 그렇게 만든 것이다(p.19).

꼴사납고 비효율적이고 고통스러운 것이라고 인식되는 임신은(p.199), 종의 이익을 위하여 개인의 육체가 임시적으로 불구가 되는 것이다(p.199).

자연은 인류의 반이 전인류의 아이를 낳아야 하고 길러야 한다[25]는 근본적인 불평등을 생산했는데(p.203), 인공생식의[26] 완전한 발전에 대한 요

---

25) 양육이 여성의 사회적 역할임에도 불구하고 파이어스톤은 이를 생물학적 역할로 규정하고 있는 오류를 범하고 있다.

구는 생물학적 가족의 억압에 대안을 제시할 것이다(p.202).

  남자는 이마의 땀으로 땅을 갈고 여자는 고통과 수고로 출산을 해야 하는 천벌은 처음으로 인간적 삶을 가능하게 하는 테크놀로지[27]를 통해서 해소될 것이다(p.202).

  위의 인용문에서 보이듯이, 파이어스톤은 임신과 출산을 고통, 수고, 꼴사납고, 비효율적, 불구, 저주, 천벌 등 부정적인 언어로 묘사하였다. 임신과 출산을 부정적으로 보는 파이어스톤의 견해는 기독교 경전인 《구약성서》〈창세기〉의 타락신화에서 근거를 찾을 수 있다. 〈창세기〉 1장에서 2장 4절 상반절의 창조 이야기는 하나님이 천지창조를 완성한 후에 마지막 날 인간을 창조하는 순서이나, 2장 4절 하반절 이하의 새로운 창조 이야기는 인간을 제일 먼저 창조하는 내용으로 되어 있다. 제1장의 천지창조 이야기는 바빌로니아의 신화를 바탕으로 한 P문서의 기록이며, 2장 4절 하반절 이하의 또 다른 창조 이야기는 유태인의 민간전설을 담은 J문서의 기록이다. 흔히들 P문서가 J문서보다 더 늦게 기록되어서 가부장제가 더 고착된 시대로 오해하기 쉬우나 남녀평등의 안목에서 보자면 P문서의 내용이 더

---

26) 파이어스톤의 인공생식은 레즈비언 여성들에 국한해서 빛을 발한다. 오스트레일리아의 한 레즈비언은 미지의 기증자의 정자를 인공수정하여 딸을 출산하였다. 레즈비언 여성학자인 퍼거슨도 시험관 아기의 성공을 촉구하였다[Ann Ferguson, *Sexual Democracy*(Boulder : Westview Press, 1990)]. 마리아 미즈는 현대 인공출산을 경험한 서양의 산모들의 사망률이 증가하였으며 기술의 발전이 오히려 여성들을 억압한다고 비판하였다(Maria Mies, "What Unites, What Devides Women from the South and from the North in the Field of Reproductive Technologies?" Paper Presented at FINRRAGE International Conference held at Dacca, Bangladesh from March 10th to March 16th, 1989).

27) 테크놀로지가 여성을 해방시킬 것이라는 그녀의 전망을 서양 여성학자들은 과거와 현재의 사례를 들어서 비판하였다. 근대화 과정에서 의료기술의 발전은 서양 전근대사회에서 여성의 출산을 전담하는 여성 조산원을 축출하고 남성 산과 의사들로 대체되었기에 오히려 여성의 지위저하를 지적하였다.

50

남녀평등적이라 하겠다. 하나님이 남성과 여성을 동시에 만들었고 생육하고 번성하라는 축복을 하였기에 그러하다. 2장 4절 하반절 이하의 J문서에서는 하나님이 흙으로 인간을 빚으시고 코에 생기를 불어넣어 아담을 창조한 후에 아담이 독처하는 것이 보시기에 언짢아서 남자의 갈빗대를 취하여 여자를 만들었기에 인간이지만 남자의 일부에 지나지 않는다는 신념이 조장될 수도 있다.[28] 그리고 P문서의 창조 순서는 하등동물에서부터 고등동물로 차례지워졌기에 설혹 여성이 후에 지음을 받았더라도 더욱 완전한 창조물이라고 할 수 있으나 J문서는 역순인 고등동물에서 하등동물로 지음을 받았기에 나중에 창조된 여성을 더욱 세련된 완성품이라고 하기에는 어려움이 따른다.[29] 아담과 이브는 하나님이 따먹지 말라던, "네가 먹는 날에는 정녕 죽으리라"고 경고한 선과 악을 판별하는 지혜의 열매를 따먹고 원죄를 짓는다. 그 원죄의 대가로 죽음을 맞아야만 하였고(경고한 대로) 죽음은 필연적으로 출산을 수반하게 되는 것이다. 아담에게는 평생 이마에서 땀을 흘려야 하는 수고와 이브에게는 출산의 고통을 벌로 대신하였다. 만약 아담과 이브가 금단의 열매를 따먹지 않았다면, (역사에 만약이라고 하는 가정법은 존재할 수 없으나) 출산은 예정되지 않았을 것이다. '정녕 죽으리라'는 하나님의 경고는 반대로 따먹지 않는다면 '영생하리라'는 하나님의 언약이었기 때문이다.

출산이 천벌의 대가이기에 출산을 한 산모가 산후조리를 마친 다음 맨 먼저 해야 할 과제는 교회에 참석하여 속죄하는 의식을 치르는 일이다. 이러한 churching의 풍습은 바로 죄를 씻기 위한 속죄의 의

---

28) 아이작 아시모프(1981), 이민재 역, 《태초에 — 창세기와 과학의 대조》(서울 : 탐구당, 1987).
29) 창조의 순서에 대한 여성 신학자들의 논의는 다음을 참조 바람. 장상, 〈기독교 여성관의 재발견〉, 《한국여성학》 창간호(서울 : 한국여성학회, 1985).

미라고 제인 루이스(Jane Lewis)는 지적하였다.[30] 이 churching의 풍습 역시 《구약성서》 〈레위기〉 12장에서 그 근거를 찾을 수 있다.

> 여인이 잉태하여 남자를 낳으면 그는 7일 동안 부정하리니 곧 경도할 때와 같이 부정할 것이며 제8일에는 그 아이의 양피를 벨 것이요, 그 여인은 오히려 33일을 지나야 산혈이 깨끗하리니 정결케 되는 기한이 차기 전에는 성물을 만지지도 말며 성소에 들어가지도 말 것이며, 여자를 낳으면 그는 이칠일 동안 부정하리니 경도할 때와 같을 것이며 산혈이 깨끗하게 됨은 66일을 지나야 하리라. 자녀간 정결케 되는 기한이 차거든 그 여인은 번제를 위하여 일년 된 어린 양을 취하고 속죄제를 위하여 집비둘기 새끼나 산비둘기를 취하여 회막문 제사장에게로 가져갈 것이요, 제사장은 그것을 여호와 앞에 드려서 여인을 위하여 속죄할지니 그리하면 산혈이 깨끗하리라. 이는 자녀간 생산한 여인에게 대한 규례이니라. 그 여인의 힘이 어린양에 미치지 못하거든 산비둘기 둘이나 집비둘기 새끼 둘을 가져다가 하나는 번제물로 하나는 속죄제물로 삼을 것이요, 제사장은 그를 위하여 속죄할지니 그가 정결하리라.

위의 내용에서 보면 산모가 아들을 낳은 경우는 33일, 딸을 낳은 경우에는 66일간을 거룩한 물건에 손을 대서도 안되며 외출도 허용되지 않는 마치 감금의 상태를 연상케 한다. 영어에 산후조리를 confinement로 지칭하는 것에 주목해볼 필요가 있다. confinement는 원래 '감금'이란 뜻인데, 산후조리와 같은 뜻으로 쓰인다면 이는 부정한 여인을 감금한다는 상징의 다른 한 측면일 수도 있다. 19세기 영국 귀족 부인들의 출산 기록에서 감금과 흡사한 산후조리(lying-in) 풍습을 읽을 수 있다. 해산달이 가까워오면 귀족층의 산모들은 시골 한적한 곳으로 가서 방을 구하여 해산하는 것이 전통적

---

30) Jane Lewis, "Woman, Lost and Found : The Impact of Feminism in History," Dale Spender(eds.), *Men's Studies Modified*(Oxford : Pergamon Press, 1981), p. 157.

습속이었다. 산모가 기거하는 집에 마구간의 분위기를 내기 위하여 지붕을 밀짚으로 덮고 산실(lying-in chamber)의 바깥 손잡이는 색 리본을 매달아서 신생아의 성별 구분을 한다. 분홍 리본은 여아의 출생을, 초록 리본은 남아의 출생을 상징한다. 산모는 간이용 침대를 사용하고 창문은 셔터를 내리고 커튼을 치며, 햇빛을 완전히 차단하기 위하여 심지어는 출입문의 열쇠 구멍도 밀랍하여 방을 어둡게 한다. 산모는 죽에 포도주와 향료를 탄 음료를 마시고(caudle drinking) 저 칼로리의 음식을 섭취하며 남성들은 출입이 금지된다. 이러한 풍습의 이면에는 평상적인 세상의 일상사로부터 산모를 격리시키고 단절시키는 의미가 짙었다. 주디스 밀뱅크 부인은 1775년 자신의 여동생이 태어났을 때가 세 살 반의 나이였음에도 어머니와 산실의 분위기가 음침하여서 "애기를 낳는 것은 무언가 잘못된 일이구나"라고 느꼈다는 한 회고에서[31] 산후조리가 감금과 흡사하다는 풍습을 이해할 수가 있다. 속죄의 의미인 churching의 관습은 원래의 의미가 상당히 변질되어서 더 이상 양과 염소, 비둘기 등 번제와 속죄제물을 바치는 풍습은 사라졌으나, 18세기 후반 프랑스와 빅토리아시대 영국에서도 그대로 이어져 왔다. 루이 16세의 아내인 마리 앙투아네트 왕비가 첫 왕녀를 출산한 후에 몸조리 기간을 지나고서 churching의 관습을 치렀다는 기록이 있다. 그 기록에 따르면 앙투아네트 왕비가 노트르담 사원을 향하여 지나갈 때 연도변에 많은 군중들이 나와서 환호하였다고 전한다. 또한 빅토리아시대 영국 귀족 부인은 churching 의례에서 신부가 태어난 아기를 위하여 기도를 하였다고 회고하였다.

　출산이 천벌의 대가인 만큼, 서양 기독교 문화권에서 천벌인 출산

---

31) Judith Schneid Lewis, *In the Family Way : Childbearing in the British Aristocracy, 1760~1860*(New Brunswick : Rutgers Univ. Press, 1986), p. 157.

을 자연스럽게 피할 수 있는 유일한 방법은 수녀가 되거나[32] 독신을
고수하는 길이었다. 실상 기독교는 결혼보다 독신에 더 높은 가치를
부여한다. 사도 바울은 고린도교회 교인들에게 독신을 권면하였다.

> 나는 모든 사람이 나와 같기를 원하노라. 그러나 각각 하나님께 받은 자
> 기의 은사가 있으니 하나는 이러하고 하나는 저러하니라. 내가 혼인하지
> 아니한 자들과 과부들에게 이르노니 나와 같이 그냥 지내는 것이 좋으니
> 라. 만일 절제할 수 없거든 혼인하라. 정욕이 불같이 타는 것보다 혼인하
> 는 것이 나으니라[33]

독신에 더 큰 가치를 부여한 기독교 문화권에서 유명한 지성인들
이 독신으로 여생을 보낸 배경을 쉽사리 이해할 수가 있다. 데카르
트·스피노자·라이프니츠·로크·흄·칸트·비트겐슈타인 등 철학자들이
독신으로 일생을 마감하였다.[34]

파이어스톤의 부정적인 임신·출산관은 그녀가 책을 헌정했던 보부
아르의 영향을 상당히 받은 것이었다. 보부아르야말로 여성의 생리
와 임신·출산을 부정적으로 본 최초의 여성 이론가일 뿐만 아니라
몸소 일생을 마감할 때까지 제도결혼을 거부하고 계약결혼을 실천함
으로써 저주스런 출산을 피해간 이론과 실천을 겸비한 여성운동가였
다. 그녀는 앵글로 색슨인들이 생리를 '저주'라고 여긴다는 점을 강조
하면서, 남성들의 삶은 정자의 사출을 통하여 초월(transcendence)
을 경험하지만 여성의 임신과 출산을 소외(alienation)로 간주하였
다. 뿐만 아니라 여성의 수유현상도 유선의 분비(mammary gland)

---

32) 타락 이후의 속세에서 여성의 선택은 첫번째가 동정녀로서의 종교적 삶이며, 두
   번째가 독신이고, 마지막이 결혼이다. Eleanor Commo McLaughlin, "The Impact of
   Christianity," in *Woman in Western Thought*(New York : Random House, 1979).
33) 〈고린도전서〉 7장 7절~9절.
34) 정대현, 〈사랑의 미신〉, 《새로 쓰는 사랑이야기》(서울 : 또하나의 문화, 1991).

로 비하하였다.[35] 그리고 남성 철학자 니체는 출산을 질병으로 간주하였으며 생물학이 여성의 열등성을 담보한다고 하였다.[36] 이와 같은 희랍·로마·유태교·기독교 전통이 파이어스톤의 급진 이론을 형성하게 한 토양이라고 하겠다. 다음은 여성의 신체적 열등성과 출산의 부정성에 대응한 한국의 문화적 토양을 검토해 보고자 한다.

V. 음양(陰陽)사상의 구별론

서양 여성학 이론에서 남녀간의 성 차이가 있다 혹은 없다 그리고 여성은 신체적으로 열등하다 아니다라는 논쟁의 연장선에서 동양의 음양론(陰陽論)을 구명하는 것은 유용한 작업이 될 것이다. 음양의 원리가 남녀 구별이냐 혹은 차별이냐 하는 논의는 한국에서 가족법 개정운동이 전개되는 1970년대 초반에 시작되었다. 한국 여성단체들이 범여성가족법개정촉진회를 결성하였을 때 여성을 차별하는 민법의 내용이 유교의 원리에 근거하는 것으로 비판하였다. 1979년에 민법이 부분적으로 개정된 직후 1980년대에 여성가족법개정위원회가 호주제도의 완전 철폐를 주장하면서 다시금 유교의 여성차별론이 대두되었다. 특히 유학의 남존여비(男尊女卑) 사상은 부부유별(夫婦有別)에 바탕한다는 논쟁이었다. 성균관대학교의 유학자들은 부부유별이 여성을 차별하는 논리가 아니라 남과 여를 구별하는 이론이라고 응수하였다. 이와 같이 끝없는 논쟁을 종식시키는 의미에서 여성계 지도자들과 성균관의 유학자들은 대토론의 장을 마련하였다. 그 결

---

35) Simone de Beauvoir, *The Second Sex*, H. M. Parshley(tr.) (New York : Bantam Books, 1949).

36) Ellen Kennedy-Susan Mendus, *op. cit.*, pp. 179~201.

과 당시에 여성계의 참석자들은 부부유별이 여성을 구별하는 이론이라는 유학자들의 주장을 수용하는 선에서 마무리되었다.

초기의 이러한 분위기를 감안해 볼 때 한국 여성 연구자들이 유교의 음양이론을 서양 플라톤의 이원론에 대입해서 우열의 관계로 파악한 것은 그리 놀라운 일이 못 된다. 이른바 남존여비로 비유되는 음양이론은 그 해석이 온당하게 자리매김하였는지 살펴볼 때가 지금이 아닌가 한다. 남존여비라는 은유의 근원은 원래《주역(周易)》〈계사전(繫辭傳)〉에서 유래한다. 그 내용은 아래와 같다.

天尊地卑　乾坤定矣　卑高以陣　貴賤位矣　動静有常　剛柔斷矣
하늘은 높고 땅은 낮아서 건곤이 정해진다. 낮고 높은 것이 베풀어져서 귀하고 천한 것이 자리를 잡는다. 움직이고 고요한 것에 정상이 있어 강하고 유한 것이 판단된다.

여기에서 건과 곤의 관계를 일원론적으로 해석하는 학자도 있다. "건도(乾道)와 곤도(坤道)가 교감하여 만물을 생성 변화시키며, 변화의 근원 작용을 음양의 어느 한 면에서 구하지 않고 양자 사이에서 교류하는 감(感)에서 구한 것이므로 이를 동양적 감(感)의 일원론"이라고 하였다.[37] 필자 역시 위의 내용에서 하늘 곧 건 그리고 땅 곧 곤은 그것 자체가 비천하고 고귀하다고 해석되기보다는 움직임과 고요함 그리고 강하고 부드러움을 한결같이 비대칭이 아닌 일련의 대칭의 관계로 파악하는 것이 온당하리라 생각된다. 이러한 생각은 김정설의 〈계사전〉 해석을 보면 수긍이 갈 것이다. 그는 천존지비(天尊地卑)를 이렇게 해석하고 있다. "하늘은 우리 머리 위에 있으니 높은 데에 위치하며, 땅은 우리 발 아래에 위치하기에 낮다는 단지 물리

---

37) 김용옥, 《동양학 어떻게 할 것인가》(서울 : 민음사, 1985), p. 199.

56

적인 위치를 나타낸 것에 불과하다"고 하였다.[38] 즉 존귀하고 비천한 가치의 개념이 아닌 물리적인 위치의 높낮이일 뿐이라는 것이다.

음양론에 대한 후대 학자들의 해석이 어떠하든 더욱 중요한 것은 유교가 정치이념으로 지배하던 조선왕조 당대의 유학자들이 이해한 음양론을 파악하는 것이 쟁점의 실마리를 푸는 단초가 될 것이다. 18세기 후반의 유학자 이덕무(李德懋)는 저서 《사소절(士小節)》에서 음양론을 다음과 같이 해석하였다.

> 남편과 아내의 화목하지 못한 원인은 다만 남편은 하늘은 높고 땅은 낮다는 말을 지켜 스스로 높고 큰 체하여, 아내를 억눌러 그 뜻을 용납하지 않고, 아내는 다만 동등하다는 도리를 지켜, 나는 그와 같다고 생각하는 데 연유하는 것이니, 이러고서야 어찌 서로 굴복하는 일이 있겠는가? … … 하늘과 땅이 비록 높고 낮더라도 그 만물을 길러내는 공(功)은 한가지임을 모르기 때문이다. 남편과 아내는 비록 동등하다 하더라도 강하고 부드러운 분수를 어겨서는 안된다.[39]

다산 정약용 또한 음양의 일원론적 기능을 역설하였다. 그는 "독음(獨陰)과 독양(獨陽)의 존재는 무의미하며 음과 양 어느 한쪽만의 기능으로는 어떤 힘도 발휘할 수 없기에 반드시 조화를 해야 한다"[40]고 강조하였다. 그리고 구한말 여성의 제도교육을 요구한 양반 여성들이 이해한 음양론 또한 동일한 내용이었다. "하늘이 자강하는 공력과 땅이 만물을 소생시키는 공력이 어찌 다를소냐!"[41]라고 한 표현에서 양반 여성들도 하늘과 땅이 가치면에서 동등하다고 인식하였다. 이

---

38) 김정설, 《풍류정신》(서울 : 민음사, 1989), pp. 131~134.
39) 이덕무(1775), 김종권 역, 《사소절》(서울 : 양현각, 1983), p. 111.
40) 이을호, 《한사상의 묘맥》(서울 : 사사연, 1986), p. 297.
41) 최숙경, 〈한말 여성해방 논리의 발전과 그 한계점〉, 《논총》 43(서울 : 이대한국문화연구원, 1983), p. 218.

처럼 동시대 지성들이 이해하였던 조선왕조의 음양론은 신체적 차이에 따른 기능상의 차이(하늘과 땅 — 출산 기능)와 성품의 차이(강하고 부드러움)는 인정하면서도 가치면에서는 동등하다는 해석이었다. 따라서 유학의 음양론은 남녀 사이에 본성의 차이가 존재하며 이는 생래적이라는 선천론에 위치한다고 하겠다.

그러면 왜 초기 한국 여성 연구자들로부터 유학이 집중 비판의 대상이 되었던가? 그것은 부분적으로 서양의 중산층이 주도하는 자유주의 여성해방 이론이 한국에 직수입되었기 때문이기도 하며, 한편 여성연구가 상아탑 중심으로 이루어지기에 대졸 여성들의 취업 요구의 목소리가 높았던 이유도 한몫을 하였기 때문이다. 즉 공적 경제 활동에 남성과 균등한 기회로 참여하기를 원하는, 그러기에 남녀간의 성 차이가 없다고 주장하는 자유주의 여성이론의 관점에서 볼 때 강하고 부드러운 분수가 있다고 성 차이를 인정하는 음양론을 어찌 우호적으로 친애할 수 있으랴! 그러나 차이와 다양성을 강조하며 여성성의 가치를 인정하는 포스트 모던 여성이론과 음양론은 매우 친화적 관계를 유지한다고 할 수 있다. 다음에서는 단군신화에 예시된 출산의 의미를 살펴보겠다.

Ⅵ. 단군신화의 분별론과 출산의 신성성(神聖性)

기독교 문화에서 출산의 부정성이 《구약성서》〈창세기〉 타락신화로부터 근거한다면 한국에서 출산과 연관된 기록은 단군신화에서 찾을 수 있다. 단군신화에 나타난 단군사상은 한마디로 홍익이념(弘益理念)을 일컫는다. 건국신화인 단군신화가 한국인의 민족성과 역사성에 투사된 함의는 실로 무량하다고 하겠다. 단군신화의 내용은 익히 아는 바, 출산과 연관된 부분을 풀어쓰면 이러하다. 호랑이와 곰은 하늘에서 내려온 환웅신(桓雄神)에게 빌어 자신들이 인간이 되기를 원하였는데, 마늘과 쑥을 먹고 100일 동안 굴 속에서 햇빛을 쏘이지 않고 삼칠일 간 금기하라는 지시를 받았다. 이 지시를 그대로 따라서 성공한 곰은 여성으로 육화(肉化)하였고 호랑이는 실패하였다. 최초의 여성인 웅녀(熊女)가 최초로 한 행위는 무엇이었을까?

熊女者 無與爲婚 故每於檀樹下 呪原有孕
雄乃假化而婚之 孕生子 號曰 檀君王儉

웅녀는 더불어 결혼할 사람이 없는데도 매일 신단수 아래에서 '임신이 되게 해주소서'라고 빌었다. 환웅신은 이에 잠시 육신을 입고 그녀와 혼인하여 잉태해서 아들을 낳았는데 단군왕검이라고 불렀다는 내용이다. 왜 최초의 여성인 대모(代母, Great Mother) 웅녀는 동물의 속성을 가지는가? 이에 대한 해답으로 에리히 노이만(Erich Neumann)은 이렇게 말하고 있다.

대모여신(代母女神)의 동물 형태는 초기 인간들의 토템적 심리학의 표현이다. 대모여신은 모든 종류의 동물적 속성들을 갖추어야 함으로 동물로 표현되거나 혹은 동물과 동반하는 것은 아주 자연스런 일이다.[42]

그리고 최초의 인간은 남자이건 여자이건 둘 가운데 한 명이 동물이어야 하는 이유를 근친상간 금기와 연결해서 해석해볼 수도 있다.

근친상간 금기의 도덕적 원리에 입각하면, 최초의 남자는 자매가 아닌 여자를 아내로 맞이해야 한다. 그러나 최초의 여자와 최초의 남자에 관한

---

42) Erich Neumann, *The Great Mother*(Princeton : Princeton Univ. Press, 1963), p. 272.

신화는 이러한 입장에서 볼 때 근원적인 모순을 내포하지 않을 수 없다. 그것은 태초의 근친상간을 전제하지 않을 수 없기 때문이다. 만약 최초의 남자가 별개체로 창조되었다면 남자이든 여자이든 어느 한쪽은 인간이 아니어야 한다. 이러한 모순을 신화는 신화적 사유로 특징지워지는 자기논리의 전개에 의하여 극복한다.[43]

그러므로 곰이 우리의 시조모(始祖母)가 되었다는 것은 황당무계한 이야기가 아니라 신화적 사유에 의한 신화의 구조임을 파악할 수 있다. 단군신화에서 곰과 여성, 즉 동물과 인간은 상호 적대감이 없는 친화적인 관계이므로 反자연적 내용이 아니다. 뿐만 아니라 하늘에서 내려온 남성신 환웅은 지상의 시모조인 웅녀를 해치는 것이 아니라 결혼으로써 화합한다. 이것은 환웅—남성원리—하늘—밝음을 표현하고, 웅녀—여성원리—땅—검음을 상징하며 이 두 원리가 상생하여 우리 문화를 형성시켜 왔다. 이러한 점은 서양 여러 나라 그리고 중국의 신화 구조와는 거리가 있는 것이다.

서양의 남성신들은 하늘에서 내려오면서 지상의 여성신들을 죽이고 등장한다. 바빌론의 남성신인 말둑(Marduk)은 여성신 티아맛(Tiamat)을 죽이고[44] 희랍의 제우스(Zeus)는 대지의 신 타이폰(Typhon)을 죽이고 히브리의 엘로힘은 레비아단을 치고 등장한다…….[45]

서양의 남성신들이 여성신들을 치는 신화의 구조는 서양적 대립을 나타내는 것으로서 이 대립은 서양문화를 관통하는 정서라 하겠다.

---

43) 정진홍, 〈신화의 구조적 분석〉, 이은봉 엮음, 《단군신화연구》(서울 : 온누리, 1986), p. 132.
44) 티아맛의 몸을 나누어 하늘과 땅을 창조하고, 두 눈은 해와 달, 피는 하수와 바다가 된다. 창세기 1장의 창조신화는 이 바빌로니아 신화의 영향을 받았다.
45) 김상일, 《한밝문명론》(서울 : 지식산업사, 1988), p. 148.

즉 신과 인간, 인간과 자연, 남성과 여성, 정신과 육체, 이성과 감성 등이 모두 대립관계로 존재하는 것이다. 이러한 대립관계의 설정은 중국의 자료에서도 찾을 수 있어서 매우 흥미를 끈다. 일찍이 김재원은 중국 산동성에 있는 무씨사석실(武氏詞石室)의 벽화 내용이 단군신화와 8~9할이나 부합된다고 하였다. 부합되지 않는 1할은 후석실 2층의 그림인데, 이 그림은 쌍수룡 안에 한 사람이 망치와 끌을 가지고 엎드려 있는 사람의 목을 따려는 장면이다.[46] 이는 하늘에서 내려온 천상족과 지상족의 싸움으로 해석되며[47] 이 또한 서양의 대립과 괘를 같이한다고 하겠다. 이와는 달리 단군신화에서는 신과 인간, 하늘과 땅, 남성과 여성, 인간과 자연이 모두 상생의 관계이다.

인간으로 화한 시조모 웅녀가 혼인할 상대가 없음에도 매일 신단수 아래에서 임신하기를 빌었다는 대목에서 단군신화가 상징하는 출산의 의미는 바램의 대상으로 해석될 수 있다. 그리고 출산과 연관한 여성학의 논의는 여성이 출산을 할 것인가 아닌가 혹은 언제 할 것인가를 여성 자신의 자율적인 의사에 따라 결정해야 한다는 점이다.[48] 이러한 시각에서 웅녀의 출산은 벌의 대가로 주어진 것이 아닌 웅녀 자신의 자율에 따른 것이라 하겠다. 한편 오늘날까지도 이어지는 출산의 풍습은 대부분 단군신화에서 유래한다.

> 집에 잉부(孕婦)가 있을 경우에 달이 차오면 곧 짚자리와 기저귀·쌀·미역을 장만하여 놓고 기다렸다가 분만과 세아(洗兒)가 끝나면 곧 백반과

---

46) 김재원, 《단군신화의 신연구》(서울 : 탐구신서, 1947).

47) 김상일, 〈무씨사석실의 화상석에 나타난 중국 마음과 한국 마음〉, 《한 사상의 이론과 실제》(서울 : 지식산업사, 1990), p. 105. 일상언어에서도 한국은 여성원리를, 중국은 남성원리를 앞세운다. '밤낮'을 '주야(晝夜)'로, '오간다'를 '왕래(往來)'로, '들락날락'을 '출입(出入)', '연놈'을 '남녀(男女)'로 한다.

48) Susan Moller Okin, *Women in Western Political Thoughts*(Princeton : Princeton Univ. Press, 1979), pp. 197~232.

미역국을 낸다. 방의 서남쪽 구석을 정갈히 하고 상 위에 백반 세 종지와 미역국 세 종지를 차려 삼신(三神)께 제경(祭敬)한다. 사흘째 되는 날, 이레째 되는 날 및 이칠일 삼칠일 그리고 백일에도 이와 같이 한다.[49]

출산에 대한 감사, 유아와 산모의 건강을 기원하면서 출산을 관장하는 삼신께 간단한 제사를 드리는 의례이다. 삼신(三神)이란 바로 환인(桓因), 환웅(桓雄) 그리고 단군왕검(檀君王儉)을 지칭한다. 출산을 한 가정의 대문 위에 금줄을 치는 유래도 출산의 신성성을 상징한다.

집에 산사(産事)가 있으면 곧 새끼를 외로 꼬아서 문 위에 가로 거는 습속이 있다. 이를 검승(儉繩)이라 한다. 만약 남자아기이면 새끼 눈에 붉은 고추와 푸른 소나무 가지를 사이사이 엇먹이어 끼우고 여자아기이면 소나무 가지와 숯덩이를 사이사이 엇먹이어 끼운다. …… 우리 습속에 제천제산(祭天祭山)할 때에도 역시 검승을 하는데 거기에 동아줄을 드리워 제단을 표별한다. 이 검승의 풍속은 아마도 고조선 환인, 단군 신대(神代)로부터 고유하게 있어온 제신(祭神) 의식인 듯하다. 더구나 환인·환웅·왕검을 삼신이라 일컬었으니 호산(護産)의 삼신과도 부회된다.[50]

그런데 임신과 출산이 부정하다는 서양 인류학자의 이론을 원용해서 한국 남성 학자가 한국에서도 임신과 출산을 부정하게 여긴다는 이외의 주장을 한 바가 있었으나, 이미 필자의 (석사학위) 논문에서 비판하였기 때문에 이 지면에서는 중복을 피하려 한다. 다만 금줄을 치는 습속을 역으로 해석하여 '저 집(출산한 집)은 부정하기 때문에 오히려 마을 사람들로 하여금 접근하지 말라'는 의미라고 해석한 부분은 앞서의 비판에서 제외되었기 때문에 이 지면을 할애할 수밖에

---

49) 이능화, 김상억 역, 《조선여속고》(서울 : 대양서적, 1973), p. 282.
50) 같은 책, p. 282.

없다. 유년 시절과 사춘기 후기까지 시골에서 살았던 필자의 기억에
는 시골길을 지나칠 때 보았던 외경스런 풍경을 지금도 생생히 떠올
리곤 한다. 마을 어귀에 버티고 있는 큰 나무 둘레, 그리고 서낭당
주변, 자그만 돌들을 빼곡하게 쌓아올린 돌탑 주위를 울긋불긋한 조
선 종이를 외로 꼰 새끼줄에 어슷어슷하게 끼운 줄을 쳐놓았던 것을
기억한다. 이곳은 성역이므로 들어가지 말라는 뜻이었다. 어찌 이곳
은 부정한 곳이므로 들어가지 말라는 의미이겠는가. 박완서의 자전
적 소설《그 많던 싱아는 누가 다 먹었을까》에서도 필자의 해석을
올바른 것으로 뒷받침해 준다. 개성 지방에서는 출산한 집 대문에
금줄을 치는 대신에 방을 써붙였다고 한다. 박완서는 자신의 숙모가
조카를 출산하였을 때 할아버지께서 '출산 기부정(出産 忌不淨)'을 한
지에 써서 방을 붙였다고 술회하였다. 이를 알고도 출산이 부정하다
고 그 누가 주장할 수 있을 것인가.

단군신화에 제시된 숫자들 ― 삼칠일·백일·360여사(餘事) ― 은 모
두 유아의 성장과정과 관계되는 기념 의례일과 일치한다. 출산 후
삼칠일이 되면 대문에 내건 금줄을 거두어들인다. 이때쯤이면 산모
는 질의 상처가 거의 아물어서 건강이 회복되므로 가사를 돌보는 일
상으로 돌아가며 아기의 젖살도 오른다. 백일과 돌은 지금도 성대한
잔치를 벌이며 생일날 미역국을 먹는 풍습도 여전하다. 이러한 출산
풍습은 조선왕조시대에도 계승되었다. 성종 때 성현(成俔)이 쓴《용
재총화》에 보면 "궁중에서 아기가 탄생되면 탄생한 날에 새끼를 꼬아
산실(産室) 문비 위에 걸고, 사흘째가 되면 대신으로서 자식이 많고
재난 없는 이에게 명하여 소격전(昭格殿)에서 삼일제를 지내게 한
다"[51]는 내용이 있다. 임신과 출산이 신성하기 때문에 조선왕조를 포

---

51) 같은 책, p. 282.

함한 한국 전통 여성들은 태교를 실천하였고 이는 이사주당(李師朱堂 1739~1821)의 《태교신기》를 예로 들어 이미 주장한 바 있다. 현대의 여성들도 실천하는 태교[52]의 중요성은 서양의 과학이 입증하였다. 태교음악이라 하여 임신중 태아에게 좋은 음악을 들려주면 두뇌가 발달한다는 이론이다. 전통 태교에서 《시경(詩經)》을 낭송하고 비파와 거문고를 타서 귀로 좋은 소리만 듣게 하라고 한 것은 바로 현대의 고전음악에 해당된다고 하겠다. 현대과학이 밝혀낸 이론을 19세기에 이미 간파한 이사주당의 혜안은 놀랍기가 그지없다고 하겠다.

지금까지 단군신화에 나타난 출산의 의미와 태교의 실천이 함의하는 출산의 신성성을 짚어보았다. 특히 한국 여성들의 원형인 시조모 웅녀는 결혼할 상대가 없는데도 신단수 아래에서 임신하기를 빌었던 점에서 한국 여성들에게는 출산을 바라는 원초의식이 잠재해 있다고 하겠다.

Ⅶ. 맺음말

이 논문에서 필자는 서양 전기 급진주의 여성이론인 파이어스톤의

---

52) 필자의 대학동창들의 모임에서는 한국 중산층 중년여성들의 실존적 삶에 대한 이런저런 이야기들이 화제가 된다. 꽤 오래전 어느 한 친구가 자신이 알고 지내는 두 후배 맹렬 주부의 이야기를 들려주어서 한바탕 웃음꽃을 피운 적이 있다. 한 후배 주부의 임신중 태아에게 고전음악을 들려주기 위한 열성을 소개하였다. 음악을 틀어놓고 가사일을 하다보면 멀리 베란다나 다용도실에 가는 경우 음악이 태아에게 잘 들리지 않을 것을 염려하여서 그 주부는 아예 트랜지스터 라디오를 배에다 배띠로 부착하였다고 한다. 또 다른 후배 맹렬 주부는 임신중 태아의 수학적인 두뇌가 개발되도록 자신이 직접 수학책의 문제풀이를 처음부터 끝까지 풀었다고 하였다. 그런데 놀랍게도 그 태아가 성장하여 재학시절에 참으로 수학과목에 탁월한 재능을 보였다는 것이다.

《성(性)의 변증법》이 한국의 문화적 토양에 뿌리 내리기 어려운 보편의 이론이 아니라는 문제의식으로 비판적 검토를 시도하였다. 특히 파이어스톤이 문제 삼는 여성의 신체적 열등성과 출산의 부정성(不淨性)에 주목하였다.

서양의 여러 갈래 여성이론 가운데에서 성 차이에 바탕을 둔 쟁점을 정리해 보면, 대개 인간의 품성은 생래적(nativism)이며 항상성(constant)을 띤다는 주창자들 — 급진주의·포스트모더니즘·공동체주의 — 과 인간의 본성은 후천적인 환경과 교육에 의해서 형성된다(malleable)는 주창자들 — 자유주의·마르크스주의·정신분석주의·여성심리학자 — 로 양분된다. 전자는 남녀간의 성 차이를 인정하며 후자는 이러한 본성상의 차이를 인정하지 않는다. 이들 가운데에서 유독 파이어스톤만은 여성의 신체적 열등성을 문제 삼았으며, 이는 서양의 남성우월주의적 지적 전통을 비판 없이 수용하였음을 지적하였다. 더욱이 출산이 여성 억압의 기재로서 천벌의 대가이며 저주라는 그녀의 주장은 J문서의 기록인 《구약성서》〈창세기〉 타락신화의 유대교·기독교 전통을 이어받았음을 살펴보았다.

이와 비교하여 한국의 선대 지성들이 수용하였던 음양론은 남녀간의 성 차이와 — 강하고 부드러운 — 기능상의 차이 — 만물을 소생시키는 땅의 기능(출산 기능) — 는 인정하였으나 가치면에서는 동등하다는 내용이었다. 이는 서양의 포스트모던 여성이론과 상통하는 입장이라고 하겠다. 출산을 벌의 대가로 상징하는 《구약성서》의 타락신화와 대비해서 한국의 건국신화인 단군신화에 드러난 출산은 신성하며, 바람과 기원의 대상임을 시조모 웅녀(熊女)의 행위를 분석해서 논증하였다. 또한 유교의 《태교신기(胎敎新記)》가 시사하는 바도 출산의 신성성을 의미하는 것으로 해석하여도 무방하다 할 것이다. 따라서 결론은 간결하고도 명료하다. 이른바 파이어스톤의 《성의 변증법》으로 대표되는 전기 급진주의 여성이론은 희랍, 유태교·기독교 문화를 초석으로 한 구미의 특수이론이며 한국 여성들의 문화적 역사적 경험과는 유리된 보편의 이론이 아님을 확실히 밝히는 바이다.

(1995, 여성학회 추계학술대회 발표)

　　마지막으로 필자는 보편과 특수의 명제에 대하여 잠시 지면을 할애하려 한다. 이 논문의 요약을 1995년 가을 여성학회에서 발표할 당시에 충정어린 논평을 마다하지 않았던 논평자에 대한 예우의 몫으로서이다. 필자가 파이어스톤의 이론을 구미 기독교 문화권에서도 보편의 이론이 아닌 특수이론으로 주장한 바는 이러하다. P문서의 창조 이야기에는 본문에서도 지적하였듯이 하나님이 남자와 여자를 동시에 창조하였고 이들에게 생육하고 번성하여 땅에 충만하라(〈창세기〉 1장 17~18절)고 축복하였기 때문에 여기에서 출산은 분명 축복이라고 말할 수 있다. 그런데 유독 J문서의 창조 이야기에만 출산이 원죄의 대가이기에 특수이론이라는 것이다. 필자가 과문한 탓인지는 몰라도 힌두·아프리카·이슬람 등 어느 문화권에서도 출산이 저주이며 부정하다는 신화의 내용을 들은 바 없기 때문에 J문서의 내용을 세계사적 보편의 이론이라고 말할 계제는 더욱 못 된다. 이러한 구미의 특수 경험이 非서방 세계의 보편의 경험을 몰아내고 대체된다면 이는 분명히 문화제국주의에 다름아니며, 구미의 특수성이 非서방 세계의 보편성을 잠식하고 보편성으로 자리매김한다면 이는 분명히 학문의 사대주의 내지는 학문의 매판성이라 우려하지 않을 수 없다. 현재까지 서방세계의 여성 학자들은 갈래 이론의 입장에 따라서 영어로, 불어로, 혹은 독일어로 상호 비판하여도 무방하면서 非서방 세계의 필자가 모국어인 한국어로 급진주의이론을 비판한 것은 어찌해서 보편의 여성이론을 부인한, 反여성학적 관점으로 매도되어야 하는지 여성학을 도그마로 몰고 가는 이 땅의 급진주의 여성학자들은 이 물음에 어김없이 답해야 할 것이다.

한국 여성 근대화의 보편성과 특수성
— 영국 여성 근대화 과정과의 대비 —

Ⅰ. 문제제기

한국여성사에 대한 관심은 1960년대를 전후하여 차츰 증폭되어
왔다. 초기의 연구방향은 주로 남존여비(**男尊女卑**)·삼종지도(**三從之
道**)로 표현되는 한국 전통사회 여성들의 비참한 삶이 기독교의 전래
와 더불어 남녀평등 사상이 보급되어 여성을 질곡으로부터 구원하였
다는 시각이 근간을 이루었다. 즉 자유와 평등의 상징인 근대화의
기점을 기독교의 도래와 때를 같이한 구한말에 둔 것이었다.[1] 그러

---

1) 박마리아 (편), 《한국여성문화논총》(서울 : 이대 출판부, 1958) ; 정요섭, 〈이조시
대의 여성의 사회적 지위〉, 《아세아여성연구》 제3집(서울 : 숙명여대 출판부,
1964) ; 《한국여성운동사》(서울 : 일조각, 1971) ; 이화여대 여성사 편찬위원회, 《한국
여성사》 I, II, III권(서울 : 이대 출판부, 1972) ; 김영정, 〈한국 근대의 여성운동〉,
《여성학》(서울 : 이대 출판부, 1979). 특히 기독교는 남녀평등의 교리를 담은 성
경을 가르쳤기 때문이었다고 강조하였다. 이러한 기독교의 평등관에 대한 비판은
일찍이 제기되었다. 황신덕, 〈조선부인운동의 사적 고찰〉, 《신동아》 5월호, 동아
일보사, 1935. "…… 교회가 남녀칠세부동석의 구습을 벗어나게 하였으나 그들은 여자
에게 대하여 성경에 기록된 여성관을 가졌을 뿐이었다. 즉 '여자의 머리는 남자이니
여자는 남자에게 순종할지니라' 하는 봉건적 여성관이 그들을 지배하였으므로 오
직 인종하는 것만을 최고의 미덕으로 삼아왔기 때문에 여자의 지위를 개선하려는 운

68

나 점차 여성사 연구의 깊이가 더해지면서 기독교의 근대화 기점설에 이의가 제기되었고,[2] 나아가서는 근대화의 태동기를 17~18세기의 실학의 평등한 인간관에서 찾게 되면서 필연적으로 한국 근대 여성운동이 자생적이라는 주장과 아울러 근대화의 내재적 역량을 강조한 논문이[3] 발표되어 여성사 연구의 수준을 한층 더 심화시켰다.

한편 여성학이 학문으로 채택된[4] 이후 서양에서도 여성사 연구가 활발히 진행되었다. 초기에는 남성 사가들에 의해 역사서에서 제외, 누락되어 보이지 않는(lost, hidden, invisible) 여성들을 역사에 복원시키는 작업이 이루어졌다. 이러한 과정에서 여성사의 시대구분 문제가 제기되었다. 여성은 과연 남성들처럼 고대 노예제사회에서 현대에 이르기까지 한 시대를 경과할 때마다 발전하여 왔는가 하는 의문이 있었고, 이에 대한 답변은 긍정적이지만은 않았다.[5] 특히 근대화는 생산양식의 변화로 인하여 중산층 여성을 생산에서 소외시키고 가정화(domestication)하였던 점에서 퇴보하게 하였을 뿐만 아니라 남성의 근대화가 곧 여성의 근대화로 자동적으로 연결되지 않았

동 같은 것은 몽상에도 생각지 못하였고 외래의 부인운동 소식을 듣기에도 그 시대에는 정세가 너무도 미급하였던 것이다……." 설사 황신덕이 기독교계 여성운동을 비판하는 사회주의 여성운동가였음을 감안하더라도 작금의 여성 신학자들이 제기하는 성서의 여성차별관을 간파한 통찰력은 높이 살 만하다. 흔히 〈갈라디아서〉 3장 28절 '남자나 여자나 하나님 안에서는 다 하나이다'라는 구절이 남녀 평등의 근거가 되는데 그 원래의 뜻은 남녀의 구분이 없는 무성 혹은 중성을 의미한다고 한다[Raoul Mortley, *Womanhood*(Sydney : Delacroix, 1981), p. 73].

2) 박용옥, 〈한국여성개화사서설〉, 《유홍렬 박사 회갑기념논총》(서울 : 탐구당, 1971), pp. 403~421.

3) 박용옥, 《한국근대여성운동사 연구》(서울 : 정신문화연구원, 1984).

4) 학문으로서 여성학이 대학의 교과과목으로 처음 채택된 것은 1968년 미국에서이다.

5) 르네상스가 과연 여성의 문예부흥을 의미하였는가에 대한 회의와 아울러 여성사의 시대구분 문제를 제기한 이가 Joan Kelly이다. Joan Kelly, *Women, History and Theory*(Chicago : Univ. of Chicago Press, 1984) 참조.

던 점을 익히 터득하였던 때문이었다. 따라서 근대화와 더불어 여성운동이 촉발되었던 까닭이 있는 것이다. 이와 같은 맥락에서 필자는 한국 여성의 근대화과정을 서양 특히 영국 여성들의 경험에 대비하여 재조명해 보고자 한다. 즉 근대화란 경제·사회적으로는 다름아닌 산업혁명을 거쳐 자본주의 사회로 전이해간 과정을 일컫는다고 할 수 있으므로 산업화에 따른 가정과 일터의 분리로 인해 일부 여성이 생산에서 소외되고 이와 전후하여 연쇄적으로 일어났던 여성문제의 세계사적인 보편성과 동·서양의 문화와 역사적 조건의 차이에서 오는, 더욱이 식민지를 경험한 한국 여성 근대화의 특수성[6]을 점검해 보려는 것이다. 서양 여러 나라들 가운데 영국 여성의 경험을 선택한 것은 영국이 고전적인 산업혁명을 거쳤을 뿐만 아니라, 비록 여권선언은 프랑스혁명으로 비롯되었다 하더라도, 그 이후 여성운동은 프랑스보다 영국에서 더 맹렬하였던[7] 점을 참작하여서이다. 따라서 근대화과정에서 드러난 참정권 운동, 여성교육의 확대, 여성의 직업 참여, 재산권 요구와, 또한 한국 근대화 초기에 가장 많은 비판을 받았던 결혼제도를 대비하여서 그 보편성과 특수성을 가름하고자 하는 바이다. 그럼 먼저 산업화를 일찍이 경험한 영국 여성들의 근대화과 정부터 살펴보기로 한다.

---

6) 보편성과 특수성의 개념은 다음 글을 참조하였음. 강진철, 〈한국사의 보편성과 특수성〉, 《한국사연구입문》, 한국사연구회 편(서울 : 지식산업사, 1981), pp. 31~43.
7) 여권운동은 앵글로 색슨계 개신교 국가에서나 유행하는 현상이며 非프랑스적이라는 주제로 한 남성은 1929년 파리대학에서 법학 박사학위를 받았다. 여성 법률가인 마담 오뎃드 시몬도 '라틴계 나라의 여성들은 너무 예의가 발라서 과격한 참정권 운동은 조롱을 받게 될까 두려워한다'고 했다[James F. MacMillan, *The Place of Women in French Society*(New York : St. Martins Press, 1981), pp.180, 186].

II. 영국 여성의 근대화과정

1) 참정권 운동

참정권 요구의 발단은 프랑스혁명으로까지 거슬러 올라간다. 우유부단한 루이 16세가 인권선언의 재가를 미루고 있던 가운데 일군의 여성들이 '빵을 달라'고 외치며 베르사유궁을 향하여 돌진해 오는 것을 빌미로 하여 의회는 재빨리 재가를 받아내었다.[8] 그 결과 투표권은 일부 남성들에게만 부여되고 여성은 제외되었기 때문에 1791년 올렝프 드 구주(Olympe de Gouges)는 여성권리선언[9]을 하게 된 것이다. 인간(man)은 자유스럽게 태어났다고 천명한 장 자크 루소 등 18세기 계몽주의자들은 프랑스혁명의 사상적 근거를 제공하였고, 인간의 권리에 대한 논의의 확산은 자연히 여성들이 자신의 권리를 자각하도록 유도하였다. 1792년 영국의 매리 월스톤크라프트(Mary Wollstonecraft)[10]는 《여권옹호》(*A Vindication of the Rights of Women*)[11]를 발표하였다. 그러나 당시에는 호응 대신 비난을 받았

---

8) 함희숙, 〈프랑스혁명과 여성운동〉, 《여성》 2, 여성사연구회 편(서울 : 창작사, 1988), p. 16.

9) 여권선언의 대부분은 인권선언의 내용과 유사하며, 제10조에는 여성이 단두대에 오를 권리가 있다면 연단 위에 오를 권리도 가져야 한다. 제11조는 사상 및 의견의 자유로운 전달이 여성의 가장 중요한 권리 가운데 하나여야 한다. 왜냐하면 이러한 자유가 부친과 자신의 친자관계를 확인할 수 있게 하기 때문이다. 모든 여성시민은 자신이 어떤 아이의 어머니라면 그것을 자유롭게 발표할 수 있다 등이다 [앞의 글, p. 18].

10) 매리 월스톤크라프트(1759~1797)는 어려서 부모로부터 폭군인 남편과 이에 시달리는 아내의 삶이 어떠한 것인가를 직접 목도하였고, 그녀 자신도 임신을 시킨 남성이 떠나가고 미혼모가 되자 자살을 기도한 적이 있으며, 후에 윌리암 고드윈의 정부로서 임신을 하자 관습에 따라 결혼하였다. 이 딸이 뒷날 《프랑켄슈타인》을 쓴 매리 쉘리이며, 월스톤크라프트는 출산에 따른 합병증으로 38세에 사망하였다.

11) 월스톤크라프트는 에드먼드 버크가 《프랑스혁명의 회고》에서 마리 앙투아네트

다.[12] 그녀는 이 글에서 여성의 참정권 문제를 소극적으로 다루었는데, 이는 당시 대부분의 남성들조차 투표권을 갖지 못한 때문이 아니었던가 한다. 그 후 한 세대가 훨씬 지난 1825년에 윌리엄 톰슨(William Thompson)이 《반대편 절반의 권리에 대한 인류 절반의 호소》(*Appeal of One Half the Human Race against the Pretensions of the Other Half*)를 발표하였는데, 이것이 아마도 여성에게 투표권을 부여해야 한다는 최초의 성숙한 성명서였을 것이다. 그러나 19세기 전반기 영국의 남성과 여성들 대부분은 여성의 정치참여에 대한 논의에 무관심으로 일관하였다.

그러면 영국 여성운동과 연관되는 범위에서 미국 여성운동을 살펴보기로 하자. 19세기 전반 미국 여성들은 참정권보다는 노예제 폐지[13]에 더 관심이 많았으며, 1848년에야 참정권이 거론되었다. 이 해에 세네카 폴즈(Seneca Falls)에서 최초의 그리고 최대의 미국 여성대회가 개최되었는데, 미국 독립선언서를 모방한 장문의 여성선언 및 결의안[14]이 채택되었다. 그러나 참정권의 요구는 재산권, 이혼권, 전문직에 대한 여성허용의 요구들보다 여전히 비중이 낮았다.[15]

왕비를 가리켜 "왕비도 한갓 여성일 뿐이며, 여성은 일개 동물에 불과하다"고 한 것에 분노를 금치 못해서 1790년에 《남권옹호》를 썼고 그 연장선상에서 《여권옹호》가 태어났다[Katharine M. Rogers, *Feminism in Eighteenth-Century England* (Urbana : Univ. of Illinois Press, 1982), p. 183].

12) 당시 호레이스 왈포올은 그녀를 '페티코트를 입은 하이에나'로 비유하였다[Trevor Lloyd, *Suffragettes International*(London : American Heritage Press, 1971), p. 10].

13) 1840년 영국 런던에서 열린 세계 反노예제 대회에 미국 여성 엘리자베스 캐디 스탠톤과 루크레티아 모트가 대표로 참석하였으나 단지 여성이라는 이유로 본회의장에서 2층 갤러리로 축출되었다. 이를 계기로 여성 자신들의 문제로 관심을 집중시키고 8년간의 준비 끝에 스탠톤의 고향인 세네카 폴즈에서 여성대회를 개최하였다.

14) 세네카 폴즈 선언 및 결의안의 내용은, 미리엄 슈네어 편, 《여성의 권리》(1972), 강기원 역(문학과지성사, 1981), pp. 111~115 참조.

15) Trevor Lloyd, *op. cit.*, p. 12.

72

1866년 남북전쟁의 종식에 따른 개혁과정에서 흑인 남성 노예들까지 투표권이 연장되었으나, 기대에 부풀어 있던 여성들에게는 아무런 보상이 없었다. 이에 미국 여성들이 1869년 참정권 운동을 본격적으로 전개하게 된 것이다.

1860년대 영국의 동향을 살펴보면, 1865년 하원의원에 당선된 해리엇 테일러(Harriet Talyor)의 남편 존 스튜어트 밀(John Stuart Mill)이 다음해인 1866년에 여성 투표권을 의회에 청원하였고, 1867년에 여성 투표권 수정안을 하원에 제출하였다. 물론 194 대 73으로 부결되었다. 1868년에는 전국 여성참정권협회(National Society for Women's Suffrage)가 발족되었다. 그러나 남편과 사별한 에멜린 팽크허스트(Emmeline Goulden Pankhust) 여사가 두 딸 크리스타벨(Christabel)·실비아(Sylvia)와 함께 여성사회정치연합(Women's Social and Political Union : WSPU)을 결성한 1903년 이후에야 여성 참정권 운동은 활기를 띠게 된다. 아니 오히려 과격성을 띠었다는 것이 더 적합한 표현일 것이다. 이들은 사회여론을 환기시키려면 무관심보다는 적대감을 불러일으키는 것이 더 적절한 방법이라고 믿고 하이드파크에서 옥외집회를 개최하였고,[16] 피카딜리 서커스, 옥스포드, 리젠트 거리의 건물 유리창을 망치나 돌을 던져 부수거나, 우체통을 불사르고 알버트 홀의 오르간을 부수는 등의 재산파괴를 자행하였다. 이것은 많은 손해를 끼치면 보험회사들의 압력이 커지게 되고, 결국은 정부가 항복하게 될 것이라는 WSPU의 전술에 의거한 것이었다.[17] 그러나 이러한 폭력적인 과격행위는 여성 참정권을 소극적이나마 지지했던 소수 남성 의원들, 즉 로이드 조지와 램지 맥도널드한테

---

16) 이 집회에는 50여만 명이 운집하였는데, 이는 1963년 여름 워싱턴에서 마틴 루터 킹 목사가 주도한 대민권 시위 때에 모인 25만 명에 비해 배가 넘는 숫자였다.
17) 쉴라 로우버덤, 이효재 역, 《영국여성운동사》(서울 : 종로서적, 1982), p. 102.

발뺌을 할 구실을 주었고, WSPU의 내부 분열로 인해 하향 국면을
맞이하다가 제1차 세계대전의 발발로 여성참정권 운동은 약화일로를
걷게 되었다. 1918년 종전과 함께 30세 이상 여성에게 참정권을 부
여하였고, 1928년에야 21세 이상 모든 여성들에게 확대되었다. 다음
은 참고로 여성참정권을 부여한 순서대로 국명을 열거해 보았다.

1893년 뉴질랜드
1902년 오스트레일리아
1907년 핀란드
1913년 노르웨이
1915년 덴마크(아이슬랜드 포함)
1917년 네덜란드·소비에트 러시아
1918년 영국(30세 이상 여성)
1919년 독일
1920년 미국(9개 주는 이미 부여되었음)
1922년 캐나다(영어사용권)
1923년 오스트리아·헝가리·체코슬로바키아·폴란드·라트비아·리투
       아니아·에소니아
1928년 영국(21세 이상 모든 여성)
1928년 인도·버마·실론(영연방국)과 터키
1930년대 브라질·쿠바·우루과이·에콰도르·멕시코·칠레·아르헨티나
1945년 이탈리아·일본
1946년 프랑스
1948년 한국
1971년 스위스
한 가지 특이한 사실은, 예외의 경우가 다소 있기는 하나, 세계 여

러 나라들이 제1차, 2차 세계대전에 참가하였고, 이들 나라들은 전쟁의 종식과 함께 여성에게 참정권을 부여하였다. 또한 식민지를 경험한 제3세계 많은 나라들은 독립과 함께 여성의 참정권을 인정했다는 점이다. 유럽에서는 유독 스위스 한 나라만 1970년대 초까지 여성의 투표권이 없었던 것은 1차, 2차 세계대전의 와중에서 스위스만이 전쟁에 가담하지 않았고 이런 이유로 여성의 투표권이 유럽에서 가장 늦게 부여된 것이 아닌가 한다.[18] 그렇다고 해서 스위스 여성들이 프랑스나 이탈리아 여성들보다 지위가 낮았다는 논리는 타당하지가 않다. 스위스 여성들은 이미 취업이나 교육에서 상당한 수준의 혜택을 누리고 있었다. 교육과 직업의 개방은 여성의 질적인 삶과 불가분의 관계에 있다고 하겠다. 다음은 여성교육에 대해 살펴보기로 한다.

2) 여성교육의 확대

前산업사회에서는 어디를 막론하고 여성에게 제도교육의 기회를 허용한 공간은 없었다. 여성뿐 아니라 대부분의 남성들도 교육을 받지 못하였고, 교육은 극히 소수의 귀족이나 양반 남성들의 전유물이었다. 때문에 前근대사회에서의 교육차별은 단선적인 남녀의 대결구조가 아닌 신분의 차별이 우선하였다. 그러한 관계로 신분차별 철폐가 먼저 제기된 것은 당연한 절차이기도 하다.

영국의 매리 월스톤크라프트가 《여권옹호》에서 다른 무엇보다 강조한 것은 여성교육의 필요성이었다. 몰락귀족계급의 딸로서 생계의 위협을 받던 그녀가 그 당시 선택할 수 있었던 일거리라고는 가정교사가 고작이었으므로 교육의 배제가 곧 고용에서의 제외로 연결된다

---

18) Trevor Lloyd, *op. cit.*, p. 118.

고 보았다.[19] 따라서 여성도 교육을 받으면 남성처럼 이성을 갖는 인간이 된다고 역설하였지만, 그녀는 가난한 집의 딸들이 교육을 받아 이성적 존재가 될 수 있다는 생각은 꿈에도 하지 못했던 것이다.

19세기로 넘어오면서 점차 산업화가 진전됨에 따라 중산층으로 부상한 가정의 아내와 딸들은 점점 생산에서 배제되었다. 뿐만 아니라 집안일은 하녀의 몫이기 때문에 가사에서조차 손을 떼게 되어 한가한 여유를 갖게 된 중산층 딸들은 오로지 결혼을 최대의 관심사로 여기게 된 것이다.[20] 더 나은 배우자를 얻기 위해 중산층은 가정교사를 두고서 딸에게 피아노, 사교춤, 사교상의 예의범절 등의 신부수업을 시키기에 여념이 없었다. 그러자 기득권 보호를 위하여 기존의 중·상류 가정은 여성교육의 체계화를 바라게 되면서 가정교사의 자질 문제가 제기되었다. 1848년 가정교사의 교육수준을 향상시키기 위해 퀸스 칼리지(Queen's College)가 문을 열었고 이보다 6개월 후에 Mrs. Elisabeth Reid에 의해 베드포드 칼리지(Bedford College)가 출범하였다.[21] 이로부터 10년내에 가정교사의 자질은 향상되었으나, 졸업 후 가정교사를 원하지 않는 학생들의 진로가 문제되었다.

연수입 100 내지 300파운드로 가정교사를 둘 형편이 안 되는 가정의 딸들은 교회의 부속학교에 다니며 겨우 문맹을 면할 수 있었

---

19) 그 이전에 다니엘 데포(1698)와 매리 아스텔(1697)이 여성교육을 주장한 바 있었다[쉴라 로우버텀, 앞의 책, pp. 22~23].

20) 빅토리아 시대 소설가 Jane Austen의 작품 거의가 중산층 가정의 결혼 문제를 다루었다. 《오만과 편견》(*Pride and Prejudice*, 1813)에서 베넷 부인은 '결혼이 여성의 삶에서 가장 근본적인 목표'라고 하였고, 엘리자베스 왓슨 양은 '아버지가 부양할 수 없을 때 노처녀가 되어 가난하게 살면서 남의 웃음거리가 되는 것은 참을 수 없는 일'이라고 여동생들에게 말하는 것에서도 경제적 자립이 허용되지 않는 중산층의 딸들에게 결혼은 곧 구원이었음을 알 수 있다.

21) Joan N. Burstyn, *Victorian Education and the Ideal of Womanhood*(New Jersey : Rutgers University Press, 1984), p. 125.

다. 이들을 위하여 퀸스 칼리지와 베드포드 칼리지가 처음으로 남자 공립학교와 비슷한 여자 중학교를 설립하였고, 1850년대에 북(北)런던여자전문학교, 첼트넘(Cheltenham) 숙녀대학이 창설되었다. 1850년대 후반 옥스포드·캠브리지 대학은 남학생들의 학력을 측정하기 위해 학력고사제도를 실시하였다. 이때에 에밀리 데이비스는 여학생도 응시할 수 있도록 캠브리지 평의원회를 강력히 설득한 결과 1867년 이후부터는 여학생도 응시할 수 있게 되었다. 이 고사제도가 도화선이 되어 여학교를 운영하는 경영진들이 1872년 공립 주간 여학교조합(GPDST)을 조직하고 남학교와 같은 교과과정을 채택하였다.[22] 1878년 런던대학은 모든 학위과정을 여성에게 개방하였고, 1882년에는 여성이 대학운영회에도 진출하게 되었다.[23]

그렇지만 남성의 학문영역에 여성이 도전했을 때 맹렬한 비난과 반대에 부딪쳐야 했다. 당시의 남성들 대부분은 여성의 영역과 남성의 영역은 구분해야 하며, 여성의 교육은 훌륭한 아내, 어머니가 되는 내용을 바탕으로 해야 한다는 주장을 굽히지 않았다. 존 그레고리 박사(Dr. John Gregory)는 〈딸들에게 주는 아버지의 유산〉이란 글에서, 독서는 여성에게 직관 즉 여성성의 발전을 저해하기가 쉬우며, 학문은 여성을 이성적으로 훈련시킴으로써 여성성을 잃게 한다고 우려하였다.[24] 1870년대의 이상적인 여성교육은 여성성을 손상하지 않는 한도내에서 여성의 지적 발달을 도모해야 한다는 것이 지배적인 생각이었다. 여성평등교육의 반대자들은 지성인뿐 아니라 종교인도 또한 그러했다. 그 근거는 물론 성경에서 유래한다. 하나님의 창조 목적이 남녀에게 각각 다르게 적용되며 따라서 남녀의 속성 또한

---

22) *Ibid.*, p. 25.
23) *Ibid.*, p. 26.
24) *Ibid.*, p. 37.

다르기 때문에 모든 개인은 신이 창조한 속성에 따라야지 이를 무시하거나 조롱하는 것은 죄를 짓는 일이라고 주장하였다.[25] 종교인뿐만 아니라 과학자들까지도 여성의 고등교육은 여성의 신체 발육상 이롭지 못하다는 이론을 제시하였다. 즉 정신적인 긴장은 여성의 생식기관에 영향을 주기 때문에 건강한 출산은 기대할 수 없을 뿐더러, 혹 불임에 이르게 할 수도 있으므로 남성과 같은 교과목, 즉 수학·철학·자연과학 등을 가르쳐서는 안된다는 것이다. 특히 사춘기는 여성 생식기관이 활발히 성숙되는 기간이므로 남학생과 같은 내용의 교과목은 부당하며, 생리기간이나 배란기 등의 특수한 신체적 변화를 고려해서 남녀가 동등한 학력시험이나 입학시험은 불가하다는 주장이었다.[26]

그럼에도 불구하고 남성과의 실력 경쟁에서 당당하게 살아남은 선구적 여성들에 의해 남자대학이 마침내는 여성에게 입학의 문호를 개방하는 데까지 이르렀다. 아무런 제한 없이 여성의 입학을 허용한 것은 옥스포드대학이 1925년이었고 캠브리지대학은 1947년[27]이었다.

3) 여성의 취업

산업화를 기점으로 하여 여성의 삶의 급격한 변화는 생산분야에서 이루어졌다. 과학기술의 발달로 증기기관 등 일련의 기계가 발명되면서 이제까지 가족원에 의한 가내수공업 생산이 공장제의 대량생산

---

25) 다음은 크리스토퍼 워즈워즈의 설교의 한 부분이다. "우리는 여성이 가장 사랑스러운 장식품의 하나인 겸손의 오묘한 향기와 우아한 봉우리를 앗아가는 어떤 것으로부터도 여성을 보호하도록 노력합시다. 그렇지 않으면 딱딱한 모습과 방황하는 눈동자, 당돌한 눈총, 커다란 목소리, 허영에 찬 과시의 거친 행동, 돌진하는 대담성과 중뿔난 뻔뻔함을 낳게 할지 모릅니다." *Ibid.*, p. 107.
26) *Ibid.*, pp. 84~96 참조.
27) *Ibid.*, p. 101.

체제로 전환되었다. 즉 이전에는 가정이 일터였으나 공장이 생기면서 가정과 일터가 분리되어 남성은 일터로, 여성은 가정에 안주하는 분화가 일어났다.[28] 따라서 여성은 생산에서 소외되고 소비만을 전담하는 가정화(Domestication)가 고착되었다.[29] 가정[30]에 안주하는 여성은 물론 부를 축적하여 중산층으로 부상한 계급의 여성이며, 이들은 남편 한 사람의 수입으로 나머지 가족 전체가 생활하기에 충분하였기 때문에, 여성이 일한다는 것은 곧 남편의 경제적 무능과 직결되었다. 그러나 남편만의 임금으로 가족의 생계가 어려운 노동계층의 아내들은 일터에 나가서 일을 해야만 하였다. 자본가들은 여성을 고용하면 값싼 임금 때문에 자신의 이득이 증대되므로 여성을 더 선호하였고, 그 대신 남자들은 실업을 면하기 어려웠다. 중산층이란 신분의 척도는 바로 여성이 일을 하느냐 아니냐로 그 구분이 명백해졌다. 부를 축적한 중산층 가정의 딸들은 가정교사로부터 신부 수업을 쌓았으나 모두가 결혼으로 이어질 수는 없었다. 1851년에서 1871년 사이에 15세 이상의 여성의 숫자는 남성보다 42퍼센트나 증가하였

---

28) Ivy Pinchbeck, *Women Workers and Industrial Revolution*(London : Virago Press Ltd., 1930).

29) 17세기부터 남자들은 자신이 번 돈으로 아내를 먹여 살려야 한다는 생각이 지배적이 되었다(쉴라 로우버텀, 앞의 책, p. 9). 그러나 A. Clark은 17세기 영국 사료를 검토하면서, 남성이 여성을 부양한다는 개념은 존재하지 않았고 남편과 아내는 상호 의존적으로 가사를 유지해 나간 것으로 보았다[A. Clark, *The Working Life of Women in the Seventeenth Century*(London, 1919), p. 12를 장필화, 〈여성의 사회적 지위 : 일, 가족, 국가와의 체계분석을 위한 예비적 고찰〉, 《여성학 논집》 4집(이대 한국여성연구소, 1987), p. 86에서 재인용하였음]. 어쨌든 여성들이 생산에서 내몰리기 시작한 것은 17세기부터였다.

30) 前산업사회에서 가정은 일터였기 때문에 온종일 시끌벅적하였다. 그러나 산업사회에서는 생존을 위하여 거친 세파에 시달리다가 지친 심신을 이끌고 귀가하는 남편을 위하여 가정은 아늑하고 포근한 영혼의 안식처요 정서적인 보금자리로 탈바꿈하였다. 따라서 아내의 역할도 위안자로서 부드럽고 순종적이며 은근한 성품이 강조되었다.

다.[31] 자연히 노처녀로 지내는 중산층 딸은 아버지나 남자 형제들에게 경제적인 부담을 지우게 되어 19세기 말에는 중산층의 부모들도 딸들이 직업을 갖는 일을 허용하게 되었다.[32] 이러한 현실에 대응하여 중산층의 딸들도 직업교육을 받고 직업에 종사하게 되지만 기혼여성이 일을 하는 것은 여전히 금기시하였다.[33]

직업의 개방을 요구하는 여성들의 도전은 점점 고조되었다. 1880년대에 타이프라이터가 도입되었을 때 여타자수와 같은 사업장에서 남성들이 함께 일해도 되는가 하는 심각한 논의가 있었다. 일을 하더라도 여성들은 여성들만의 분야에서 해야 한다는 생각이 19세기 말의 일반적인 분위기였다.[34]   -

이때 소수의 여성들은 이미 여학교와 여성전용 병원의 책임자로 일하고 있었다. 이 시대의 여성 선구자들, 에밀리 데이비스, 소피아 젝스 블레이크, 콘스턴스 메이나드는 독신이었고, 엘리자베스 가렛 앤더슨만이 직업과 가정을 양립한 예외적인 경우였다. 그러나 앤더슨은 자신의 당대에서는 별 환영을 받지 못하였고, 다음 세대에서야 직업과 가정을 양립하는 후배들에게 귀감이 되었다.

제1차 세계대전이 발발하면서 남성 노동력이 전쟁터로 흡수되자, 이때까지 남성의 영역으로 알려졌던 많은 분야에 여성들이 진출하여

---

31) 여성인구의 더 빠른 증가는 상대적으로 남자아이들의 사망률이 더 높았고 더 많은 젊은 남성들이 신대륙으로 이민을 갔기 때문이다(Joan N. Burstyn, *op. cit.*, p. 35).

32) 연수입 500 내지 1,000파운드 가정의 딸들은 자신이 독신으로 지내게 되면 아버지와 남형제에게 평생 경제적 부담을 주게 되므로 생활전선에 뛰어들지 않으면 안 되었다.

33) 1851년의 국세조사에 의하면 전 영국 여성 인구의 3분의 1에 해당하는 2백만 명이 직업을 가진 것으로 나타났다. 이들 가운데 기혼여성은 주로 근로계층 출신들이었다.

34) 단추를 세는 일, 테이프를 재는 일, 소량의 차와 설탕을 파는 일, 표를 찍어내는 일 등에서 남성들은 손을 떼고 여성들에게 맡겨야 한다는 주장을 윌리암 란델이 제기하였다(Joan N. Burstyn, *op. cit.*, p. 131).

남성 못지않은 능력을 발휘하였다. 이러한 여성들의 경제적인 기여로 말미암아 전쟁이 종식되자 아마도 무리 없이 참정권이 부여된 배경이 아니었을까 한다.

4) 재산권 운동

산업사회로 진입하면서 여성 특히 기혼여성들은 법적 지위가 축소되는 과정을 밟는다. 산업화와 더불어 여성들은 점차로 생산에서 배제되면서 경제적으로 남편에게 의존하는 반면, 가족의 생계를 책임질 부양자인 남편의 법적인 권한은 강화되었다.

미국의 여성 사학자인 故 매리 비어드(Mary Beard) 교수는 '중세의 여성에게 냉엄한 민법과 형법이 존재하였으나 여성이 재산처분권[35]을 가졌기 때문에 실생활에서 여성의 삶은 당당하였던[36] 것인데, 로마법 전공자인 영국의 윌리암 블랙스톤 경(Sir William Blackstone)이 1765년에 《영국법주석서》(*Comentaries on the laws of England*)를 발간함으로써 "여성은 결혼과 동시에 법적 무실체가 되었다"고 주장하였다. 즉 부부는 일심동체이며 그 한몸의 대표는 남편이기 때문에 아내는 자신의 처녀 때의 성(姓)을 버리고 남편의 성을 따름과 동시에 남편의 보호 아래 들어감을 의미한다. 블랙스톤은 영국 보통법(Common Law)에서 남편과 아내의 권리와 의무를 다음과 같이 정리하였다.[37]

---

35) 영국 중세 여성들이 배타적으로 재산권을 행사했는지에 대해 회의적인 견해도 있다[홍성표, 〈여성의 재산권의 한계와 그 성격〉, 《역사학보》 제122집(서울 : 역사학회, 1989), pp. 175~198].

36) 《캔터베리 이야기》를 쓴 제오프리 초서의 아내는 남편의 책을 찢고 뺨을 치기까지 했다고 주장했다[Mary R. Beard, *Women as Force in History*(New York : The MacMillan Co., 1946), p. 243].

37) Norma Basch, *Women, Marriage and Property in Nineteenth-Century New York*(Ithaca : Cornell Univ. Press, 1982), p. 54.

아 내	남 편
○ 부양을 받을 권리가 있다. ○ 남편의 대리인으로서 생활필수품 외에는 계약할 수 없다. ○ 본인의 이름으로 소송을 제기하거나 피소될 수 없다. ○ 남편의 동의 없이는 유언을 할 수 없다. ○ 남편의 동의 없이 그녀의 부동산을 매각할 수 없다.	○ 아내의 동의 없이도 아내를 대신하여 소송할 수 있다. ○ 아내의 동산은 즉시 소유한다. ○ 아내의 무체 재산을 축소하여 자신의 유체 재산으로 할 수 있다. ○ 아내의 부동산을 관리 통제한다. ○ 아내의 부동산을 책임지나 마음대로 유증하지는 못한다. ○ 아내의 생활필수품에 대한 책임을 진다. ○ 자녀 양육비의 책임을 진다. ○ 결혼 전에 진 아내의 빚에 대한 책임을 진다. ○ 아내의 동의 없이 유처 몫의 상속분(dower)을 유증할 수 없다.

이와 같이 아내는 법적으로 책임을 추궁받을 수 없는 無인격체였으므로 남편이 아내의 잘못에 대한 법적 책임을 져야 하며, 이에 조응하여 아내에 대한 남편의 체벌은 정당한 것이었고 심지어는 남편이 사망해도 아내는 친권을 행사할 수조차 없었다. 남편이 사망시에 유언으로 자식들의 후견인을 먼 친척으로 정하는 경우에 어머니는 친권을 행사하지 못하고 자식마저 빼앗겨버리는 처지에 놓여 있었다. 또한 남편은 아내가 친정에서 상속받은 재산을 임의대로 관리하여 자신의 방탕한 생활에 낭비하거나 결혼 전에 진 자신의 개인 빚을 갚는 데 쓸 수 있었고, 별거중인 아내가 받은 월급마저도 남편의 처분에 맡겨졌다.[38] 식민지 시기의 미국도 영국의 보통법(Common Law)을 그대로 답습하였다. 따라서 친정에서 가져간 아내의 재산은

---

38) 미리엄 슈네어 편, 앞의 책, p. 104.

남편의 것으로 간주되었기 때문에 사실상 미국 여성운동은 기혼여성의 재산권(Married Women's Property Right) 운동으로부터 시작되었다.[39]

미국 여성운동과 영국 여성운동의 가교 역할을 한 해리엇 테일러는 다름아닌 《여성의 예속》을 쓴 존 스튜어트 밀의 아내였으니, 밀이 그의 저서에서 기혼여성의 재산권 인정을 호소한 것은 미국 여성운동의 영향과도 무관하지 않았다. 밀은 여성의 열등한 법적 지위를 바로잡기 위해서도 참정권이 부여되어야 한다고 역설하였다.[40]

미합중국 정부는 뉴욕주가 1848년 기혼여성의 재산권 조례를 통과시킨 데 이어 1860년에는 정식 법으로 인정하였다. 영국의 경우 1852년에 별거중인 아내는 월급을 자신의 임의대로 쓸 수 있게 되었고 1882년에는 기혼여성의 재산권이 인정되었다.

5) 결혼제도

㈎ 배우자 선택

여성운동에서 제기된 결혼제도의 문제는 배우자의 선택권이 누구에게 있느냐 하는 점이다. 서양 前근대사회에서도 자녀의 배우자 선택권은 전적으로 부모, 특히 아버지의 권한에 속하였다. '네 부모를 공경하라'는 모세의 십계명 가운데 다섯번째 명령이 바로 아버지의

---

39) 미국 여성 어네스틴 로즈는 1836년부터 기혼여성 재산권 인정을 위하여 투쟁하였다. 그리고 1848년 세네카 폴즈 대회에서도 재산권 요구가 더 우선되었다[Norma Basch, *op. cit.*, p. 29].

40) 프랑스혁명 이후 최초로 투표권을 행사한 층이 일정액의 세금을 납부하는 납세자인 소수의 재산가 남성들이었음을 상고한다면, 여성들이 재산권 행사를 못하게 된 것과 투표권의 제외와도 무관하지 않게 된다. 그렇지 않다면 130년 전에 소집되었던 삼부회의에서 비록 소수이기는 하나 귀족계급의 여성들이 투표권을 행사하였던 사실을 달리 해석할 방도가 없게 된다. 따라서 서양 여성들의 재산권 요구는 투표권을 행사하기 위한 물적 토대를 확보하려는 것이었다.

무제한적인 권위를 뒷받침해주었다.[41] 이 권위는 근대에 접어들면서 변화를 일으킨다. 17세기 초에는 부모가 추천한 배우자를 당사자인 자녀들이 거부권(right to veto)을 행사할 수 있는 선으로 양보가 이루어진다. 그러나 1706년 영국의 어느 젠트리계급의 경우 아버지의 의사에 반대해서 자유결혼을 한 아들에게 아버지는 유언으로 한 푼의 재산도 물려주지 않았다.[42]

18세기에 들어와 낭만주의의 영향으로 당사자들의 의사가 존중되는 자유결혼(romantic love)이 새로이 등장하였다. 그러나 자유결혼은 남성에게 청혼의 주도권이 있으므로 여성의 외모를 중시하여 여성을 성적 대상(sex object)으로 보게 된 원인을 제공하였다는 비판도 존재한다.[43] 중매결혼과 자유결혼의 구분은 실지로 명확한 선을 그을 수 없는 것이 보통이다. 청혼자인 남성의 편에서 보면 자유결혼의 의미는 명실상부할 수도 있겠으나 여성의 입장에서는 거의 중매결혼 형태에 가까웠다.[44] 하층계급으로 내려갈수록 결혼의 자유가 더 넓게 허용되었다.

결혼의 중요한 의의는 재산을 상속할 아들(heir)을 낳아 가문을 이어가는 일이었다. 아들을 낳는 일은 남편과 가문에 대한 아내의 의무였다. 첫아들을 낳은 경우에 아내는 값비싼 선물을 받는 것이 상례였고[45] 간혹 의무에 값하는 현금이 지불된 경우도 있었다.[46]

---

41) Lawrence Stone, *The Family, Sex and Marriage in England 1500~1800*(Harper and Row Publishers, 1977), p. 128.

42) 아들은 곧 소송을 제기하였지만 패소하였다(*Ibid.*, p. 134).

43) Eleanor Commo McLaughlin, "The Impact of Christianity," in *Woman in Western Thought*, Martha Lee Osborne(ed.) (New York : Random House, 1979), p. 85.

44) 과년한 딸을 가진 집안에서는 적당한 사윗감 후보자를 초대하여 선을 보인 후 딸의 의견을 묻는다. 본인이 마음에 선뜻 내키지 않은 후보자라도 가족들의 설득에 못이겨 또다른 후보자가 없는 한 거부권을 행사하면 영원히 독신으로 지낼지도 모른다는 두려움이 겹쳐 다른 대안이 없기 때문에 하는 수 없이 동의하게 된다.

(나) 이혼

어머니와 자식과의 유대가 영국의 경우에는 19세기 중반까지도 매우 소원하였다. 마치 아기를 출산한 것만으로 어머니로서의 의무를 다 마친 듯한 태도를 종종 볼 수 있었다.[47] 이것은 자녀에 대한 어머니의 권리가 전혀 없었던 사정과 일치하였다. 법적인 별거를 하는 경우, 젖먹이라도 그 어머니, 곧 아내로부터 남편은 자녀를 빼앗아갈 수 있었다. 1839년에 영아보호법(Infant Custody Act)이 제정되고서야 7세 이하의 자녀는 어머니가 보호할 권리를 갖게 되었다. 이는 어머니로서의 법적 권리를 인정한 최초의 일로서 여성지위의 진일보를 의미하였다. 그러나 성장한 자녀에 대한 아버지의 권한은 여전히 절대적이었다.

기독교 국가에서 이혼의 자유는 19세기 중반까지 허용되지 않았다. 하나님이 짝지워 주신 것을 사람이 마음대로 가르지 못하기 때문이었다. 그러나 아내의 간통은 교회가 이혼 사유로 인정하였다. 그렇지만 남편의 간통은 이혼 사유가 되지 않았는데, 이는 남편 가문의 재산권 보호와는 배치되지 않았기 때문이다. 1857년 이혼법의 제정으로 아내도 남편의 부정에 대하여 이혼 청구가 가능하게 되어, 간통이 남성의 재산권 보호 차원을 넘어서 여성이 아내로서의 정서적인 측면을 법으로 보호받게 되었다.[48]

---

45) 론돈더리 경은 1821년 그의 아내가 첫아들을 낳자 10,000파운드 상당의 진주를 선물하였다[Judith Schneid Lewis, *In the Family Way-Childbearing in British Aristocracy, 1760~1860*(New Jersey : Rutgers Univ. Press, 1986), p. 61].

46) 데본샤이어 공작은 부인의 채무를 갚아주는 조건으로 자식을 원하였다. 공작부인은 세번째 임신이 되자 채권자에게 이번에 만약 아들을 출산하면 남편에게 빚 전액을 이야기하겠다고 말했다. 아들을 출산하자 곧 공작은 부인의 은행계좌에 13,000파운드를 입금시켰다.

47) 서덜란드 백작부인은 출산한 지 6주 후에 갓난 상속자를 하녀 손에 맡겨둔 채 남편과 유럽으로 동반여행을 떠났다.

㈐ 일부일처제와 구혼(求婚) 관습

일부일처제는 기독교가 뒷받침하는 결혼제도이다. 그러나 출생·결혼·사망 신고가 1538년에 제도화되기 전까지는 중혼(bigamy)이 성행하였다. 14세기에는 약혼자 사이의 성 교섭을 교회가 인정하여 약혼 중에 임신이 되면 급히 결혼을 서둘러서 사생아의 출생을 미연에 방지하였다. 17세기에서 18세기 초반까지 북·서 유럽 여러 지방의 구혼 관습은 혼전성교(pre-marial sex)와 매우 밀접한 관계가 있는데, 노동자계급에서 성행한 번들링(Bundling)이라는 이 관습은 구혼자가 처녀의 집을 방문하여 속옷을 입은 채 잠자리를 함께 하며 밤을 지새는 것을 말한다. 번들링은 유럽 전역[49]에서 19세기 초반까지도 유행하였다.

혼전성교로 인한 사생아의 출생은 당연히 사회문제로 등장하였다. 사생아에게 지급하는 경비를 줄이기 위한 법령이 1733년 제정되었는데, 미혼모가 사생아의 아버지라고 지목한 남자는, 결혼을 하거나, 감옥행이 아니면 7년간 양육비 부담의 삼자택일을 하도록 강제되었다.[50] 그러나 이 법령은 여성으로 하여금 혼전 성 교섭을 버젓이 하도록 조장하는 데 일조를 하였다.

17세기 중엽 청교도주의의 영향을 벗어난 후 개인주의의 발흥과 더불어 중·상류 사회에도 자유분방한 성생활이 파급되어갔다. 남성의 무질서한 성생활은 1857년까지 불문에 부쳤던 사회 풍토와 첩제

---

48) Judith Schneid Lewis, *op. cit.*, p. 228. 그러나 아내가 남편과 평등한 조건으로 이혼이 가능하게 된 것은 1923년부터이다.

49) 웨일즈·스코틀랜드·홀란드·스칸디나비아·독일·스위스·프랑스 일부지역, 뉴잉글랜드를 포함한다(Lawrence Stone, *op. cit.*, p. 384). 토마스 터너가 1765년 재혼을 앞두고 괜찮은 집안의 여성에게 구혼을 할 때도 두번씩이나 밤을 지새웠다는 기록이 있다.

50) Lawrence Stone, *op. cit.*, p. 398.

(妾制)가 용인되지 않는 일부일처제 사회에서 많은 중·상류 남성들은 정부(mistress)를 두었고 사생아들이 줄줄이 태어났다.[51] 이처럼 자유분방한 성풍습은 남녀가 서로 내외를 하지 않고 사교생활을 하였고 혼전성교를 관용하는 구혼풍습과, 16세기 이후부터 친족의 유대가 약화되고 소생산자 중심의 핵가족이 대두되면서 장자 이외의 아들은 자립해야만 결혼이 가능하였으므로 상대적으로 결혼 연령이 상승하고[52] 독신의 비율이 높아졌기 때문이었다.[53] 가장 성적 욕망이 왕성한 시기를 금욕으로 지내기란 사실상 어려운 만큼 앞의 여러 요인이 상승작용을 하여 자유분방한 성생활을 용인하게 된 배경이 아닌가 한다.

Ⅲ. 한국 여성의 근대화과정

한국 경제사에서 근대화의 맹아는 상업자본이 축적되어가는 19세기 후반기로 거슬러 잡는 것이 대체적인 경향이다.[54] 19세기 말은 아직 가정과 일터가 분리되지 않아 가정에서 7~8명의 고용인을 거

---

51) 제임스 보스웰은 20세에 동정을 버리고 29세에 결혼할 때까지 신혼 1개월의 가장 절친한 친구의 아내를 정부로 가진 일을 필두로 하여, 12명의 상류여성들 — 그 가운데 3명은 기혼임 —, 4명의 여배우, 3명의 하층 여성들을 정부로 두었고, 루소의 여비서는 그의 평생의 정부였다. 그는 2명의 사생아를 낳았고, 결혼 전 10회, 결혼 후 7회의 성병의 경력을 지녔다(*Op. cit.*, pp. 353~354). 귀족인 엘리자베스 포스터 부인도 그녀의 가장 친한 친구의 남편인 데본샤이어 공작과의 사이에 임신이 되자 친정오빠와 남자시종을 대동하고 남부 이탈리아로 피신 출산여행을 떠났다(Judith Schneid Lewis, *op. cit.*, p. 169).
52) 상류층의 차남 이하의 결혼 연령이 17~18세기에 평균 26세 이상이었다.
53) 17세기부터 독신의 비율이 높아지기 시작하여서 18세기 후반까지도 남녀 모두 20퍼센트를 유지하였다.
54) 한국경제학회 편, 《한국사시대구분론》(서울 : 을유문화사, 1970) 참조.

느리고 일을 한 선대제 수공업(putting out system)단계였다.[55]
1900년대를 전후하여 공장이 하나둘 생기는 산업화의 초기 단계에
접어들었으나[56] 자생력에 의한 자본주의가 순조롭게 전개되지 못하고
끝내 식민지화의 길을 밟게 된다. 비록 식민지 자본주의화라는 왜곡
된 과정을 밟기는 했어도 산업화 과정에서 서양 여성들이 직면했던
보편적인 문제들과 한국의 지리·종교·역사적 조건이 서양과 상이함
에 따른 한국 여성들의 특수한 문제를 아울러 비교 검토하는 것이
본장의 내용이 될 것이다.

1) 참정권 운동

한국 여성운동에서 기독교의 영향이 아닌 내재적 역량을 강조한
주장은 17~18세기의 실학사상에서 그 연원을 찾는다.[57] 실학자들이
노비제 타파를 주장한 것은 인간 평등사상에 연유하는 것으로 구질
서에 대한 엄연한 도전이며 서양 계몽주의 철학의 평등 개념과 거의
대동소이하다고 보기 때문이다. 서양에서도 신분제 타파가 선행된
이후 이에 자극을 받아 여성의 평등이 운위되었지만, 우리나라는 사
회적 여건의 미성숙 탓이었던지 실학사상이 여성평등으로까지 이어
지지 못하다가 1894년 동학운동으로 결집된 동학농민전쟁에 와서 노
비제 타파만이 아니라 여성평등의 문제가 구체적으로 제기되었다.
즉 동학군이 내건 12개조 폐정개혁안에 과부의 재가를 허용하라는
조항이 바로 그것이다. 이보다 앞서 갑신정변에 실패하여 일본으로

---

55) 梶村秀樹(1963), 〈이조말기 면업의 유통 및 생산구조〉, 《한국근대경제연구》(서울
　　: 사계절, 1983).
56) 1900년 10월에 인지·우표용지를 제작하기 위하여 농상공부 안에 설립한 조지소
　　(造紙所)에 15명의 한국인 여성들이 고래의 풍습을 깨뜨리고 여공생활을 시작하였
　　다. 고승제, 《한국근대화론》(서울 : 사회사상사, 1976), p. 35.
57) 박용옥, 《한국근대여성운동사연구》(한국정신문화연구원, 1984), 서문 참조.

88

망명한 개화파 인사 박영효가 고종에게 올린 상소문에서 여성교육·조혼·축첩·재가 문제들을 거론하였다. 이와 같이 한국의 여성문제 제기는 봉건적인 결혼제도의 혁파와 여성교육으로부터 시작되었고, 공화제의 중추세력인 시민계급의 미발달로 참정권 요구는 남녀 모두에게 먼 거리에 위치하였다. 그러나 참정권 운동에 조응하는 애국운동은 1905년 을사조약 체결 이후 곧바로 이어진다. 1907년에 일어난 여성들의 국채보상운동이 이를 대변해 준다.[58] 물론 여성들이 집단적으로 운동을 벌였다고 모두 여성운동이라고 할 수 있느냐 하는 시각에서 국채보상운동과 항일 반제운동을 여성운동의 범주에 포함시키기를 주저하는 견해[59]도 있으나, 총체적인 사회구조에서 여성의 문제만을 격리(isolate)시켜서 논의하려는 시각은 비역사적(ahistorical)이라는 견해도 있다.[60] 국채보상운동은 여성들이 전국적인 규모로 조직적인 연대활동을 한 최초의 운동으로서 남녀평등 의식의 자각은 물론, 특히 연령·직업·신분의 차이를 뛰어넘어 모든 여성들을 하나로 결집시킨 점은 높이 평가할 만하다.

식민지로 전락하면서 일본제국의 강압 무단통치에 의해 순수 여성운동은 명맥을 유지하기가 어려웠다.[61] 강권 탄압정치가 극한에 이르자 견디다 못한 국민들이 식민지 억압으로부터의 자유와 독립을 부르짖는 3·1운동을 일으켰다. 일본 동경 여자 유학생들이었던 김마리아·황에스터·차경신 등이 거사 이전에 귀국하여 사전 활약을 하였고, 전국 각지에서 만세운동에 참가한 여성들은 엄청난 수에 달하였다. 물론 33인의 민족대표에는 여성이 한 사람도 참가하고 있지 않으나

---

58) 박용옥, 〈국채보상운동에의 여성참여〉, 《사총》 12·13합집, 1968.
59) 조형, 〈한국여성운동의 비판적 고찰〉, 《이화》 38호(서울 : 이대출판부, 1984).
60) Patricia Grimshaw, *Women in History : Reconstructing the Past*(Sydney : George Allen & Unwin, 1985).
61) 삼일운동 이전의 송죽결사대는 여성들의 지하조직체였다.

조직의 말단에서 태극기와 인쇄물을 숨겨 나르는 어려운 일은 여성들이 전담하였다는 점에서 3·1운동으로 표출된 민족적인 저항에 충격을 받은 제국주의 일본은 무단통치에서 문화정치로의 전환을 표방하고서 명목상의 언론·집회·결사의 자유를 허용하였다. 3·1운동 직후 대한애국부인회를 위시한 여성단체들이 발족되면서 상해 임시정부에 독립자금과 군자금을 송금하는 등 한국 근대 여성운동은 국권회복을 위한 반제국주의 항일운동으로 이어졌다.[62]

1922년 김활란·유각경·김필례 등 기독교계 여성들이 주도한 조선여자기독교청년회(YWCA)는 여성 계몽운동에 주력하였다. 그리고 1917년 러시아혁명의 영향으로 사회주의사상이 유입되어 1924년 정칠성·정종명·허정숙·박원희 등이 주축이 된 사회주의 계열의 여성단체인 조선여성동우회가 창립되었다. 조선여성동우회는 '여성해방은 계급해방으로부터'라는 캐치프레이즈 아래 계급해방을 표방하였다. 신간회의 탄생을 계기로, 그리고 '분산적에서 통일적으로', '자연발생적에서 목적의식적으로'라는 당시의 표어에 대응하여 기독교계 여성단체와 사회주의 계열의 여성단체가 통합한 민족 유일당으로서의 근우회가 1927년에 발족하였다.[63] 근우회는 1929년 전국대회에서 7대 행동강령[64]을 채택하고, 전국적으로 지부를 조직하고 당시 빈번하였

---

62) 상해에 세운 대한민국 임시정부가 공화제를 지향했기 때문에 임시정부를 지원한 국내의 여성단체들의 독립운동은 참정권 운동으로 비견될 수 있다.

63) 근우회는 조선 여자의 공고한 단결을 도모함, 조선 여자의 지위 향상을 도모함이란 강령으로 출범하였다. 근우회 편(1929), 《근우》 참조.

64) 1. 여성에 대한 사회적 법률적 일체 차별 철폐, 2. 일체 봉건적 인습과 미신타파, 3. 조혼 폐지 및 결혼의 자유, 4. 인신매매 및 공창의 폐지, 5. 농촌 부인의 경제적 이익 옹호, 6. 부인 노동의 임금차별 철폐 및 산전 산후 임금지불, 7. 부인 및 소년공의 야업 폐지.
　　근우회에 대한 집중적 연구는 다음 논문을 참조. 박용옥, 〈근우회의 여성운동과 민족운동〉, 《한국근대민족주의운동사 연구》(서울 : 일조각, 1987), pp. 179~316.

던 근로 여성들의 파업을 측면에서 지원하고 식민지 교육에 반대하는 여학생들의 동맹휴학에도 연대를 갖는[65] 등 식민지 치하에서 한국 여성운동의 절정기를 이루었다. 그러나 1930년 신간회가 해체되자 근우회도 내부의 갈등으로 유야무야 해소되었다. 일본제국주의는 1930년 만주사변을 일으킨 것을 시발점으로 하여 대동아공영권 건설이라는 허황된 망상 아래 전쟁준비에 광분하면서 내선일체를 내걸고 조선의 민족정신을 말살하고 식민지 수탈을 강화하였다. 근우회 이후 항일 여성운동은 지하로 들어가버리고 대신 여성 노동운동이 맥을 잇게 되었다.

1920년에 반포된 회사령 개정에 따라 일본인 기업이 국내에서 점차 세력을 확장하여 많은 조선 여공들이 일인 회사에 취업을 하였다. 식민지 경제 구조에서 조선인 여성은 일본 남성의 4분의 1, 일본 여성의 절반 정도의 급료를 받고[66] 일을 하였다. 전쟁 말기에 이르러서는 이미 생계비에도 미치지 못하는 급료를 더욱 인하하는 지경에 이르자 여공들의 파업은 증가일로를 치달았다. 이때에 내걸었던 구호가 남녀차별의 철폐보다는 '왜 조선인이라고 차별하느냐'는 민족차별 철폐로 집약되었다.[67] 식민지 구조에서 이해관계의 상충으로 인한 남녀간의 상호 적대감은 식민지라는 구조적인 억압에 비하여 볼 때 상대적일 뿐이므로 식민지 남녀는 구조적인 억압을 타파하기 위하여 상호연대를 맺는 것이 상례이다.[68] 한국 근대 여성운동이

---

65) 정요섭, 〈일제치하에 있어서 한국여성에 대한 교육정책과 그 저항운동에 관한 연구〉, 《아세아 여성연구》 19집(서울 : 숙대 출판부, 1970).

66) 이효재, 〈일제치하 한국여성 노동운동〉, 《한국근대사론》 III권(서울 : 지식산업사, 1977).

67) 박용옥, 〈한국여성운동사〉, 《한국현대사대계》(서울 : 고대 민족문화연구소, 1974), p. 414.

68) Eleanor Leacock, *Women and Colonization*(New york : J. F. Bergin Publishers, Inc., 1980), 서문 참조.

대 남성투쟁이 아닌 남성들과 함께 한 반제국주의운동의 성격을 띤 것도 이러한 맥락에서 이해되어야 할 것이다. 식민지 억압으로부터의 자유와 평등을 요구하는 독립운동 과정에서 이미 식민지 남녀는 자유와 평등 사상을 체질화했기 때문에 해방이 되자 별 저항 없이 투표권이 남녀 모두에게 부여된 것이었다. 혹자는 말하기를 서양 여성들이 100여 년에 걸친 투쟁 끝에 쟁취한 참정권을 한국 여성들은 참정권 투쟁을 하지도 않고 거저 받았기 때문에 여성문제에 대한 의식이 없다고도 한다. 이러한 견해는 역사성을 몰각한 단견일 뿐이다. 반제국주의 독립운동은 참정권운동과 성격을 같이한다. 식민지 억압으로부터 벗어나기 위해 추구한 자유와 평등은 서양 인권선언이 천명한 자유와 평등과도 본질적으로 동일한 인류 보편의 사상이기에 그러하며 다만 역사적 상황이 틀리므로 다르게 표출된 특수성일 뿐이다.

'조선은 조선 특유의 사정과 관습에 의하여 운동의 범위와 방향이 결정되어야 한다'[69]는 선구적인 탁견은 같은 맥락으로 이해해야 할 것이다.

2) 여성교육의 확대

前근대사회 어디에서나 여성에게는 제도교육의 기회가 전무하였던 것은 세계사적인 보편성에 속함을 앞에서 언급하였다. 그러나 한국의 경우 양반계급의 여성들은 가정에서 학문을 터득했기 때문에 초기 여성운동의 선구자들은 주로 양반 여성층이었다.[70] 한국 여성교육

---

69) 황신덕, 〈조선부인운동의 사적 고찰〉, 《신동아》 5월호(동아일보사, 1935), p. 5.
70) 초기의 양반층 여성 지도자들은 국채보상운동에도 그대로 이어졌으며, 삼일운동 이후에는 신학문을 한 기독교 계통의 여성지도자들로 대체된다. 박용옥, 〈1920년대 초 항일부녀단체 지도층 형성과 사상〉, 《역사학보》 제59집(서울 : 역사학회, 1976).

92

의 근대화를 논하는 마당에는 으례 실학자 이익이나 이덕무의 여성교육 무용론으로부터 출발하는 것이 관례였다. 이는 마치 영국에는 존 스튜어트 밀과 같은 남성 선각자가 있었지만, 우리의 경우 실학자조차 여성을 차별하려 했다고 은근히 유도하였다. 한국의 경우도 남성 선각자들의 자극을 받은 것은 사실이었다. 1888년 박영효의 상소문이 그러하며, 특히 개화인사 서재필이 이끄는 《독립신문》이나 이종일이 발행한 《제국신문》의 영향으로 한국 여성들의 평등의식이 고조되었다고 하겠다. 1898년 북촌에 사는 양반 부인 4백여 명이 모여 한국 최초의 여성단체인 찬양회를 조직하고 여학교 설립을 위한 〈여권통문〉[71]을 발표하였다. 이것이 한국 여성에 의한 최초의 교육평등권 요구였다. 이들이 설립한 순성여학교[72]는 비록 재정난으로 수년 후에 문을 닫았지만 관립 여학교 설립을 목적으로 고종에게 상소를 올리는 등 활발한 운동을 전개하였다. 그러나 한국 여성들의 관립 여학교 설립요구는 10여 년이 지난 1908년에야 결실을 보게 되었으나 곧이어 식민지로 전락하게 되어 관립 여학교는 식민지 민족정신 말살정책에 일조하는 하부기관으로 존재하게 된다. 식민지 치하에서 민족교육은 사립학교에서 더 용이하기 때문에 많은 학생들이 사립학교로 구름처럼 몰려들었지만 이를 간파한 일제 당국은 시설미비라는 구실로 문을 닫게 하는 등 탄압을 자행하였다. 여성교육의 실시가 국가 근대화의 첩경이라는 구한말 개화파의 주장은 국권을 빼앗기면서 '아는 것이 힘, 배워야 산다'는 구호가 시사하듯이 국권회복을 위한 교육구국론으로 발전하였다.[73]

---

71) 박용옥, 〈한국근대여성운동사 연구〉(한국정신문화연구원, 1984), p. 58.

72) 물론 이보다 앞서 기독교 계통의 여학교가 설립되었지만, 이는 기독교 전파를 위한 외국의 선교정책의 일환이었으므로 한국 여성의 근대정신과는 상당한 거리가 있다고 하겠다. 여성의 근대정신이란 바로 여성 스스로의 자각에 따른 여성 자신들의 평등의 요구임을 서양의 경험이 우리에게 말해주고 있다.

한편 식민지 당국은 여학교의 교육목표를 현모양처[74] 육성과 일본 문화를 조선인의 식탁에까지 전파하려는 일본화의 획책에 두었다.[75] 조선을 차별하지 않고 일본과 동등한 제도의 교육을 실시한다는 명 목으로 궁국에 가서 조선어와 조선역사를 교과목에서 제외시키는 사 태로까지 몰아갔다. 이러한 일본정신의 고취는 그러나 많은 여학교에 서 한국 여학생들의 동맹휴학을 불러일으켰다. 이때 내건 구호들은 주 로 특정 일본인 교사를 배척하는 내용이었다. 관립 여학교의 빈번한 동맹휴학은 민족학생운동의 발판이 되어 1926년 6·10만세사건, 1929 년 11월 3일의 광주학생운동의 정신으로 이어졌다고 하겠다.

일본에서는 여자대학이 설립되어 명실상부한 대학교육을 실시하고 있었음에도 조선에서는 여성의 최고 교육기관을 전문학교로 한정하 였고 가사·수예·재봉·염색 등의 과목을 여학교에 부과하여 남녀교육 의 질적 차이를 조장하였다. 이러한 연고로 근우회 토의 안건에 교 육제도의 개선이나 여자교육의 기회균등이 포함되었지만 번번히 일

---

73) 농촌 부인들을 위한 자생적인 야간강습이 전국적으로 시행된 것은 이를 잘 말해 준다[노영택, 《일제하 민중교육운동사》(서울 : 탐구당, 1979)].

74) 1911년 8월에 발표한 교육령 제15조는 "여자고등보통학교는 여자에게 고등보통 교육을 시키는 것인데, 부덕을 길러 …… 성격을 도야하고 생활에 유용한 지식기능 을 가르침"이었다[이만규, 《조선교육사》下(서울 : 한국진흥원, 1947), p. 183]. 현모 양처주의의 여성교육을 비판한 남성 선각자가 식민지 치하에 존재하였다. "근대교 육에서도 여성에게 대학교육을 부인하는 것이라든지, 또는 소위 홈메이커로 가사 만을 전공케 하는 교육이라든지, 대개가 다 이와 같은 사상에서 출발점을 두는 것 이다. 그래서 여성에게 교육으로 좇아서 얻을 수 있는 각종의 기회를 빼앗는 결과 가 일어나는 일이었다."[이훈구, 〈여성교육의 근본방향〉, 《여성》 10월호(조선일보 사, 1939), p. 30~31].

75) 조선인 여자교육은 남자교육에 비해 지지 않는 중요한 의의가 있다. 사회적 융합 은 경제적 융합보다 식민정책에 근대(根帶)가 되는데, 이는 부인을 감화시키는 것 이 첩경이다. 구주의 선진국들이 식민지정책 또는 종교정책에 부인의 감화를 중요 시하는 이유가 깊다고 생각한다. 여자가 감화하면 남자는 저절로 감화하는 것이 다. …… 이는 우가키 때에 학무과장이었던 오오노의 여성교육관이었다(이만규, 앞 의 책, pp. 327~328).

경의 사전검열로 안건에서 삭제되곤 하였다. 따라서 여성교육운동은 일제탄압에 항거하는 여학교의 동맹휴학이나 민족운동의 성격으로 표출되었다. 식민지 치하에서 모든 운동—즉 교육권·참정권 등은 결국 반제항일운동이란 단일한 깃발 아래로 집결할 수밖에 없었다. 이 점이 바로 평등한 학제와 남녀공학의 요구[76]를 내건 서양 여성들과의 차이이며, 특수한 여건이었다고 하겠다. 따라서 해방 이후에 와서야 교육기회의 균등이 헌법에 보장되고 남녀공학이 자연스레 이루어지게 되었다.[77]

3) 여성의 취업

여성이 피부양자라는 인식은 이미 19세기 후반에 지배적이었던 듯하다. 찬양회의 〈여권통문〉의 "어찌하여 병신 모양으로 사나이의 벌어주는 것만 먹고 평생을 심규에 처하여 압제만 받으리오."라는 말은 여성의 경제적 의존이 남편의 압제를 받게 된다는 논리로 해석되며, 경제적 독립을 하려면 우선 교육을 받아야 한다는 주장이었다.

1920년대에 접어들어 여학교 교육을 받은 신여성[78]층이 두텁게 형성되면서 직업의 요구를 주장하는 현상이 두드러진다. 1925년 3월 19일 동아일보사가 주최한 전국여자웅변대회에서 2등으로 입상한 경

---

76) 식민지 치하에서 남녀공학의 요구는 교육의 남녀평등을 위한 것보다는 남녀교제를 자연스럽게 시키기 위해서라는 이색적인 주장이 있었다. "남녀공학의 주장은 다른 무엇보다도 남녀관계의 상태적 발전을 촉진시키기 위함에 그 본의가 있는 것이다."(주요섭, 〈여자교육개정안〉, 《신여성》 6월호, 1931, p. 8).

77) 미군정하에서 여성대표들은 김병로 사법부장과 러취 미군정 장관에게 교육부문에서의 남녀평등권을 주장한 바 있었다[이효재, 《한국의 여성운동》(서울 : 정우사, 1989), p. 241].

78) "신·구 여성의 분간은 아마도 구미식 교육을 못 받은 여자는 구여성이라 하고 신교육을 받은 여자는 신여성이라고 부르는 모양이다. 하여튼 신식교육의 중등교육을 마친 여자를 신여성이라고 부르고 ……."(주요섭, 〈신여성과 구여성의 행로〉, 《신여성》 신년호, 1933, p. 32).

성여자청년회의 김순복은 〈조선에 나타난 부인 직업에 대하여〉란 연제로 여성도 직업을 가져서 경제적으로 독립해야 한다고 역설하였다.[79] 또한 여성해방과 경제적 자립을 연결시켜서 직업을 요구한 논의도 있었다.[80] 그러나 일부 여성들은 결혼으로 가정에 안주하였고, 식모나 어멈을 두어 가사일도 하지 않고, 동창회·음악회 등의 문화 행사에 참가하느라 어린 젖먹이의 양육도 식모에게 맡겨버린다는 비난으로[81] 보아 일을 하지 않는 중산층 여성들의 생활상[82]을 짐작할 수가 있다.

한편 남편 한 사람의 벌이로 나머지 식구들의 생활보장이 곤란한 하층 가정의 여성들은 산업화 초기단계에서부터[83] 가정에서 하던 일과 비슷한 분야에서 미숙련공 임금노동자로 일을 하였다. 이들 여성 근로자의 수는 1931년에 전체 취업 노동자의 30퍼센트로 증가하였다.[84] 다음의 글은 이들 근로 여성의 처지를 잘 대변해 주고 있다.

조선에는 새로운 자본제의 산업의 발달은 방적(紡績)과 생사(生絲) 공장이 곳곳에 생기면서 손길이 부드럽고 섬세하며 임금도 싸고 또 사나이

---

79) "부인의 직업문제는 무엇보다도 중요한 문제임을 절실히 깨닫는 동시에 사람으로서 출생한 이상에는 직업이 없지 못할 것과 경제적인 독립과 정신적 독립 등이 필요합니다."[정세현, 〈일제치하 부녀운동 소고〉, 《아세아여성연구》(서울 : 숙명여대 출판부, 1963), p. 153]. 또한 근우회가 개최한 제1회 여성문제 토론회의 제목이 "조선 여자 해방의 첩경이 경제독립이냐, 지식향상이냐"였으며, 1928년 경성지회 행동강령에 직업의 자유가 포함되었다.

80) 이경숙, 〈여자해방과 우리의 필연적 요구〉, 《신여성》 신년호, 1924, p. 78.

81) 이회명, 〈신여성시비〉, 《여성》 11월호, 1940, p. 64.

82) 현대의 신문화란 것이 조선 여성에게 그 어두운 눈을 밝혔는지는 모르나 그 반면 그들의 이마에서 땀을 가져가면서부터 하늘이 준 든든하고 부지런한 성품을 잃어버리게 한 것도 사실이다(이은상, 〈땀의 교육〉, 《여성》, 1937, p. 38).

83) 주 56 참조.

84) 박용옥, 〈한국여성운동사〉, 《한국현대사대계》(서울 : 고대민족문화연구소, 1974), p. 431.

96

들보다 부리기 편한 부인네들이 공장으로 뽑히어 들어갔다. 우리는 이들을 여공이나 부인 노동자라 불렀을망정 결코 직업여성이라 부르지 않았다. …… 그들은 결코 여성을 인격적으로 해결하려는 고매한 자각이나 긍지를 가지고 직장에 나서는 것도 아니고 …… 그들은 벌지 않으면 살 수 없는 것이다.

결혼이 생활문제를 해결해 준다면 그들은 언제나 직업을 던져버릴 용기가 있다. 그럼에도 불구하고 그러한 기회는 좀처럼 찾아오지 않는 것이다.[85]

신식교육을 받은 여성들이 취업을 한 초기의 전문직 분야는 주로 교사직이었다. 이들은 돈을 벌기 위해서가 아니라 사명감 때문이라는 명분을 더 소중히 하였다. 여학교 교사 외에도 여의사·유치원 보모·여치과의사·간호원·조산원·약제사 등이 있었으며 미용학교·여자상업학교·잠업강습소 등 여성을 위한 기술 및 직업교육기관이 있었다.[86] 그리고 초기 여성 전문직 교사들은 주로 독신녀들이었는데, 교사가 되기 위해 결혼을 하지 않는 것은 인륜을 어기는 일이라고 한 비난[87]에서 당시에는 결혼과 직업의 양립이 어려웠음을 알 수 있다.

이와 같은 초기 산업화 과정에서 한국의 여성들을 크게 세 가지로 나누어볼 수 있다. 첫째, 생계를 위하여 일을 하는 여공들과 농어촌의 여성들, 둘째, 여학교를 졸업한 현모양처의 교육이념에 부응한 중산층 여성들은 가정에 안주하며 가사도 어멈에게 맡긴 채 문화생활을 향유하였고, 셋째 전문학교를 나온 소수의 여성 선구자들은 돈을

---

85) 김남천, 〈여성의 직업문제〉, 《여성》 12월호, 1940, p. 26.
86) 신영숙, 《일제하 한국여성사회사 연구》, 이대 대학원 박사학위논문(미간행, 1989), pp. 11~14.
87) "남의 아내가 되지 않고 남의 어머니가 되지 않으면서까지 교육가가 되어야 할 자긍이나 공명심은 전혀 무의미한 허영심이 된다. 독신주의란 말할 필요도 없이 자연에 어그러지는 일이며 인류와 민족과 국가의 경영을 생각할 때에 하나의 죄악인 것이다."(김남천, 〈여성의 직업문제〉, 《여성》 12월호, 1940).

벌기 위해서가 아니라 여성을 깨우친다는 사명감에서 교사 등의 전문직에 종사하였다. 이는 서양의 초기 산업사회의 현상과 비슷하다.

4) 재산권 운동

서양 여성운동의 경험은 재산권의 행사 유무가 여성의 삶에 결정적인 제한을 가한다는 것을 가르쳐주었다.[88] 여권의식이 배태된 구한말 한국사회에는 여성의 재산권에 대한 문제제기가 없었다. 요구가 없었다는 것은 여성이 재산권을 행사하는 데 별 어려움이 없었다는 것을 반증해주는 것이다. 필자는 이미 조선사회에서 여성들은 재산권을 행사하였으나[89] 우리의 역사적 고유법제가 국망으로 무너지고 식민지로 전락한 후 프랑스의 근대 민법전을 모방한 일본민법에 강제편입되어 여성은 남편의 동의 없이는 자신의 사유재산을 처분할 수 없는 법률상 행위 무능력자가 되었음을 논증한 바 있다.[90]

여성의 법률상 무능력을 표면상 거론하기 시작한 것은 일본민법을 의용한 식민지 치하에서이다. 허정숙은 《근우》지에서 여성의 법률상 무능력을 지적하였고,[91] 주요한은 여성의 사회적 지위가 낮은 것을 경제적 무능과 결부시키고 있다.

　　녀자의 일생은(지금 오늘에 잇서서는) 혼인으로 말미암아 아조 그 방향

---

88) 주 32 참조.

89) 조선조 시대에 아내의 특유재산은 인정되었으나 남편이 아내의 재산에 대한 점유권·수익권을 행사하고 그 처분권까지도 갖는다는 다른 견해가 제시된 바[이효재, 《한국여성운동사》(서울 : 정우사, 1989), p. 30] 이는 서병한·이상욱, 〈한국법제사상 여성의 법적 지위의 변천〉,《여성문제연구》제12집(서울 : 효성여대, 1983)의 논문을 인용하였고, 앞의 논문은 일본의 藤田東三,《이조실록 조선혼인고》(1941)를 인용한 것이었다.

90) 강숙자, 〈한국가족법개정 운동의 쟁점분석과 개선 방향〉,《여성연구》여름호(서울 : 여성개발원, 1989), pp. 45~76.

91) 허정숙, 〈근우회운동의 역사적 지위와 당면임무〉,《근우》, 1929, p. 9.

이 정해지고 마는 것입니다. …… 녀자가 경제적으로 남자에게 매달려 사는 까닭입니다. 녀자가 제손으로 밥벌이를 하도록 제도가 되어잇지 아니합니다. 경제적으로 그와 가트매 따라서 사회적으로도 녀자의 지위는 매우 위험합니다. 정조라는 관념은 남자에게는 소용이 없고 녀자에게만 요구하는 것이 되엇습니다. 법률상으로 녀자의 지위가 열등한 것도 얼는 알 수 잇습니다. 안해는 재산을 맘대로 처리할 권리가 없습니다. 간음죄와 매음죄는 녀자에게만 벌을 주게 되엇고 …….[92]

여성이 제 밥벌이를 할 수 없는 제도란, 서양과 같이 남편에게 부양의 의무를 법제도로 부과한 것인바, 이것은 일본의 근대 민법에 명문화된 것을 지칭한다. 여성의 경제적 예속[93]은 산업화의 부수물이며 따라서 여성의 법적 무능력도 여성이 생산에서 소외된 것과 무관하지가 않다면, 근대화가 여성에게 전적인 해방을 가져왔다는 관점은 비판받아 마땅하다. 서양의 여성들은 초기에 법적 무능력을 벗어나기 위한 재산권 투쟁을 강력히 벌여 쟁취한 다음 참정권 투쟁으로 전환하였으나, 식민지 치하 한국 여성들은 이에 대한 조직적인 운동을 결여하였던 것으로 거듭 강조하지만 각 분야마다의 여성의 문제는 궁극적으로 반제 독립운동이란 하나의 깃발 아래 뭉칠 수밖에 없었던 때문이었다. 해방과 함께 새로 제정된 신민법에서 여성의 법률상 행위 무능력은 삭제되었고 사유재산권을 행사하게 된 것도 이 같은 맥락에서 해석이 가능하다.

---

92) 주요한, 〈처녀독본 : 결혼〉, 《신여성》 4월호(서울 : 개벽사, 1931), p. 29.

93) 근우회의 박호진은 성차별이 생긴 것은 "여성에게도 있던 경제적 권리가 남성에게로 넘어간 이후부터"라 하였는데, 이는 여성이 생산에서 소외된 것과 재산권을 행사하지 못하는 것을 의미하는 것으로 해석된다. 또한 행동강령에서 '여성의 사회적 법률적 일체차별 철폐'는 여성의 법률상 무능력을 지적한 내용으로 생각된다. 그러나 서양 여성들처럼 재산권 운동만을 따로 전개하지 못하고 뭉뚱그려서 여권운동과 민족운동으로 표출된 것은 식민지 한국 여성의 특수성에 속한다.

5) 결혼제도

前근대사회에서 근대사회로 넘어오면서 부각된 한국 여성의 문제 가운데 봉건적 모순의 결집인 결혼제도[94]에 대한 비판이 맹렬히 제기된 것은 어쩌면 당연한 순서였다. 초기의 재가 허용, 조혼·첩제 폐지로부터 식민지하의 결혼·이혼의 자유를 추구하는 것은 남녀평등 문제의 핵심을 이루는 것을 볼 수 있다. 그러면 배우자 선택, 조혼·첩제 폐지, 재혼, 이혼의 순으로 간략히 살펴보기로 한다.

㈎ 배우자 선택

한국 전통사회에서 배우자 선택권은 서양 중세사회에서와 마찬가지로 결혼할 당사자간의 의견이 무시된 전적으로 부모의 권한에 속하였다. 즉 중매혼이 관습이었다. 연애와 결혼의 자유를 부르짖게 된 때는 서양의 문물에 쉽사리 접할 수 있게 된 식민지 치하에서다.[95] 박영효의 상소문에도 조혼·축첩제·재가문제는 거론되었지만 결혼·이혼의 자유의 요구는 없었다. 1929년의 근우회의 7대 행동강령에는 분명 결혼의 자유를 명시하였고 이는 해방 이후까지도 이어진다.

여학교에서 교육을 받은 '신여성'들이 배출되고 특히 해외유학생들이 늘어나면서 1920년대 이후에는 연애·결혼·이혼의 자유가 여성해방이라는 구호와 등식화할 정도로 귀에 익숙해진다. 특히 일군의 신여성들, 나혜석·김원주·김명순은 결혼·이혼의 자유를 몸소 실천한 성해방의 선각자들이었다. 그러나 당시의 사회적 여론은 이들에게 非우호적이었고[96] 실제 대다수 여성들에게조차 호응을 받을 수 없었

---

94) 한국 전통사회의 결혼제도는 다음의 논문을 참조 바람. 강숙자, 《한국전통사회 여성의 삶에 대한 연구》, 이대대학원 석사학위 논문, 1987, 미간행.

95) 스웨덴의 엘렌 케이 여사가 주장한 결혼은 사랑을 전제로 해야 하며 사랑이 식은 결혼생활은 무의미하기 때문에 이혼을 주저하지 말아야 한다는 연애관이 당시 1920년대 이후 조선에서 발간된 《신여성》이나 《개벽》지에도 소개되고 있다.

100

던 것은 이들의 결혼·이혼의 자유가 곧바로 제도교육의 혜택을 누리지 못한 舊여성들의 희생을 강요하였기 때문이다. 배우지도 못해 경제적 자립이 불가능한 구여성들은 남편마저 빼앗기고 생존권의 위협을 받은 경우가 허다하였다.

일제 치하에서 배우자 선택의 유형은 여전히 중매혼이 보편적이었다. 교육받은 여성들마저 '배우자의 선택에서나 최후결정에서 자기는 전혀 상관이 없고 부모, 친족, 혹은 제3자에 의한 문제'[97]라는 관념이 일반적이었음을 볼 수 있다.

㈏ 조혼 — 결혼연령

사망률이 높았던 前근대사회에서 동·서양 어디에서나 조혼의 풍습은 보편적이었다. 산업화와 핵가족화를 먼저 경험한 서양은 19세기 말에 이르면 결혼 연령이 상당히 높아진다.[98] 이에 비해서 구한말까지 우리나라의 결혼 연령은 대단히 낮은 상태였다. 《경국대전(經國大典)》〈예전(禮典)〉혼례조(婚禮條)에 명시된 결혼 연령은 남자 15세, 여자 14세였는데 구한말 순종 때에 법정 결혼 연령이 남자 17세, 여자 16세로 상승하였다. 식민지 치하 말기에 이르러서 여성의 결혼 연령은 19세 이하가 68.9퍼센트, 24세 이하가 85.9퍼센트를 나타내었고, 남성은 17세 미만이 45.1퍼센트, 24세 미만이 78.1퍼센트를[99] 나타내는 등 상당한 상승세를 보였다.

이와 같이 결혼 연령의 상승도 산업화와 핵가족화의 발전속도에

---

96) 신여성들의 삶과 비판적 여론에 대해서는 오숙희, 《한국여성운동에 관한 연구》, 이대 대학원 석사학위논문(미간행), 1988, pp. 131~152 참조.
97) 고황경, 〈조선여성과 가족제도〉, 《여성》 10월호, 1938, p. 37.
98) 주 52 참조.
99) 신영숙, 《일제하 한국여성사회사 연구》 이대대학원 박사학위논문(미간행, 1989), p. 58.

따라 이루어짐을 알 수 있다.

㈐ 첩제(妾制)

전통사회에서 첩제는 후사를 널리 잇기 위하여 합법적으로 보장하였기 때문에, 첩도 호적에 등재되었고 서자(庶子)도 사생아가 아니므로 차별은 받았으나 재산상속에서 제외되지는 않았고, 한품서용(限品敍用)으로 관직의 길도 열려 있었다. 이 점은, 불법적이었으나 공공연히 자행된 서양의 정부(mistress)와 사생아(bastard) 문제와의 차이점일 것이다.

첩제 폐지는 박영효의 상소문에서 처음 거론이 된 뒤, 이어서《독립신문》(1896),《대한매일신보》(1910),《태극학보》(1907) 등에서 "인도를 존상하는 문명국가 사회에서 축첩을 엄금하는 까닭은 국가의 이익을 증진하기 위해서"[100]라는 등 폐지여론이 비등하였다.

식민지 치하에서 1921년 중혼금지가 명문화되고, 1922년 혼인신고주의가 채택되어 합법적 축첩은 불가능해졌다. 그러나 실제적으로는 해방 이후까지 첩이 존재하였지만 법의 보호를 받지 못했으므로 첩은 기생적인 생활을 할 따름이었다.[101]

㈑ 이혼

한국의 전통사회에서 칠출(七出)·삼불거(三不去)는 마치 남편의 일방적인 이혼이 가능하였던 것처럼 종종 오해되고 있다. 전통사회에서 이혼이 남녀 모두에게 허용되지 않은 점은 동·서양이 매한가지였다. 1921년 식민지 치하에서 아내도 이혼을 청구할 수 있게 되어 혼

---

100) 박용옥,《한국근대여성운동사 연구》(한국정신문화연구원, 1984), p. 37.
101) 이인, 〈제이부인의 사회적 지위〉,《신여성》2월호, 1933, p. 7. "제2부인이란 법률상으로 전연 처가 아니므로 처 있는 남자와 무르녹은 애정관계나 백 년의 굳은 약속이나 일생을 통해서 생활할 비용을 공급하겠다고 굳은 맹서를 하였다 하드래도 동거나 부양을 요구치 못합니다."

인법상 아내의 지위가 진일보한 점도 있으나, 아내의 간통은 이혼사유가 되고 남편의 간통은 이혼사유가 될 수 없다[102]는 점에서 여전히 성에 대한 이중기준이 적용되었다. 해방 이후 신민법의 제정으로 간통은 남녀 모두에게 이혼의 사유가 되어서 재산권 보호 차원을 넘어선, 결혼생활에서 아내의 정서적인 측면이 법으로 보호받게 되었다. 그러나 경제적 자립이 뒷받침되지 않은 이혼의 자유는 여성에게 오히려 불리하였다. 이혼의 자유가 남녀 모두에게 평등한 조건으로 보장된 것은 재산분할 청구권이 인정된 1991년 개정 민법에서일 것이다.

㈐ 재가(再嫁)

부모의 배우자 선택권, 조혼·이혼의 부자유 등은 동·서양의 前근대사회의 보편적인 현상이었음에 반하여 재가의 금지는 유교문화권의 특수한 사정에 속한다. 양반의 수를 제한하려는 정치적 목적과 '아내는 두 남편을 섬기지 않는다'는 절열관(節烈觀)이 융화되어 《경국대전》〈예전〉 제과조(諸科條)에 재가녀(再嫁女) 자손 생원·진사시 금고법이 제정되었다. 만약 자손이 없이 남편이 사망할 경우 수절의 장려는 곧 재산을 이어받을 상속인의 단절을 결과하는 것이므로, 이에 대한 대비책으로 양자제도가 보완되었다. 서양은 이와 반대로 재산을 물려받을 상속인을 낳기 위하여 과부의 재혼이 권장되었다.[103]

과부의 수절이 인간적으로 얼마나 어려웠던가 하는 것은 박지원이 쓴 《함양열녀박씨전》에 잘 묘사되어 있다. 그러기에 근대화 초기인

---

102) 이태영, 〈한국여성의 법적 지위〉, 《한국여성사》 Ⅱ(서울 : 이대출판부, 1972), pp. 138~170.

103) 과부인 Mrs. Richards가 Mr. Thomas와 재혼하면 토마스 씨는 자신의 성을 버리고 Mr. Richards로 행세한다. 이 사이에 낳은 아들은 Richards가문의 상속자로 재산을 이어간다[Frances Gies, *Women in the Middle Ages*(New York : Barns and Noble Books, 1978)].

갑오농민전쟁 때 재가허용이 가장 큰 여성문제로 제기된 것이며, 이에 따라 1894년 갑오개혁에서 철폐되었다. 그러나 법이 허용하였으나 재혼은 식민지 치하에서도 찬반논의가 분분하였던[104] 분위기로 보아 그리 쉽사리 실천에 옮겨지지는 못한 듯하다.

생명을 버려서라도 절개를 지키는 것이 열녀[105]의 표상이었고, 이를 과부에게까지 권장하였다면 혼전(pre-marial sex), 혼외(extra-marial sex)의 성관계는 엄격히 제한되었을 것이다. 이러한 예비적 장치로써 남녀칠세부동석(男女七歲不同席), 조혼(早婚), 내외법(內外法)이 설명된다. 이러한 사고 예방적 장치들은 상류 양반가문의 재산을 승계할 상속자의 혈통의 순수성을 기하기 위한 것임은 서양 前근대사회의 경우와 대동소이하다. 다만 한국 전통사회에서는 양반 여성들의 순결관을 하층민들에게 포상제도로써 파급시켜서 사회적 규범으로 정착시켰지만 서양은 하층민들의 관습인 'Bundling'이 혼전 성관계를 허용하였고, 핵가족화에 따른 결혼 연령의 상승과 더불어 오히려 상류계층으로 침투하는 역류현상으로 굳어진 것은 성관습에 대한 동·서양의 문화적 차이에서 비롯한 특수성이 아닌가 한다.[106]

---

104) 자식을 버리고 재혼이 可하냐 아니냐는 문제가 심심치 않게 식민지 시대 여성잡지의 지상공개토론의 주제가 되었다.

105) "혹 도적이나 오랑캐가 그 몸을 겁탈하려고 닥쳐 몸이 더럽히게 될 지경이면 죽음이 본시 당연하다. …… 오직 슬픔을 머금고 아픔을 참으면서 시부모를 잘 봉양하고 어린 자식을 길러냄으로써 시집의 가문을 지키는 것이야말로 지극한 행실이다."[정약용, 《목민심서》 Ⅳ, 다산연구회 역주(서울 : 창작과 비평사, 1984), p. 38].

106) 그러나 지금까지도 영국 최상류계층의 가정에서는 여성의 혼전 순결이 강조되고 있다. 찰스 황태자비로 간택된 다이애나비의 처녀성 유무를 의사가 확인했다는 사실이 그 단적인 예가 아니었나 싶다.

Ⅳ. 맺음말

지금까지 한국 여성의 근대화과정에서 제기된 문제들을, 일찍이 고전적인 산업화를 경험한 영국 여성들의 삶과 비교하여 그 세계사적 보편성과 특수성을 살펴보았다. 근대화란 다름아닌 생산양식의 변화—즉 가내 수공업에서 공장제 공업으로의 전환을 의미하며 이러한 과정에서 여성의 삶에도 큰 변화를 겪게 되었다. 가정과 일터가 분리되면서 중산층 여성들은 생산에서 소외되어 남편에게 경제적으로 의존하게 됨으로써 가족부양자인 남편의 법적인 권한이 강화되었다. 이와는 반대로 여성은 재산권을 행사하지 못하는 법적 무능력자가 되며, 따라서 초기에 재산가에게 부여된 참정권에서도 여성은 제외된 것으로 보는 해석이 가능하다. 동시에 결혼의 기회를 놓치게 된 중산층의 딸들은 경제적 자립을 위한 직업의 개방을 요구하고 아울러 교육의 질적인 전환을 꾀하게 되었다. 재산권·참정권·교육권·직업권의 요구는 여성의 생산에서의 소외와, 그때를 전후하여 연쇄적으로 일어났던 것이다. 때문에 근대화는 여성에게 평등의식을 자각케 한 발전을 유도하였으나 중산층 여성을 가정화했다는 점에서 일보 후퇴를 의미하였다.

한국에서 여성 스스로의 자각에 의한 근대정신의 발현은 여성의 제도교육을 요구한 1898년의 찬양회가 시발점이었다. 곧이어 식민지로의 전락은 서양 근대 민법전의 채택으로 여성을 법적 무능력자로 제도화하였고, 양처주의에 입각한 교육제도와 병행하여 중산층 여성들의 가정화 현상이 고착화되었다. 한편 삼일운동 직후 상해의 대한민국임시정부는 공화제를 지향했기 때문에 이를 지원한 국내의 여성단체들의 독립운동은 곧 참정권 운동의 성격을 띤다고 하겠다. 식민통치하에서 모든 운동들―교육의 기회균등이나 여성노동운동, 참정권, 재산권 운동은 모두 항일 반제운동이란 단일한 깃발 아래로 집결될 수밖에 없었던 한국의 특수한 사정이었다. 그러나 식민지 억압으로부터의 자유와 평등의 추구는 근대 시민사회가 천명한 자유와 평등과도 본질적으로 동일한 인류 보편의 사상이기에 동·서양의 여성운동은 본질상 그 성격을 같이하는 것이다. 다만 동·서양의 문화적 차이에서 유래한 특수성인 성관습의 상이한 태도를 본고에서는 나열식으로 비교 정리한 선에서 그쳤고 좀더 심화된 논의를 전개하지 못한 점은 지면의 제한도 있어 아쉬움이 남는다. 이 부분은 독립된 후고를 기약하며, 동·서양 여성문제의 보편성과 특수성이란 벅찬 주제를 충분하고도 매끄럽게 소화하지 못했다는 자괴심과 아울러 이 논의를 일단은 종합 정리해보고자 시도하였다는 점에서 조그만 의의를 찾는 데 그치고자 한다.

(《인문과학》, 성신여자대학교 인문과학연구소 편, 1990년 6월)

한국가족법 개정운동의 쟁점분석과 개선 방향
─ 호주제도 미풍양속론과 외래론의 대비를 중심으로 ─

Ⅰ. 문제제기

　1945년 일제의 식민지 통치에서 벗어난 후 1948년에 대한민국 정부수립과 함께 정식으로 대한민국 헌법이 제정되었다. 이 헌법은 법 앞에서 만민이 평등함을 천명한 근대적인 민주헌법임은 누구나가 공지하는 사실이다. 뒤를 이어 1958년 제정·공시되어 1960년 1월 1일부터 시행된 민법은 만민 평등의 헌법정신과 모순되는 조항이 많았다.

　특히 친족 상속편은 남녀간에 불평등한 관계 정립으로 인해 많은 불씨를 안고 있다. 따라서 1960년대 이래 여성단체들은 민법의 친족 상속편(이하 가족법이라 통칭한다)을 개정하기 위한 운동을 조직적으로 벌여왔다. 그 결과 몇 차례에 걸쳐 가족법이 개정되었으나 여성단체가 주장한 근본적인 요구는 외면당한 채 명목상의 개정으로 끝난 미봉책(彌縫策)에 불과하다는 비판을 지금도 면치 못하고 있다. 30년에 걸친 운동의 성과치고는 극히 미흡한 수준이 아닌가 한다.

　그러면 왜 초창기의 가족법 개정의 쟁점이 현단계에서도 여전히 같은 성격의 찬반 양론으로 갈린 채 있는 것일까? 그것은 아직도 반대 세력이 온존하고 있다는 무시하지 못할 현실을 상기시켜주고 있다. 특히 호주제도의 존폐문제는 흡사 보수와 혁신 세력간의 갈등의 양상을 띠며 최후의 보루로서 지켜가야 할 우리나라 고래의 미풍양속론과 이에 맞서서 호주제도는 우리의 전통이 아닌 천황을 중심으로 한 일본식 가부장제를 모방한 외래적(外來的)이라는 주장으로 대응 논리를 펴고 있다. 그럼에도 불구하고 호주제도의 외래론은 여전히 설득력을 갖지 못하는 형편인 만큼 현시점에서 우리가 전수해야 할 미풍양속과 타파해야 할 비민주적 불평등 요소를 명확히 규명하는 일이 무엇보다 선결과제라 하겠다.

그런데 호주제도의 외래적 근거를 주장하는 일부 학자들은 일본민법이 이식된 것으로만 강조하고 있다. 그러나 일본은 동양에서 최초로 서양의 근대 민법을 수용한 나라이며, 서양 또한 여성의 종속을 전제로 해서 민법전을 집대성했기 때문에, 이의 비민주적 요소가 일본민법에 반영되었고, 이를 단절하지 못한 현행 우리의 가족법에도 적지 않은 잔재로 남아 있을 가능성이 크다고 하겠다. 과거 서양의 여권운동의 역사가 참정권 운동과 더불어 주로 여성을 억압하는 민법의 내용을 수정하는 데에 주력해 온 것임을 상기할 때 우리는 작금의 여성 억압적인 가족법 내용의 상당 부분이 우리의 전통이 아닌 외래적인, 특히 서양 민법전이 식민지 시기를 거쳐 왜곡되어 정착했다는 추론을 쉽게 내릴 수 있다. 따라서 본연구는 현재 가족법 개정의 쟁점 가운데 무엇이 미풍양속이며 어느 것이 외래적 요소인지를 명확히 규명하여 앞으로 법개정 촉진을 위한 방향과 전략을 제시하는 데 그 일차적 목표를 두고, 부차적으로는 전통문화가 식민지 문화에 노출될 때 여성의 지위가 왜곡된다는 리콕(E. Leacock)의 이론에[1] 비추어서 한국 여성의 법적 지위가 식민지 시기를 통해 어떻게 굴절되었는가를 검증하는 데 중점을 두고자 한다.

본연구자는 법학도가 아닌 여성문제 연구자로서 가족법 개정안 전항목을 체계적으로 제안하기보다는 현행 가족법내의 외래적인 요소와 전통적인 요소를 비교하는 사적 배경을 분석하는 것으로 그 범위를 한정할 것을 명기해 두는 바이다.

Ⅱ. 한국 가족법 개정운동의 전개과정

1) 신민법의 제정과정과 전개 운동

현행 가족법의 전통성과 외래요소를 규명하기에 앞서 우선 신민법의 제정과정을 살피는 것이 논의의 전개에 도움이 될 것이다. 1948년 대한민국 정부수립을 전후하여 제정된 헌법에는 주지하다시피 법앞에서의 만민 평등사상을 천명하여 남녀평등을 보장하고 있다.

정부는 이어서 법전편찬위원회를 설치하여 1948년 12월 16일에 민법전의 초안을 착수하게 했다.[2] 6·25전쟁을 거치면서도 편찬사업은 지속되어 1953년 9월 30일 민법 초안은 정부에 제출되고 약간의 자구수정을 가하여 국무회의의 의결을 거쳐 1954년 10월 26일 정부제출 법률안으로 국회에 제출되었다. 국회는 법제사법위원회를 열어서 65회의 심의를 거친 후 수정안을 만들었고 이 수정안과 정부제출 민법안은 1957년 9월 12일 함께 국회 본회의에 회부되었다. 2개의 안에 대한 3개의 수정안이 제출되었는데, 재산법의 수정안을 현석호 의원이, 여성단체의 건의를 반영한 신분법의 수정안을 정일형 의원이, 종중(宗中)에 관한 법률관계를 성문화하자는 수정안을 이영희 의

---

1) E. Leacock, *Women and Colonization*(New York : J. F. Bergin Publishers, Inc., 1980).
2) 김정한, 〈한국민법의 법제사적 및 비교법적 연구〉, 《법학》 10권 2호(서울 : 서울대학교 출판부, 1968), pp. 27~45. 민법 제정과정은 이 논문에 의거한 것임.

원 등이 각기 제출하였다. 국회 본회의 회기 중에 현석호 의원의 재산법에 관한 수정안이 반 이상이 채택되고 나머지는 폐기되었으며,[3] 또한 법제사법위원회의 수정안이 자구수정과 정리를 거쳐 통과되어 1958년 2월 22일에 공포되었다. 이 민법전이 1960년 1월 1일부터 시행된 것이다.

한편 대한부인회·여성문제연구회·대한기독교청년회 등의 여성단체의 대표들 — 황신덕·표경조·이태영 들은 민주적인 가족법 제정을 위한 로비활동을 벌였던바, 당시의 대법원장 김병로 씨를 방문하여 건의서를 제출하고 1957년에는 민의원 의장(이기붕 씨)과 국회의원 전원에게 청원서 및 호소문을 제출하였으나[4] 이 모든 노력은 허사로 돌아갔다. 이때에 건의서의 내용은 호주제도의 폐지, 이혼 배우자의 재산분할청구권 등 6개 항에 달했다. 당시의 찬반 양론은 1957년 4월 6일 법제사법위원회가 개최한 민법안 전체에 대한 공청회에서도 잘 드러난다. 학계의 정광현 교수(서울대)는 국민생활의 민주화를 위해 미풍양속론의 전통성은 수용할 수 없는 봉건사상이라고 비판하였고[5] 여성단체 역시 호주제도 철폐를 요구하는 남녀평등에 입각한 입법을 주장하였으나 결국에는 친족 상속편의 기초위원인 장경근의 입법방침대로, 즉 "전통과 관습을 무시하고 딴세계와 같은 법률을 만들어보았자 따라갈 수 없다"는 시기상조론[6]이 통과된 것이다. 그 이후 여성단체 대표들은 1962년 당시 국가재건최고회의에 가족법 개정을

---

3) 같은 글, p. 29.
4) 배경숙, 〈가족법 개정의 결과〉, 《가족법 개정의 제문제논집》(서울 : 한국여성유권 자연맹 편, 1985), p. 115.
5) 곽동헌, 〈가족법에 관한 논쟁의 양상〉, 《가족법 개정의 제문제논집》(서울 : 한국 여성유권자연맹 편, 1985), p. 143.
6) 같은 글, p. 143. 고려대학의 이희봉 교수는 민주입법은 찬성하되 그 사회의 역사적 기초를 무시한 가족법의 개정은 실효성이 없으므로 근대화되기를 기다려 점진적 개혁론의 절충주의를 제시하였다.

촉구하는 건의서를 제출하는 것을 마지막으로 조직화한 가족법 개정 운동은 일단 소강상태로 접어들었다.

2) 1970년에서 현재까지

각 개별 여성단체에서 가족법 연구를 계속하여 오던 가운데 조직적인 운동으로 다시 점화하는 기폭제의 역할을 한 것은 인구억제정책과의 관련으로 풀이된다. 1962년 군사혁명정부가 들어서면서 당시의 미화 80여 불 수준의 국민소득을 향상시키기 위해 제1차 경제개발계획의 일환으로 인구억제책이 정부의 시책으로 채택되었다.

민간운동으로 출발한 대한가족계획협회는 1960년대의 세 자녀 운동에서 1970년대에 접어들면서 두 자녀 운동으로 전환하였다. 그 이유는 6·25 이후 다산 붐(Baby Boom)으로 태어난 세대가 곧 가임기로 들어서므로 출산력의 계속적인 저하가 어렵기 때문이었다. 두 자녀 운동은 그러나 가계를 잇기 위하여 아들은 꼭 있어야 한다는 아들 선호사상에 의해 돌파구를 찾지 못하게 되자 자연히 여성에게 불평등한 현행 가족법의 개정으로 향방을 잡게 되었다. 따라서 1973년 정기학술대회 때 가족법 학자인 김주수 교수를 초청하여 "가족계획과 우리나라의 법률문제"를 주제로 한 강연을 계기로 하여 가족계획운동과 가족법 개정운동은 랑데부를 갖기에 이른다.

이러한 사회적 분위기에 힘입어서인지 1973년 6월 28일 61개의 여성단체가 연합하여 범여성가족법 개정촉진회를 결성하였다. 이로부터 촉진회는 본격적인 개정운동을 시작하고 계몽강연회·토론회·공청회·책자발간·가두서명 등 다양한 채널을 동원하여 사회여론을 환기시키려고 노력하였다.[7]

---

7) 이에 대한 자세한 내용은 여성유권자연맹이 발간한 《가족법 개정의 제문제논집》 (서울 : 한국여성유권자연맹 편, 1985), 참조.

범여성가족법 개정촉진회는 민법학자 김주수·김용한·박병호·이태영·한봉희 씨들이 만든 가족법 개정안을 1974년 유정회(維政會) 국회의원 이숙종 씨에게 전달해서 국회에 상정토록 하였으나 이숙종 의원은 단독으로 수정을 가하여 그해 9월 28일 수정안을 국회에 제출하였다. 그러나 개정촉진회의 심한 반발로 12월 2일 수정안을 국회에서 철회하고 1975년 4월 9일 촉진회의 가족법 개정원안이 국회에 제출되었다. 제출된 개정안은 2년 남짓 낮잠을 자다가 1977년 12월 12일 여성단체의 요구를 최소한으로 수용한 민법안이 전격적으로 통과되어[8] 1979년 1월 1일부터 시행되기에 이르렀다.[9]

그러나 여성단체들은 문제의 핵심은 그대로 방치한 채 부분적인 여성 지위 향상에 만족할 수가 없어서 호주제도 철폐를 골자로 한 7개 항의 개정안 통과를 목표로 캠페인을 지속하였다.[10] 더욱이 가족법학회가 1984년에 정식으로 창립되고 가족법 학자들도 호주제도 철폐에 가세하여서 가족법 개정은 마치 보수와 혁신의 신·구세력으로 양분하는 양상을 띠었다. 특기할 만한 사항은 가족법 개정을 반대하는 세력이 유림측만이 아니라 소위 현재의 한국사회를 이끌어가고 있는 다양한 지도자층으로 구성된 사실이다. 즉 정계·재계·관련법조계를 망라한 유명인사들이 모두 가족법 개정의 반대세력을 형성하고 있다는 점이다.[11]

그리고 초창기의 민법제정 당시의 논쟁은 전통적인 미풍양속은 지

---

8) 당시 정치적인 당리당략에 의해 신민당이 반대하는 가운데 공화당이 전격적으로 통과시켰다[윤호미, 〈민법개정의 배경과 경과〉, 《사법행정》(서울 : 사법행정학회, 1978)].

9) 여성단체가 요구한 10개 항의 개정안과 통과된 내용의 비교는 다음 장에서 상술할 것이다.

10) 70개 여성단체들이 1984년 7월에 가족법개정을 위한 여성연합회를 재결성하였다.

11) 여성평우회, 《왜 가족법은 개정되어야 하는가?》(1984), 자료 참조.

킬 가치가 없는 봉건사상이므로 타파해야 한다는 주장과[12] 미풍양속은 지켜야 한다는[13] 입법 목적의 차이였지만, 1970년대 중반을 지나서는 개정론자들조차 작금의 호주제도는 전통이 아닌 외래적인 것이므로, 특히 일본식 가부장제의 잔재이므로 지켜야 할 가치가 없다는 주장으로 선회한 것이다. 환언하면 초반의 가족법 개정의 당위를 내세우면서도 가족법의 비민주적인 여성차별의 법제가 곧 조선왕조의 종법제에 기인한 것으로만 파악하던 논점에서[14] 가족법의 비민주적 요소가 외래적인 것, 즉 일본의 민법에서 파생된 것이라는 주장으로 바뀐 점이다. 그것은 바로 전통타파의 무모한 도전은 그만큼 승산이 없다는 인식을 의미하는 것이라고 생각된다. 현재 7개 항에 달하는 가족법 개정안이 국회에 제출되어[15] 있는 상황에서 무엇이 지켜야 할 미풍양속이며 무엇이 타파해야 할 외래적인 요소인지 분명히 규명하는 것이 앞으로의 올바른 민법개정을 위하여 바람직한 것이라 생각된다.

더욱이 일본 역시 서양의 근대 민법을 수용한 나라임을 염두에 둔다면 현행 가족법 내용 가운데 여성 억압적인 독소가 서양의 잔재일 가능성 또한 크다고 할 것이다.

이것을 밝히는 작업이야말로 외래사조와 미풍양속을 확연히 구분하여서 국민 대다수의 공감대가 형성된 가족법 개정을 위한 촉매제 역할에 크게 기여할 것으로 분명히 확신하는 바이다.

---

12) 주 5) 참조.
13) 주 6) 참조.
14) 가족법 학자들의 초창기 논문의 대부분이 이에 포함된다.
15) 김장숙·박영숙 의원 등 100여 명의 서명을 받아서 1988년 11월 17일자로 국회에 상정되어 있다.

Ⅲ. 가족법 개정의 논쟁점

1) 민법 제정의 역사적 배경

한국 전통사회의 친족 상속편에 준하는 법안은 현행 판덱텐식 민법전과는 체제를 달리하여 《경국대전》 등 여러 곳에 편재되어 있었다. 이 경국대전 체제는 1910년 일본의 식민지 통치하에 들어가면서 완전히 무너졌고 대신 일본의 민법을 사용하게 되었다. 그러나 재산 및 풍속에 관한 사항은 조선의 관습을 준수한다는 단서가 있었으나 몇 차례의 법령개정을 거치는 동안 거의 일본민법체제로 바뀌게 되었다.

물론 동·서양 어디를 막론하고 前 산업사회는 불평등을 전제로 하는 신분제 사회였으므로 조선왕조의 《경국대전》도 예외는 아니어서 신분차별 내지는 성차별적인 법제 등이 존재했다. 그 대표적인 경우가 《경국대전》 고존장조(告尊長條)[16]로서 자손·처첩·노비를 가장에게 종속시켰다. 여기서 특기할 것은 조선왕조의 가부장제는 생살여탈권(生殺與奪權)을 쥔 로마의 가부장권만큼 강력한 것은 아니었다[17]는 점이다. 그러한 실례로서 자녀에 대한 친권은 가부장권에 우선했는데,[18] 《경국대전》〈예전〉봉사조(奉祀條)에서 보면 양자의 신고시(申告時)에 "모(母)가 관(官)에 고(告)한다"라고 했으므로 남편 사후의

---

16) 《경국대전》 고존장조는 "子孫·妻妾·奴婢告父母家長徐謀逆·逆反外 絞"라는 조문이다.

17) 김두헌, 《한국가족제도연구》(서울 : 서울대출판부, 1969), p. 330.

18) 곽동헌, 《호주제도에 관한 연구》, 경북대 박사학위논문, 1979. 여기에서 필자는 서양의 가부장제가 뿌리와 연원이 깊어 오랜 기간 유지해 왔지만, 동양, 특히 한국의 가부장제는 역사가 짧으므로 오히려 친권이 가부장권보다 우선했다고 설명하였다.

114

양자지명권은 할아버지(가부장)가 아닌 어머니가 우선권을 행사하였음을 엿볼 수가 있다.

또한 재산상속에서도 남녀균분상속이 이루어졌고, 친정에서 가져온 아내의 재산은 고유재산으로서 남편이 공동관리는 하였으나 마음대로 처분할 수는 없었다. 다음은 이러한 사실을 잘 설명해주고 있다.

> 문종 때에 이숙번과 처 정씨는 공동으로 1남 2녀에게 재산을 분재하였는데 맏딸은 강순덕의 처가 되어 자식 없이 죽고 이숙번도 사망하자, 사위는 자신의 조카 강희맹을 양자로 삼아 죽은 처의 재산을 물려주었다. 혼자 남은 장모는 딸의 재산이 타성으로 넘어가는 것을 막으려고 반환할 것을 사위에게 요구했으나 듣지 않자 왕에게 고하여 승소판결을 받았고 사위 순덕은 장모의 명령에 불순한 죄로 벌을 받았다.[19]

그러므로 물려줄 자식이 없을 때는 아내의 재산은 친정으로 귀속했다. 1544년 김종직의 여식, 신용계의 처 김씨는 부망무자식(父亡無子息)해서 죽기 전에 자기 재산을 친정 조카에게 환급하도록 조치하였다.[20] 이는 《경국대전》〈호전(戶典)〉 전택조(田宅條)에 '공신전 전자손(功臣田 傳子孫)'이라 하고 이 주에 '여자신사후 이급계성자손(女子身死後 移給繼性子孫)'이라는 법조문에 명기되어 있다. 또한 여성도 인장을 사용하였다는 점에서 독자적인 법적 능력자였음을 알 수 있다. 이를 박병호 교수는 다음과 같이 해석하고 있다.

> 가족사회 안에서의 여자의 행동구속과는 달리, 이율배반적으로 의식주를 위한 대내외적 법률행위에 있어서 법률상 능력을 제한하지 않을 뿐더러

---

19) 《조선왕조실록》 세종 12년 9월 병진조 ; 박용옥, 《이조여성사》(서울 : 한국일보사, 1976), p. 150.
20) 김용만, 〈점필제 김종직 가문 연구 — 재산소유 형태를 중심으로〉, 《교남사학》 창간호(대구 : 영남대 출판부, 1985), pp. 195.

적극적으로 보장하였다는 점이다. 여자, 처에게도 재산능력, 거래행위 능력, 소송능력이 법률상 보장되어 있었던 것이다. 이러한 능력이 법률상 인정되어 있다는 사실은 한편 그것을 누릴 수 있는 처지에 있을 가능성을 시사해주며 여자의 지위가 결코 낮지 않았다는 근거로 삼을 수 있겠다.[21]

이와 같이 법이 여성의 사유재산을 허용하고 있었으므로 자신의 노력으로 조그마한 재산을 자신의 명의로 하였으리라 추정되는 견해[22] 또한 설득력을 지닌다.

미국의 여성 사학자인 故 매리 비어드(Mary Beard) 교수는 "중세의 여성에게 냉엄한 민법과 형법이 존재하였으나 여성이 재산처분권을 가졌기 때문에 실생활에서 여성의 삶은 당당하였다"[23]고 지적하였다. 영국 여성들도 중세에서 1765년에 이르기까지 아내가 친정에서 상속받은 재산을 남편이 마음대로 처분하면 아내가 법정에 소송을 제기하여 되찾을 수 있었다. 이와 같이 여성들은 소송을 제기할 수도 있었고 소송에 회부될 수도 있었던 법적 인격체였던 것인데 로마법을 전공한 영국의 윌리암 블랙스톤 경(Sir William Blackstone)이 1765년에 《영국법 주석서》(*Commentaries on the Laws of England*)를 발간함으로써 여성은 결혼과 동시에 법적인 존재가 정지되었던 것이다.[24] 기혼여성의 지위[25]를 블랙스톤은 다음과 같은 언명을

---

21) 박병호, 《한국의 전통사회와 법》(서울 : 서울대 출판부, 1985), p. 16~24.

22) 김두헌, 앞의 책, p. 343.

23) Mary R. Beard, *Women as Force in History : Study in Traditions and Realities*(New York : The MacMillan Co., 1946), p. 243.

24) *Ibid*, pp. 170~204.

25) 매리 비어드가 여성의 억압을 여성이라는 성 자체에서보다는 사회제도로서의 결혼제도에 많은 비중을 두었으며, 또한 블랙스톤에게 너무 강조점을 두었고 형평법 (equity)에서 많은 기대를 했다는 약점을 Norma Basch는 제기하였다. 그럼에도 불구하고 Basch 역시 여성사 연구에서 매리 비어드가 차지하는 비중과 공헌을 인정하였다[Norma Basch, *In the Eyes of the Law — Women, Marriage and Property in Nineteenth-Century New York*(Ithaca : Cornell University Press, 1982), p. 34].

116

> 남편과 아내는 법률상으로 동일인이다. 즉 여성의 존재 자체 혹은 법적
> 존재는 결혼기간 동안 중지되거나, 혹은 적어도 남편의 존재에 융합된
> 다.[26]

즉 부부는 일심동체이며 그 한몸의 대표는 남편이기 때문에 아내
는 자신의 처녀 때의 성을 버리고[27] 남편의 성을 따름과 동시에 남편
의 보호 아래 들어감을 의미한다.

블랙스톤은 영국 보통법(Common Law)의 남편과 아내의 권리와
의무를 다음 페이지의 표[28]와 같이 정리하였다.

이와 같이 여성은 결혼과 동시에 아내의 신분이라는 미명하에 법
적 무실체(legal non-entity)로 되었다. 식민지 시기의 미국도 영국
의 보통법[29]을 그대로 답습하였다. 따라서 친정에서 가져간 아내의
재산은 남편의 것으로 간주되었기 때문에 사실상 초창기 미국 여성
운동은 기혼여성의 재산권(Married Women's Property Right)운동

---

26) 미리엄 슈네어 편(1978), 강기원 역, 《여성의 권리》, (서울 : 문학과 지성사, 1981),
p. 103. 이에 대한 원문은 다음과 같다. "The very being or legal existence of the
woman is suspended during the marriage, or at least is incorporated and consolidated
into that of the husband ; under whose wing, protection and cover, she performs
everything ; and is therefore called in our law-french a *feme covert, faemina viro
co-operta* : and it is said to be *covert-baron*, or under the protection and influence of
her husband, her *baron*, or lord ; and her condition during her marriage is called her
coverture."(Norma Basch, *op. cit.,* pp. 48~49).

27) 미국 여성으로서 처녀 때의 성을 결혼 후에도 고수한 최초의 여성은 루시 스톤
이었다.

28) Norma Basch, *op. cit.,* p. 54.

29) 네덜란드 여성들의 법적 지위는 다소 높았으나 영국에게 정복당한 1674년 이후
커먼로의 영향을 받아서 낮아졌다고 한다[Linda Briggs Biemer, *Women and Property
in Colonial New York : The Transition from Dutch to English Law, 1643~
1727*(Michigan : UMI Research Press, 1979), pp. 1~9].

아 내	남 편
○ 부양을 받을 권리가 있다. ○ 남편의 대리인으로서 생활필수품 외에는 계약을 할 수 없다. ○ 본인의 이름으로 소송을 제기하거나 피소될 수 없다. ○ 남편의 동의 없이는 유언을 할 수 없다. ○ 남편의 동의 없이 그녀의 부동산을 매각할 수 없다.	○ 아내의 동의 없이도 아내를 대신하여 소송할 수 있다. ○ 아내의 동산은 즉시 소유한다. ○ 아내의 무체재산을 축소하여 자신의 유체재산으로 할 수 있다. ○ 아내의 부동산을 관리 통제한다. ○ 아내의 부동산을 책임지나 마음대로 유증하지는 못한다. ○ 아내의 생필품에 대한 책임을 진다. ○ 자녀 양육비의 책임을 진다. ○ 결혼 전에 진 아내의 빚에 대한 책임을 진다. ○ 아내의 동의 없이 유처 몫의 상속분(dower)을 유증할 수 없다.

으로부터 시작되었다[30]고 감히 단언할 수가 있다. 미국 여성운동과 영국 여성운동의 가교역할을 한 해리엇 테일러(Harriet Taylor)는 다름아닌 《여성의 예속》을 쓴 존 스튜어트 밀(John Stuart Mill)의 아내였으니, 밀이 그의 저서에서 기혼여성의 재산권 인정을 호소한 것은 미국 여성운동의 영향과도 무관하지 않게 된다. 물론 재산권의 인정은 재산을 상속받을 수 있는 소수의 상류계층의 여성들에게 국한된 것이라는 비판[31]을 모면할 수는 없으나 사유재산권 인정이야말로 그 사회의 여성의 지위를 가름하는 첫걸음이 되기에 중요하다고 하겠다.[32]

---

30) Norma Basch, *op. cit.*, p. 29.
31) 水田珠技(1979), 김희은 역, 《여성해방사상의 흐름》(서울 : 백산서당, 1983), p. 104.
32) 미국 여성 어네스틴 로즈는 1836년부터 기혼여성 재산권 인정을 위하여 투쟁하였다. 그녀의 말이다. "이것은 혜택받은 소수를 위한 것이지 고통받는 다수를 위한 것이 아니다. 그러나 이것은 시작이며 중요한 제일보이다." 미리엄 슈네어 편,

118

아내는 법적으로 책임을 추궁받을 수 없는 무인격체였으므로 남편이 아내의 잘못에 대한 법적 책임을 져야 하며, 이에 조응하여 아내에 대한 남편의 체벌은 정당한 것이었고[33] 심지어는 남편이 사망해도 아내는 친권을 행사할 수조차 없었다. 남편이 사망시에 유언[34]으로 자식들의 후견인을 먼 친척으로 정하는 경우에 어머니는 친권을 행사하지 못하고 자식마저 빼앗겨버리는 처지에 놓여 있었다.[35] 또한 아내가 친정에서 상속받은 재산을 남편이 임의로 조정하여 자신의 방탕한 생활에 낭비하거나 결혼 전에 진 자신의 개인 빚을 갚는 데 쓰더라도 아내는 이의를 제기할 아무런 법적 근거가 없었다.

세계에서 최초로 민법전을 가진 프랑스의 경우에도 남성의 평등과 여성의 종속을 표리관계로 하여 '나폴레옹 민법전'[36]을 집대성했기 때문에 여성 특히 아내의 지위는 극도로 저하되었다. 뿐만 아니라 이 민법전은 세계 각국의 민법전 기초에 영향을 미쳤으므로 세계 여성들의 법적 지위 저하에도 결정적인 단서를 제공하였다. 나폴레옹 민법전에 의하면,

　　남편은 보호, 아내는 복종의 의무가 있다고 전제하여, 남편은 아내의 인격과 재산을 지배·감독할 권한을 갖는다. 남편은 아내의 교제를 금지할 수 있고, 거처를 결정할 수 있는 권한도 있으며, 부부의 공동재산은 물론 아내 개인의 재산 처분에 대해서도 남편의 허가가 필요하게 되어, 여성은 인격적 독립을 할 수 없는 법적 무능력자가 되었다.[37]

앞의 책, p. 104.

33) 같은 책, p. 155.

34) 유언의 절대주의는 영미법의 전통이었다(N. Basch, *op. cit.*, p. 55).

35) 미리엄 슈네어, *op. cit.*, p. 149.

36) *Code Napoléon*으로 불리는 이 민법전은 트롱세, 비고 프레아므뇌, 표르말리스, 말비유 4인에 의해 1804년에 완성되었다.

37) 水田珠技, 앞의 책, p. 82.

이와 같은 가장의 절대적인 권한은 권리만 주어졌던 로마의 가장권에 생활비용은 가장이 책임을 진다는 의무조항을 부과하여 명문화하였다. 이로써 아내는 오히려 남편에게 경제적으로 의존하는 경제적 무능력자가 되었다. 일견 전근대적으로 보이는 이 민법전이 봉건제의 유산이 아닌 바로 법 앞에서 만민의 평등을 천명한 전형적인 시민혁명을 거친 근대 시민사회의 산물이라는 점에 유의해야 할 것이다. 때문에 근대화는 남성의 발전일 수는 있어도 여성에게는 일면 퇴보를 의미하는 것이며, 또한 근대화가 여성을 해방시켰다는 관점은 反여성학적이라고까지 비판[38]하는 까닭이 바로 여기에 있다고 하겠다.

서양 여성들의 법적 무능력을 벗어나기 위한 조직적인 노력은 마침내 1848년 미국의 뉴욕주에서부터 점진적인 결실을 보게 되었다. 다시 말해서 기혼여성의 재산권을 인정하는 조례가 통과된 것이다. 그 내용은 다음과 같다.

(1) 결혼하게 될 여성의 부동산과 개인적 재산은 결혼시에도 그녀가 소유하게 되며, 이것과 여기서 나오는 지대·이자·이윤은 남편의 처분에 맡겨지지 아니하며, 그의 빚을 갚는 데 쓸 수도 없고, 그녀가 미혼일 때와 마찬가지로 그녀만의 개별적 재산으로 간주된다.

(2) 현재 기혼인 여성의 부동산과 동산, 거기서 나오는 지대·이자·이윤은 남편의 처분에 맡겨지지 아니하며, 그녀가 미혼일 때와 마찬가지로 그녀 자신만의 개별적인 재산으로 간주되고, 종전에 계약했던 남편의 빚을 갚는 데 함부로 쓸 수 없다.[39]

영국에서 기혼여성의 재산권이 인정된 것은 1882년이고, 프랑스의

---

38) Joan Kelly, *Women, History and Theory*(Chicago : The University of Chicago Press, 1984).
39) 미리엄 슈네어 편, 앞의 책, pp. 104~105.

120

경우는 기혼여성이 자신의 월급을 임의로 사용할 수 있는 권리가 1907년에 부여되었고, 1938년에야 비로소 기혼여성은 법적 주체가 되었다.[40]

이와 같이 근대에 와서 굴절된 서양의 가부장적 민법전을 동양에서는 제일 먼저 일본이 수용하였다. 명치유산 이후 일본은 근대의 민법전을 편찬하기에 앞서 이등박문을 유럽에 보내어 서양의 민법전의 자료를 수집하게 하였다.[41] 이렇듯이 서양의 근대 민법전을 기초로 하고 일본의 전통을 가미한 일본의 민법전에 대하여도 일본민법학자들은 외래의 요소가 상당하다고 주장하였다. 일본 법제사 개척자인 **中田薰** 박사는,

> 덕천시대에는 가독상속(**家督相續**)이란 말은 있었으나 그 실체는 적식상속(**跡式相續**)과 다를 바가 없다. 생각건대, 덕천시대에는 가장권이 존재하지 아니하였으므로 …… 현행 민법은 가족거소(**家族居所**)의 지정, 혼인의 승락, 이적(**離籍**)의 언도 등 삼, 사의 경미한 권리를 규정하고 이것을 호주권이라 이름짓고 호주권과 호주의 재산권의 상속을 가독상속이라고 부르고 있으니 전고무류(**前古無類**)의 신제도라고 할 것이다.[42]

그의 직계제자인 **石井良助** 박사도 그의 저서인 《일본법제도》(청림서원, 1975년) 제12장 신분법 ‘호주’항에서,

> …… 명가(**名家**)에는 가장이 있었지만 가장이 가족에게 어떠한 권리를

---

40) Elain Marks and Isabelle de Courtivron(eds.), *New French Feminism*(Amherst : The Univ. of Massachusetts, 1984), pp. 21~22.

41) 이태재, 〈현행 민법상의 상속제도와 로마법상의 상속제도〉, 《여성문제연구》 제5·6집(대구 : 효성여대 여성문제연구소, 1976), p. 159.

42) 전봉덕, 〈호주제도의 역사와 전망〉, 《대한변호사협회지》 통권 81호(서울 : 대한변호사협회, 1982), p. 31에서 재인용.

가지고 있었는지는 의문이다. 근세에 들어와서는 호주권적인 것이 나타나기 시작하였으나, 그것은 무사들 사이에서만 볼 수 있었다. 명치 초년에는 덕천시대의 무사법 제도를 이어받고 호적상의 거출은 원칙적으로 호주가 신청하도록 하였다. …… 구민법(명치유신 초기 최초의 민법)의 제1장 안에는 호주의 이름만 올라 있었고 그 실체(권리 내용의 규정)는 없던 것이 점점 부가되어 공포된 구민법(1890년 공포)은 현행 민법(1898년 공포)에 가까운 호주권이 형성되었다.[43)]

이로써 무사계급에만 통용되던, 사무라이의 가업을 적장자가 전수하던 일본의 가독제도가 서양의 가장권의 내용을 수용하면서 변형되었다는 사실을 알 수가 있다. 일본이 서양의 민법전의 영향을 받아서 그들의 민법에 반영시킨 정도를 다음 페이지의 [도표 1]에 잘 나타내고 있다.[44)]

이와 같은 성격의 일본의 가독제도가 이어서 우리나라의 호주제도로 전이된 것은 구차한 해설을 요하지 않는다. 요컨대 식민지 시기의 구민법에 이르러서 처(妻)는 완전한 법적 무능력자로 되었다. 구민법 제14조에 의하면 원본영수(元本領收) 내지는 이용행위, 차재(借財) 또는 보증행위, 부동산 또는 동산에 관한 권리의 득실을 목적으로 하는 행위, 소송행위, 증여·화해·중재계약 체결행위, 상속승인 내지 포기행위, 증여·유증을 수락하거나 지속하는 행위, 신체에 구속을 받을 계약을 맺는 사항에 대하여 남편의 동의 없이 행할 경우, 남편이 취소할 수 있었다.[45)]

또한 자녀에 대한 모의 친권은 1921년에 개정된 조선민사령에 와

---

43) 같은 글, p. 32에서 재인용.
44) 이 다이어그램은 피켄처가 일본법을 유교·불교·신도의 영향과 서양법의 대폭적인 수용으로 설명한 것인바, 최종고, 〈막스 베버가 본 동양법 — 비교법사의 기초를 위하여〉《법사학연구》 6집(서울 : 법사학연구회, 1981), p. 282에서 인용한 것임.
45) 이태영, 〈한국여성의 법적 지위〉, 《한국여성사》 Ⅱ(서울 : 이대출판부, 1972), p. 153.

〔도표 1〕

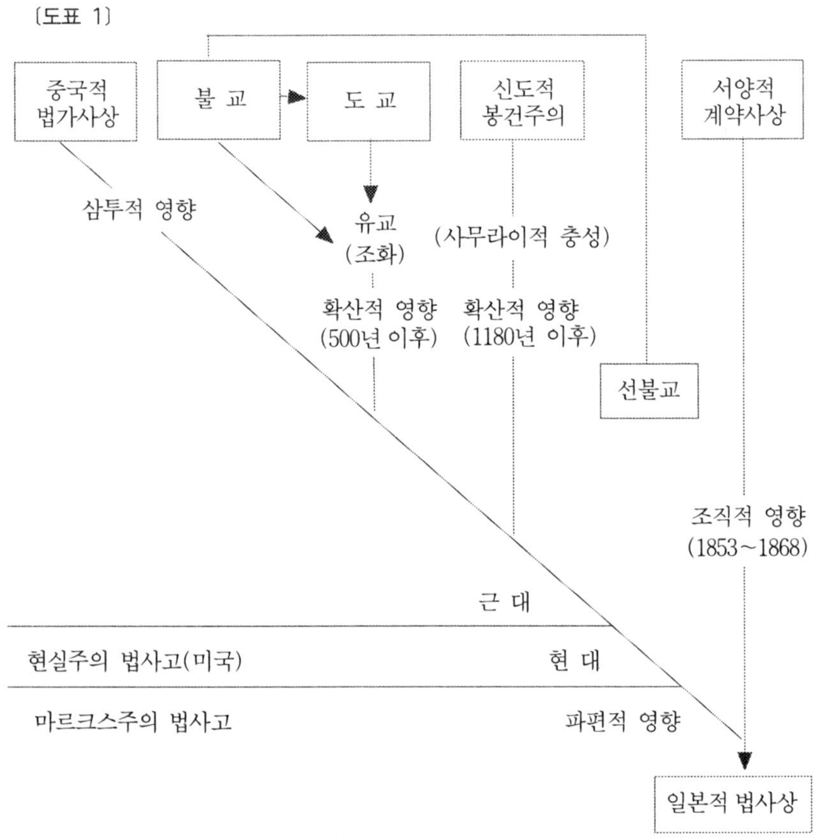

서 약화되었다. 예컨대 문중의 도움이 없이 어머니가 미성년자인 자녀를 대신하여 체결한 계약은 무효가 되어서 친권보다 가부장권이 더 강화되었다.[46] 물론 전통사회에서는 이혼의 자유가 쌍방에게 없었던 것이 이혼의 자유가 인정되는 등 여성의 지위가 일보 진전한 면

---

46) 같은 글, p. 159.

도 이 시대에 있었으나 처의 법적 무능력은 식민지시대의 여성의 지위에 치명적인 타격을 가했다.[47]

이는 서양 여성들의 경우에서 볼 수 있듯이 법적 무능력은 여성의 실질적인 삶을 극도로 제한하기 때문에 이에 대한 반발이 참정권과 더불어 운동으로 조직화된 것에서도 알 수가 있다.

이러한 관점에서 전통문화가 식민지 문화에 노출될 때에 여성의 지위는 더 왜곡된다는 E. 리콕의 이론[48]은 우리의 경우에도 그대로 적용이 되었다. 그녀의 이론에 따르면 식민지 모국은 식민지 통치를 효율적으로 수행하기 위하여 식민지 사회구조를 수직적인 위계질서로 더욱 강화시킨다는 것이다. 그러한 단적인 사례가 바로 가장권의 강화라고 하겠다. 더 자세한 내용은 다음 절에서 다루기로 한다.

2) 미풍양속과 외래요소의 성격

㈎ 호주제도

서양의 가장권이 일본의 가독제도에 반영되고 이것이 또한 우리나라의 권위적인 호주제도로 이식된 것은 저간의 설명에 비추어 추론이 그다지 어렵지 않다.

현재 가족법 개정의 가장 큰 쟁점이 되고 있는 이 호주제도의 성격은 과연 미풍양속인지 아니면 외래요소인지를 규명할 단계에 와 있다. 우리나라의 호주제도의 연원은 멀리는 삼국의 신라시대로까지 소급해 올라가나 그때는 단순히 주민등록의 성격을 띤 호구조사 기록에 지나지 않았다. 그러다가 호주라는 단어를 직접 사용한 것은

---

47) 허정숙은 《근우지》에서 당시의 여성의 법률상 무능력을 조선의 봉건제도 때문이라는 단견을 드러냈다. 허정숙, 〈근우회운동의 역사적 지위와 당면임무〉, 《근우》 (서울 : 근우회 편, 1929), p. 9.
48) 주 1) 참조.

조선왕조의 호적대장에서부터이다. 그러나 호주의 권한은 식민지시대 구민법에서처럼 강력한 것이 아닌 다만 집안의 어른, 존장자라는 상징적인 존재였으며 실질적으로 가장의 의무와 권리는 법률이 직접 규정하지 않고 형벌법에 직접·간접으로 규정되어 있을 뿐이었다.[49]

이렇듯이 비체계적이고 非통일적이던 가장의 의무와 권한이 일제 치하 구민법에 이르러 체계화 내지는 강화, 재편되었음은 자명한 이치이다. 일본 역시 명치유신 초기 구민법 제일초안에는 호주의 이름만이 올라 있었고 그 실체는 없었던 것이 점점 부가[50]된 것으로 보아 서양 특히 나폴레옹 민법전[51]의 영향이 지대하였음을 만천하에 공표하고 있다. 종국적으로 구민법 시기에 와서 프랑스 근대 민법전의 영향으로 프랑스 여성들, 특히 아내의 지위가 저하되었던 전철을 한국 여성들도 답습하게 되었다. 이를 비교하면 다음 페이지의 〔도표 2〕와 같다.

이 대비에서 알 수 있듯이 신민법의 제정 당시로부터 오늘에 이르기까지 호주제도의 철폐와 보존을 주장하는 혁신파와 보수파, 양측 모두가 문제의 정곡에서 조금씩 이탈하고 있다는 결론에 다다르게 된다. 즉 호주제도는 완전히 일본식 가부장제를 이식한 것만도 아니요, 또한 보존해야 할 순수한 우리의 미풍양속만도 아니기 때문이다. 그럼에도 불구하고 현 산업사회에서는 이미 유명무실하게 된 호주제도가 철폐되지 않는 까닭은 호주라는 단어가 집안의 어른 또는 존

---

49) 박병호, 〈한국가부장권법제의 사적 고찰〉, 《한국여성학》 제2집(서울 : 한국여성학회, 1986), p. 66.

50) 주 43) 참조.

51) 1890년에 공포된 일본 민법은 프랑스 민법전의 영향을 받았고 1898년에 공포된 개정 민법은 독일공화국 민법으로 개정하였다고 하나, 독일 민법 역시 처의 무능력에서 일부 조항을 제외하고는 프랑스 근대 민법전의 영향에서 크게 벗어나지 않았기 때문에 개정내용은 오십보소백보(五十步笑百步)라 하겠다.

〔도표 2〕

프랑스 민법전(가장권)	일본 구민법(호주권)
○ 남편은 아내의 인격과 재산을 지배·감독할 권한	○ 가족의 거소지정권
○ 아내의 교제를 금지할 권한(아내의 서신을 검열할 수 있는 권한)	○ 가족의 교육·감호·징계권
○ 거처의 결정권(거소 지정권)	○ 가족의 혼인·입양에 대한 동의권
○ 아내 개인재산 처분에도 남편의 동의권	○ 가족의 서자 입적에 대한 동의권
○ 부양의 의무	○ 가족의 거가에 대한 동의권
○ 아내가 오페라하우스에 가는 데에도 법적으로는 남편의 동의가 필요하였다.	○ 가족의 재산관리권·처분승락권
	○ 가족의 금치산·준금치산 선고의 청구권
	○ 가족의 후견인·보좌인이 될 권리
	○ 친족회에 관한 권리
	○ 가족에 대한 부양의무
	○ 상속에서의 특권

장자로서 대접받아야 한다는 경로사상과 긴밀한 연관이 있기 때문이다. 아직도 우리 사회는 노인을 공경해야 한다는 덕목을 제도교육을 통해서 가르치고 있으며 여러 가지 행정적 시책으로 경로사상을 뒷받침하고 있다.[52]

그러므로 호주제도의 철폐를 주장하는 것이 남녀평등에 입각한 비민주적 요소의 제거라는 핵심과는 거리가 먼 마치 노인문제와 정면대결을 벌이고 있는 실정에 다다랐다. 노인문제에 대한 상론은 후술

---

52) 예컨대 공공요금의 무료, 혹은 할인혜택(버스무임승차·목욕료할인·전철무임승차)이 있으며, 노부모를 모시는 가정, 즉 3세대 동거가족의 세대주에게는 세제상의 혜택을 주는 등이다. 그러나 이러한 시혜의 재원을 국가가 부담하지 않고 개별 영업주들에게 그 책임을 전가하는 한 오히려 역효과를 초래하고 있다. 이미 목욕료는 전액부담으로 환원된 지 오래며, 한 개의 버스 토큰 때문에 노인의 인권이 무시되는 사례를 우리는 종종 보게 된다. 이는 경로사상의 앙양이 아니라, 경제력 없는 노인은 귀찮은 존재라는 생각을 가지도록 점점 부채질하고 있다.

하기로 하고 먼저 문제의 근원에 접근하기 위해 구민법과 현행민법의 호주권리를 비교하기로 한다.

구민법 (식민통치기)	신민법에서 현재까지
1. 가족의 거소지정권	1. 거소지정권
☆2. 가족의 교육·감호·징계권	2. 거가에 대한 동의권
☆3. 가족의 혼인·입양에 대한 동의권	3. 가족의 금치산·준금치산 선고의 청구권
☆4. 가족의 서자입적에 대한 동의권	4. 가족의 후견인·보좌인이 될 권리
5. 가족의 거가에 대한 동의권	5. 친족회에 관한 권리
☆6. 가족의 분가에 대한 동의권	6. 부양의무
☆7. 가족의 재산관리권·처분승락권	7. 상속에서의 특권
8. 가족의 금치산·준금치산선고의 청구권	
9. 가족의 후견인·보좌관이 될 권리	
10. 친족회에 관한 권리	
11. 가족에 대한 부양의무	
12. 상속에서의 특권	
(☆표는 삭제된 권리임)	

구민법에서 호주의 권한이 신민법에 와서 많이 축소되었고 부양의무의 조항은 호주가 실질적인 세대주가 아니기 때문에 사문화되었으며 그 밖의 권한도 유명무실한 것으로 되었다. 그러므로 여성단체와 가족법 학자들이 주장하는 호주제도의 완전 철폐론에도 타당성이 없는 것은 아니다.

한 가지 더 서술할 것은 서양 근대의 가장권은 2세대 핵가족제도에서 부권을 의미한다. 즉 아내에 대한 남편의 지배였음에 비해서 우리나라 3세대 동거 가족제도에서의 가장권은 호주권과 부권으로 이원화되어서 며느리는 시아버지와 남편의 중첩적인 지배하에 위치하게 되었다. 이 점이 바로 서양의 근대법과 현행 우리나라 가족법의 상이한 점이며, 그렇기 때문에 개정권자들이 세계에서 유일무이하고 유명무실한 호주권의 철폐를 주장하는 것이고, 또한 이 때문에 반대론자들은 경로효친에 역행하는 것으로 여기고 일말의 양보도 하지 않고 있는 실정이다.

다음은 호주와 부권의 중첩되는 부분을 알아보기 위하여 비교한 것이다.

호 주 권	부 권
☆1. 거소지정권(가족에 대한)	1. 거소지정권(아내에 대한)
2. 거가 동의권	2. 부양의무
3. 가족의 금치산·준금치산 선고의 청구권	3. 동거의 의무
4. 가족의 후견인·보좌관이 될 권리	4. 정조의 의무 등
5. 친족회에 관한 권리	
☆6. 가족에 대한 부양의무	
7. 상속에서의 특권	
(☆표가 중첩되는 부분임)	

이것으로 호주제도 철폐론에 대한 찬반의 허상과 실상의 윤곽이 드러난 만큼 개정 방향에 관해서는 후술하기로 하겠다.

(내) 처의 무능력(재산권)

전통사회에서는 아내가 친정에서 가져온 재산은 아내 특유의 재산이었고 사후에 물려줄 자식이 없는 경우에는 다시 친정으로 돌아간다는 것은 앞에서 설명한 바가 있다. 말하자면 전통사회에서 아내의 사유재산이 인정되었던 것이, 식민지 시기에 가족의 재산처분에 대한 동의권을 호주가 행사함으로써 여성은 독립적인 인격체가 아닌 법적인 무능력자로 전락하였다.

따라서 재산권을 행사할 수 없게 되었을 뿐만 아니라 친권행사에서도 앞에서 살펴본 바와 같이 문중의 동의 없이 행한 어머니의 계약체결은 무효가 되었다.[53] 그러나 신민법에 와서야 1차적 친권은 아버지가 행사하고 어머니는 2차적인 친권자가 되었다. 이것은 다시 전통사회의 법으로 어느 정도 회귀한 셈이었다. 그 후 여성단체의 지속적인 캠페인에 힘입어 친권은 부와 모가 공동으로 행사하도록 1977년에 개정을 보았으나 아직도 문제점은 남아 있다. 부와 모가 의견이 일치하지 않을 때는 부의 의견에 따르도록 한다는 단서조항이 바로 불씨를 안고 있다. 이것이 성차별적인 법제정이라며 성이 아닌 연령에 의한 연장자가 행사해야 한다는 의견이 제시되고 있다.[54]

재산상속은 전통사회에서 적자와 서자의 차별은 있었으나 적자간(嫡子間)에는 남녀의 균분상속이 원칙이었다. 이 균분상속이 식민지 시기에는 적장자의 단독 상속화가 되었다.[55] 여식(女息)은 분재청구권이 없었고 유처(遺妻)도 자식(딸, 아들 모두)이 없는 경우에 한해서만 상속이 인정되었다. 말하자면 여성은 기혼·미혼을 불문하고 상속권자가 아니었다는 점이다. 그러다가 1960년대에 시행된 신민법에서 여성의 재산상속권이 차별적이나마 인정되었고, 1979년에 시행된 개정 민법에서 평준화되었으나 출가한 딸의 몫은 차별되고 있다. 이를

---

53) 주 46) 참조.
54) 허영, 《헌법차원에서 본 현행 가족법》(서울 : 크리스천 아카데미 토론회, 1982)에서 주장.
55) 적장자(嫡長子)가 단독상속한 후에 중자(中子)가 결혼하여 분가할 때에 분재(分財) 청구권이 있으나 호주는 분가에 동의하지 않으므로 단독상속이 가능한 것이다. 김용한 〈우리나라 상속제도의 개관〉, 《사법행정》 2월호(서울 : 사법행정학회, 1974), p. 72.

표로 나타내면 〔도표 3〕과 같다.

[도표 3]

	유처	장자	중자	미혼녀	출가녀
전통사회	관리권	균분	균분	균분	균분
식민지 시기	×	단독상속	분재	×	×
(단, 자녀가 없는 경우 상속권 인정)			청구권 인정		
신민법(1960)	0.5	1.5	1	0.5	0.25
개정민법(1979)	1.5	1.5	1	1	0.25

여기에서 특기할 사항은, 전통사회의 적서차별이 1960년대의 신민법에 와서는 남녀차별로 바뀌었다는 점이다. 즉 서출의 아들은 본처의 딸보다 상속분에서 우위를 점하였다. 그리고 피상속인의 처의 몫이 아들의 2분의 1이라는 것은 로마법의 재산상속제도를 따른 것이다.[56]

1977년에 개정된 민법이 재산상속 면에서 아내와 미혼의 딸의 몫을 각기 장자와 중자와 같게 함으로써 여성의 지위를 조금 향상시켰다고 볼 수 있다. 그러나 아내의 고유재산은 사망시에 무자녀의 경우 처가와는 무관하게 남편의 단독상속임에 비하여 정반대인 경우에 아내는 남편의 고유재산을 시부모와 공동상속하게 된다. 이것도 전통사회에서 아내의 고유재산은 친정으로 귀속되던 것에 비하여 변질된 것이라 하겠다.

상속제도에 우선하는 유언 절대주의 역시 우리 전통의 법이 아니었다.[57] 유언 절대주의는 로마법에서 기원을 찾을 수 있고 영미법에

---

56) 이태재, 앞의 글, 1976.

130

서 적용되던 것이[58] 어떤 경로로 신민법에 수용되었는지 저간의 사정은 더 규명되어야 하겠지만 어쨌든 이로 인해서 유류분제도의 신설을 주장하게 되었다. 그 결과 1977년의 개정 민법에서 유류분제도가 신설되어 직계가족의 생계가 어느 정도까지 보장되었다.

지금까지 가족법의 쟁점부분을 살펴보았는데 이의 변천을 알기 쉽도록 여성단체의 개정요구 사항을 〔도표 4〕과 같이 도표화해 본다.[59]

이로써 동성동본 불혼조항을 뺀 나머지 사항들은 식민지 시기에 와서 서양의 근대법을 수용한 일본민법에 의해 상당부분이 왜곡되어 오다가 점차적으로 개정·보완되어오고 있다. 그러나 아직도 개정요구가 높은 만큼 이에 대한 방향은 다음 장에서 논의하기로 한다.

Ⅳ. 가족법 개정의 방향

어떠한 운동에서나 반드시 그 상대가 있기 마련이다. 가족법 개정의 반대세력은 유림을 비롯한 노인층, 사회의 각 지도급 인사들, 법조인에 이르기까지 다양한 층으로 구성되어 있다. 반대세력은 가족법에서 시대에 뒤떨어진 남녀차별을 불식하자는 데는 의견의 접근을 보이면서도 가장 첨예하게 대립되는 부분인 호주제도에서 미풍양속론과 외래론의 찬반 양론으로 맞서고 있다.

---

57) 정광현, 《한국가족법연구》(서울 : 서울대 출판부, 1967).

58) 주 34) 참조. 그러나 영미의 유언절대주의는 유증의 절대자유를 보장하지는 않았다. 유처의 상속분(dower)과 유자녀 상속분은 법적으로 보장되었다. 다만 유언에 의해서 자녀의 후견인을 아내가 아닌 먼 친척 남성으로 지명할 경우 유처는 자식에 대한 친권행사를 할 수 없었다.

59) 1984년 9월 가족법 개정을 위한 여성연합회가 국회의원들에게 보낸 건의서 참조.

[도표 4]

1957년에 통과된 항목	1977년에 통과된 항목	현재 개정요구 항목
1. 처의 무능력제도 폐지	1. 혼인 동의 연령을 남녀 모두 만 20세로 낮춤	1. 호주제도의 철폐
2. 부부별산제의 채택	2. 미성년자도 혼인을 하면 성년자로 간주	2. 친족 범위에서 남녀 평등
3. 혼인 동의 연령을 남자 만 27세, 여자 만 23세로	3. 부부의 소유불명 재산에 대하여 부부 공동소유 인정	3. 이혼할 때는 재산을 분할할 수 있도록
4. 부정한 행위를 부부 쌍방에게 이혼 사유로 인정	4. 협의이혼할 때 법원의 확인을 받도록	4. 친권행사에서 부모 동등 보장
5. 기혼·미혼·남녀·자녀 유무·성과 본의 동일 여부를 불문하고 양자 또는 양친이 되도록	5. 혼인중 부모의 친권 공동행사	5. 동성동본 불혼제도의 개정
6. 장남을 제외하고는 성년이면 누구나 분가할 수 있게	6. 미혼 여자의 상속분을 차남의 몫과 같게	6. 서자 입적에는 본처 동의 얻도록
7. 호주의 권한 대폭 축소	7. 처의 상속분을 차남의 몫과 같게	7. 상속제도의 합리화
8. 입부혼인제의 채택	8. 遺留分제도의 신설	
9. 처와 혼인한 딸에게도 재산 상속권 인정		

그 가운데서도 특히 동성동본 불혼과 호주제도 철폐가 바로 핵심을 이루고 있다고 하겠다. 필자는 두 가지 사안에 국한해서 논의를 전개하고자 한다.

1) 동성동본 불혼(同姓同本不婚)

동성동본 불혼의 폐지는 유림측이 강력하게 반대하는 부분이다.[60]

----

60) 동성동본 불혼 찬반 의견은 《조선일보》 1988년 12월 8일자 독자논단 "동성동본

132

폐지를 주장하는 측은 남계혈족만의 혈통을 따지면서 여계혈족은 4촌이 넘으면 결혼을 허용하는 것은 모순이라는 것이다. 그리고 단지 성과 본이 같다는 이유만으로 결혼을 금지하는 것은 복잡한 산업사회 구조에서 결혼의 자유를 제한하는 결과가 되며 특히 동성동본 불혼이라는 금지는 조선왕조시대에 받아들인 중국 종법제에 기인하므로 전통이 아닌 외래의 것이라고 반대하고 있다. 더욱이 삼국시대 신라 왕실에서의 족내혼을 근거로 하여 근친결혼이 마치 우리 전통의 결혼제도였던 것 같은 논조마저 띠기까지 한다. 이러한 반론—즉 동성동본 금혼은 외래의 것이며 근친결혼이 전통인 것처럼 호도하는 것은 설득력을 잃을 것이다. 고종(외)사촌(cross cousin marriage)·(이종)사촌(parallel cousin marriage)간의 결혼은 가족제도가 발전되는 과정에서 고대사회 어디에서나 발견되는 보편적인 인류학적 현상인 것이다.[61]

남계혈족만을 따지는 것도 불합리한 일이지만, 또한 금혼의 범위를 현재의 친족만으로 한정하려는 데도 문제가 없지는 않다. 아직도 우리나라는 10촌, 14촌이 넘는 경우에도 일가친척이라는 용어가 통용이 되고 서로간의 왕래가 빈번하며 여전히 화수회(花樹會)니 종친회, 그리고 족보간행이 유행하는 씨족공동체적인 성격이 농후한 사회이기 때문이다.

궁극적으로 현 한국사회가 서양과 같은 후기 산업사회인가 혹은 혈연을 중시하는 씨족공동체적 성격이 농후한 사회인가 하는 사회성격에 대한 규명이 선행되어야 할 것이다. 그렇지 않고 서양 법전의

금혼은 우리 고유의 전통", 반론은 12월 28일자 독자논단 "동성동본 금혼—호주제 보호할 필요 없는 악습" 참조.

61) 예컨대 《구약성서》에서 보이는 딸이 아버지와 동침한 것을 근거로 하여 근친상간이 유대민족의 전통이라고 말할 수 없는 것과 마찬가지 논리이다.

근친불혼의 범위를 인용하는 것은 별로 도움이 되지 않는다. 사회 성격 규명이 유보된 상황에서는 금혼의 범위를 부계 모계를 평등하게 한 원칙에서 개정안보다는 더 확대하는 것이 바람직할 것이다.[62]

2) 호주제도(戶主制度)

동성동본 불혼 문제와 더불어 호주제도 또한 한국사회 성격 파악과 무관하지가 않다. 앞서 언급했듯이 철폐론자들의 주장은 호주가 실질적인 가장으로서 가족의 생계를 부담하는 가족부양자가 아니라는 점, 그래서 호주와 세대주가 다르다는 점, 그리고 현재의 가구들이 부부 중심으로 핵가족화했기 때문에 호주제도는 실생활과는 유리된 유명무실하다는 점을 들고 있다.

그러나 아직도 약 20퍼센트에 달하는 가구들이 3세대 동거가족임이 엄연한 현실이다.[63] 물론 1966년의 23.94퍼센트에서 약 3~4퍼센트가 줄어든 수치이긴 하지만 문제는 바로 여기에 있다.

자식이 결혼을 하면 분가를 시킬 경제적 여유가 있는 부모들은 문제가 되지 않을 수도 있으나, 가난한 집안에서는 자식이 결혼을 해도 분가해서 두 집 살림살이를 꾸려갈 경제적 여유가 없는 경우에 부모들이 일시에 죽지 않는 한 3세대 동거가족이 존재할 수밖에 없게 된다. 또한 지금의 노년층은 적어도 4~5명 이상의 자녀를 둔 세대에 속하기 때문에 그 가운데서 1명과 동거하게 되면 20퍼센트 내

---

62) 현행 가족법이 국회에서 통과되면 처제와 형부간의 결혼이 허용된다고 한다. 그렇다면 여성단체가 주장하는 남녀간의 혈족의 범위를 동등하게 해야 한다는 논리와는 모순되게 된다. 현행 민법에서는 남편측에서 볼 때 장인과 장모만이 친족에 포함되며 처제와 처남은 제외된 것을 여성단체가 문제 삼고 있기 때문이다.

63) 경제기획원 조사통계국에서 실시한 총인구 및 주택조사보고에 의하면 19.3퍼센트가 3세대 동거가족임이 밝혀졌다. 김주수, 《가족관계학》(서울 : 동아학연사, 1982), p. 76.

외라는 수치와 동떨어지지 않을 것이다. 더욱이 결혼과 동시에 분가하더라도 분가는 부모가 경제적 능력이 있을 때의 사정이며, 늙고 병들어서 부양을 받아야 할 처지가 되면 다시 자식들과 동거하는 것이 한국의 가족형태가 아닌가 한다. 이러한 점에서 서양의 핵가족과 한국의 핵가족은 성격상 그 내용을 달리하고 있다.[64] 그럼에도 불구하고 외형상의 수치만을 가지고 서양의 핵가족과 동일시하여 유명무실한 것이라고 호주제도의 완전철폐를 주장하는 것은 수긍하기가 어렵다. 더욱이 어떠한 가족형태가 바람직한 것인가라는 물음에 대하여 아직 국민적인 합의가 도출되지 못한 상황에서는 더욱 그러하다.[65]

앞장에서도 언급한 바 있으나 호주제도의 철폐론자들은 이 제도가 지켜야 할 미풍양속이 아닌 외래의 것이라고 주장하는 데는 일리가 있다. 호주의 권리와 의무의 상당한 부분이 서양의 근대법을 수용한 일본민법시대에 왜곡되었던 것이 현행 민법에도 그 잔재가 남아 있기 때문이다. 그러나 전통사회에서도 호적대장에 호주를 기입하는 난이 있고 호주는 집안의 어른, 존장자의 예우를 받았던 것이 사실인 만큼 고수론자들의 주장에도 당위가 없는 바는 아니다. 양측 모두 부분적인 타당성을 근간으로 하여 100퍼센트의 완전무결한 해답을 도출하려는 것에서 타협의 실마리가 풀리지 않고 있다. 철폐론자들은 호주제도의 남녀불평등 요소를 제거하려는 원래의 의도와는 달리 보완이 아닌 완전철폐를 주장함으로써 그 안에 담겨진 미풍양속인 경로효친사상마저 타파하려는 집단으로 부각되고 있다. 즉 종국

---

64) 이광규, 《한국 가족의 분석》(서울 : 일지사, 1975).
65) 노부모를 모시는 가정에 세제의 특혜가 있을 뿐 아니라 몇 년 전 조선일보사가 주도한 '가정으로 돌아가자'라는 캠페인에서 '가정'은 곧 3세대 동거가족임을 묵시적으로 제시한 것으로 생각된다.

적으로는 남녀평등의 문제를 이탈한 노인문제에 대한 대결의 양상으로 전개되고 말았다.

산업사회로 진입하면서 노인문제의 심각성이 대두되는 것은 보편적인 현상이며 우리나라의 경우에도 예외에 속하지는 않는다. 후기 산업사회의 경우 노인복지를 국가가 전담하고 있지만, 우리나라는 개별가족 단위에게 그 부양의 책임을 전가하고 있다. 노인의 생활은 전적으로 직계비속 특히 아들에게 의존하고 있는 실정이다.[66]

과거 남아선호사상의 실태조사 결과보고서에도 그 이유가 가계를 잇기 위하여, 다음으로 노후보장을 들었던 것에서도 실상을 엿볼 수 있다. 이와 같이 노후의 생계를 국가가 책임을 지지 않고 전적으로 자녀에게 전가시키기 위해서는 호주신분의 강제상속[67]과 부양의 책임을 진다는 의무가 필수적일 수밖에 없게 된다.

그리고 호주상속자의 재산상속의 특혜도 이와 맥을 같이하고 있다. 노부모를 부양하는 자와 그렇지 않은 자 사이에 아무런 재산상의 차별을 두지 않는 것은 형평의 원칙에 어긋나기 때문이다.[68]

균분상속을 하고 자녀들이 돌아가면서 공평하게 부모를 모신다는

---

66) 한국 노인들의 78.2퍼센트가 노후생활을 자녀에 의존하고 있지만, 일본은 29.3퍼센트, 미국은 2.4퍼센트, 영국은 1.7퍼센트에 지나지 않는다(김창혁, 《산업사회의 노인문제와 노인복지정책에 관한 연구》, 국민대 대학원 석사학위논문, 1987, p. 39).

67) 재산상속은 호주가 사망한 후에 이루어지는 반면 호주의 신분상속은 현 호주의 생전에도 가능하게 한 점이다. 서양 중세에 부모가 생전에 재산을 상속시켰더니 자식이 부모를 돌보지 않자 소송을 제기해서 재산을 되돌려받은 사례가 종종 있었다[Francis & Joseph Gies, *Women in the Middle Ages*(New york : Harper & Row, 1978) 참조].

68) 영국에서는 주로 시집 안 간 노처녀들이 부모를 모시기 때문에 병간호를 위하여 직장마저 쉬게 된다. 그러다가 부모 사망 후에 자식간 균분상속을 하므로 평범한 부모들이 마지막 남긴 집 한 칸마저 팔아서 나누어야 했다. 직장마저 버리고 부모 병간호를 했던 노처녀들은 살던 집에서 쫓겨나 생계가 막연하므로 '전국 독신녀 연맹'을 결성하여 균분상속 반대 캠페인을 벌인 일이 1974년에 있었다.

136

것은 아무도 책임을 지지 않겠다는 말과 마찬가지라고 했다.[69] 철폐
론자들은 곧잘 호주제도 철폐와 우리나라의 미풍양속인 경로효친 사
상은 별개의 것이며 이는 법제도가 아닌 도덕규범으로서 지속시켜
나가야 한다는 참으로 소박한 소견들을 피력하고 있다.[70] 현행 호주
제도는 일견 경로효친이라는 외피로 포장된 듯이 보이지만 그 알맹
이는 실상 노인들의 생존권 문제와 직결되어 있다는 각박한 사실을
간파해야 할 것이다.

호주제도의 철폐가 노인의 생존권 문제와 결부된 만큼 여성단체들
이 가족법 개정을 위한 운동의 전략에 수정이 불가피해진다. 여성단
체의 가족법 개정의 목적은 남녀평등의 실현에 있는 것이지 노인의
생존권을 박탈하려는 것은 아닐 것이기 때문이다.

노후의 생계가 전적으로 자녀에게 의존하는 현 상황에서 호주제도
의 철폐는 시기상조라는 여론이 우세할 수밖에 없다. 현행 가족법에
서는 부가 아내와 자녀에 대한 결혼생활의 비용을 부담해야 하는 내
용은 있으나 노부모의 생활보장은 호주권내에 포괄적으로 명기되었
다.[71] 호주권의 부양의 의무는 앞으로의 호주 상속권자로부터의 피부
양의 의무를 암암리에 강요하고 있는 실정이며 이는 호주의 신분을
강제로 상속시키는 것으로 뒷받침되고 있다. 그러므로 현행 호주제
도는 거소지정권 등 몇 조항을 제외하고는 여성단체의 주장과는 달

---

69) 이병용, 〈가족법개정반대론〉, 《사법행정》 9월호(서울 : 사법행정학회, 1974), p. 59.
70) 전통사회에서의 경로효친은 미풍양속만이 아닌 강력한 법적 구속력을 가졌다. 향
    약을 보면 부모에게 불순한 자는 마을 밖으로 쫓겨나는 벌을 받았다.
71) 물론 배경숙 교수는, 민법 제979조에 부양청구권이 장치되었으므로 더 강제성을
    띤다고는 하나, 부양의 의무조항이 없는 청구권으로 과연 실효성을 거둘지는 의문
    이며 이를 국민감정 차원에서 볼 때 시기상조론이 나올 수도 있을 것이다[배경숙,
    〈호주제도의 개혁과 인구정책의 동향〉, 《여성연구》 창간호(서울 : 한국여성개발원,
    1983), p. 99]. 그러나 여성 법학자로서는 처음으로 노인복지의 제도적 보장을 언급
    하였다.

리 유명무실한 것이 아니라 실질적인 노후보장책의 성격을 띤다고 하겠다.

가족법 개정운동에 우선하여, 혹은 병행으로 노인의 생존권 운동에 연대를 결성하는 것이 앞으로 바람직한 여성운동의 방향이라 하겠다. 최근 대한노인회를 주축으로 하여 노인연금 지급에 대한 제도적 보장을 정부에 요구하고 있는데, 이 일에 여성단체가 공동보조를 취하여야 할 것이다. 한국의 노인 가운데 1.7퍼센트만이 공적 연금에 의존하는 반면 일본·미국·영국의 노인은 각각 64.6퍼센트, 82.1퍼센트, 87.7퍼센트에 달하고[72] 있으며, 때문에 이들 나라에서는 호주제도가 불필요한 것인지도 모른다.

이러한 저간의 사정을 참작해볼 때 남녀평등의 실현은 곧 사회보장제도의 실시가 선행되어야 한다는 명백한 사실을 직시해야 할 것이다. 하루바삐 노후의 생계를 국가가 보장하는 제도적 장치가[73] 마련되어야 한다.

그러나 국가차원의 노인복지의 실현을 하염없이 기다리면서 여성차별적인 현행 가족법을 그대로 둘 수는 없는 일이다. 차선책으로서의 방안은 바로 서양 근대법에서 유래한 호주제도 안에서 성차별적인 조문은 삭제를 하고 전통적인 예우는 유지하는 것이다. 그러한 관점에서 자유중국의 가장제가 우리에게 시사하는 바가 매우 크다고 하겠다. "가장은 친족단체 가운데서 추천하며 추천이 없을 때에는 가

---

72) 김창혁, 앞의 책, p. 39.

73) 전통사회에서 노인복지는 제도적으로 보장되었다. 《경국대전》〈병전(兵典)〉 면역조(免役條)에, "70세 이상 양친을 둔 독자와 90세 이상된 자의 모든 아들은 군역을 면제한다"는 조문이 있다. 《대전통편(大典通篇)》〈이전(吏典)〉 노인직조(老人職條)에, "연령이 80세 이상이 되면 모든 양민과 천민을 막론하고 품계를 제수한다"고 되어 있는데, 이것은 국가가 쌀을 하사함으로써 노인의 복지에 책임을 졌다는 의미이다. 환언하면 상(incentive)과 벌칙제도(punitive approach)를 통한 그리고 국가가 책임을 지는 노인복지를 폈다.

138

중의 최연장자를 가장으로 한다(1024조)"[74]라는 것은 성을 기준으로 하지 않고 연령을 기준으로 한 것이므로 집안어른에 대한 예우뿐 아니라 친권의 행사와도 서로 모순되지 않게 된다.[75]

현행 가족법에서 존장(尊長)의 예우는 남성 노인에만 국한된 것이고 여성 노인의 존장권은 아들·딸·손자보다 열등한 여성차별적인 문제점을 바로 여성단체가 제기해야 할 것이다. 이것은 호주제도 안의 존장의 예우부분을 유지하면서(이는 철폐론자들도 모두 한결같이 경로효친은 지켜나가야 할 미풍양속으로 인정한 바 있다) 남녀 차별적인 독소조항은 제거하자는 것이다. 그러기 위해서는 우선 호주상속의 순위를 성에 의하지 않고 연령순위로 정하는 방안도 그 하나일 수가 있다.

현행 호주상속인의 순위[76] 개선방안(피상속인이 남자일 경우)

상속순위	현행 호주제도			개선방안
제1순위	아들 → 손자		나이순서	제1순위 할머니 할아버지
제2순위	딸	같은호적	나이순서	제2순위 아버지 어머니
제3순위	처	같은호적		제3순위 아들 딸
제4순위	모 → 조모	같은호적	가까운 촌수	제4순위 사위 며느리
제5순위	며느리 → 손자며느리	같은호적	직계비속의 나이순서	제5순위 (외)손자 손녀(외) 같은 순위에서는 연령 순서로 한다.

74) 배경숙(1981), 〈각국의 입법례〉, 《가족법개정의 제문제논집》(서울 : 여성유권자연맹, 1985), p. 122.
75) 필자가 아는 어느 여성은 일찍이 남편을 잃고 어린 딸을 양육하고 있으나 호주상속 순위에 의해 초등학교 다니는 어린 딸이 호주가 되어 친권 행사와 서로 모순되는 형편에 있다. 물론 호주권에 우선하여 친권 행사가 가능하므로 별 어려움은 없으나 이 점이 바로 호주권(현행)의 허구성을 드러내는 단적인 사례에 속한다.
76) 김주수, 앞의 책, p. 399.

이로써 본 연구서는 호주제도의 완전철폐[77]는 노인복지의 실현과 병행해야 할 것이므로 당분간은 시기상조론으로 유보된 상황인 만큼 차선책으로 현행 호주제도의 외래적인 여성 불평등 조항, 즉 거소지정권 등은 제거하며 경로효친의 미풍양속은[78] 여성노인에게도 평등하게 확대하는 절충론을[79] 제안하는 바이다.

V. 결 론

앞에서 살펴보았듯이 현행 가족법의 주요 골자인 호주제도의 철폐는 민법제정 당시부터 여성계의 일각에서 주장해온 바 있으나 법개정운동 30여 년이 지난 이 시점에서도 첨삭을 외면하고 있다. 그간 여성단체들은 63개 단체가 연합하여 1973년에 범여성가족법개정 촉진회를 결성하고 조직적인 개정운동을 펼친 결과 1977년 12월에 여성의 재산상속분에서 약간의 보완을 하고 유류분제도를 신설하는 등 부분적인 개선을 얻었으나 문제의 핵심은 방치해둔, 미봉책에 그치고 말았다는 것이 여성계의 전반적인 견해이다.

---

77) 최근 한국응용통계연구소가 조사한 바에 의하면 응답자는 대부분 가족법의 전면 개정보다는 부분개정을 원하였고, 호주제도의 철폐보다는 재산권에 더 큰 관심을 보였으며, 호주제도 철폐를 원하는 응답자들은 젊은 학생층일수록 찬성률이 높았다. 한국응용통계연구소, 〈국가현안에 대한 국민여론조사〉(1988) 참조.

78) 예컨대 호주권내에 명기된 친족회에 관한 권리는 그대로 두어도 무방할 것이다.

79) 1974년 9월 유정회의 이숙종 의원이 범여성가족법개정촉진회의 개정안을 가족법학자인 김주수 교수와 협의하여 수정을 가한 수정안을 단독으로 국회에 제출하였을 때의 내용은 본 연구자의 절충론과도 근접하였다. 즉 호주제도의 완전철폐가 아닌 거소지정권의 삭제 등 부분개정이었다. 그러나 여성 존장자를 호주의 우선순위로 하지 않은 점은 역시 남계혈족 중심에서 벗어나지 못한 성차별적 요소를 그대로 두었다고 하겠다. 김주수, 〈국회에 제출된 민법 중 개정법률안의 개관〉,《사법행정》 11월호(서울 : 사법행정학회, 1974), pp. 48~51 참조.

가족법 개정의 쟁점은 현재 미풍양속론과 외래의 것이라는 주장으로 맞서고 있는데 본논문에서는 무엇이 본래의 미풍양속이며 어느 부분이 외래의 것인가를 밝힘으로써 여성운동의 전략을 제시하고자 하였다. 또한 E. Leacock이 언명한 바 있는 "전통문화가 식민지문화에 노출될 때 여성의 지위는 왜곡된다"는 식민지여성이론에 비추어서 한국 여성의 법적 지위를 살펴본 결과 현행 가족법에서 쟁점으로 부각되고 있는 여성차별적인 조항의 상당부분이 서양의 근대법을 받아들인 일본민법을 의용한 시기에 여성의 지위가 저하되었다는 것을 알게 되었다. 즉 전통사회에서 아내는 사유재산의 처분권을 지녔으나 일제 식민통치기에 이르러 법적인 무능력자로 되었으며, 이와는 대조적으로 가장권, 즉 호주의 권한은 이전보다 더욱 강력하게 되었던 것이다. 이로써 호주권의 내용 가운데 상당부분, 예컨대 거소지정권,[80] 부양의 의무[81] 등은 서양의 프랑스 민법전에서 유래한 것임을

---

80) 거소지정권이 우리 전통사회의 가장의 통솔권에 포함된다는 의견도 있으나 구한말까지도 결혼한 후에 2~3년 간은 친정생활을 해왔던 관례에 비추어 수긍하기가 어렵다. 부가로 가서 혼례를 치르는 친영의 예를 시행하려고 노력하였으나 실패한 것이다[강숙자, 《한국전통사회 여성의 삶에 대한 연구》, 이대대학원 석사학위 논문(미간행), 1987 참조]. 프랑스의 경우 어느 남편은 아내와 이혼하기 위해서 아내가 따라올 수 없는 먼 곳으로 이사를 가서 거소지정권에 순종하지 않은 아내와의 이혼이 성사된 판례가 있다[James F. MacMillan, *Housewife or Harlot*(New York : St. Martins Press, 1981), p. 27].

81) 가정과 일터가 분리되지 않았던 前산업사회에서 생산자였던 여성은 산업사회로 전이하면서 소비자(피부양자)로 몰락하였다. 가족부양자라는 칭호와 책임을 남성에게 부여하면서 이에 버금가는 권한과 특권을 또한 향유하도록 한 것이 근대산업사회를 지탱하는 골격이라 하겠다. 비록 부양의 책임을 법조문으로 명문화한 것은 근대화의 산물이라고 하더라도 현행 호주제도내에서는 노인의 피부양권과 직결되었으므로 이를 삭제할 수는 없겠다. 또한 여성이 일차적으로 호주가 될 수 없는 이유가 바로 대부분이 부양의 책임을 질 수 없는 경제적 무능력자이기 때문이다. 그러나 일단 남편이 사망하면 삯바느질·날품팔이를 하여서라도 가족부양의 책임을 지는 것이 한국의 어머니들이다. 그리고 노년기에 접어든 여성은 남성과 마찬가지로 둘 다 피부양의 대상이기 때문에 별 문제가 없으므로 할머니·어머니의 호

알게 되었다. 그런데도 미풍양속인 경로효친은 계승 보존해야 한다는 의견에는 아무런 저항이 없으나, 그 방안에서는 서로 의견을 달리하고 있다. 경로효친은 법률의 차원이 아닌 윤리도덕에 속하므로 호주제도 철폐와는 무관하다는 주장과, 호주제도가 노부모의 부양과 연결되어 있는 만큼 철폐해서는 안된다는 주장이 바로 이것이다.

따라서 호주제도 철폐의 문제는 남녀평등에 대한 대립 이전에 노인의 생존권 문제로 쟁점화하는 양상마저 띠고 있다. 사실 노후의 생계를 국가가 책임지지 않고 개별가족에게 전가하고 있는 상황에서 호주제도의 철폐는 노인복지가 선행되어야 한다는 전제 없이는 이루어지기가 매우 어렵게 되어 있다.

때문에 여성운동의 방향은 노인연금을 포함한 사회보장제도의 실현을 촉진하기 위해 노인운동과 연대를 결성해야 할 것이다. 그러는 한편 현행 호주제도내의 외래적인 남녀불평등의 요소는 제거하고 여성노인의 존장권[82]을 확대하는 방안에서 절충론을 본연구자는 제안하였다. 할머니·어머니의 호주상속 순위를 상향시킴으로써 유명무실한 호주권을 친권의 행사와 근접시켜서 실세화를 꾀한 점이다. 이것은 노인에 대한 존장의 예우를 보존하면서 여성의 지위를 진일보시키는 일석이조의 효과를 수반하게 될 것이다.

물론 남녀의 결합이 50대 50의 산술적인 합이 아닌 이상 이 절충론이 절대절명의 평등을 여성에게 보장해주지는 못할는지 모른다. 그러나 여성의 절대적인 평등을 얻기 위하여 노인의 생존권을 침해할 수는 없는 일이다. 필자 역시 한국 여성의 일원으로서 여성의 완전한 평등을 누구보다 염원하는 바이지만, 그러기에 더욱 노인복지

주상속순위를 아들·딸·손자보다 우선시킨 것은 합리적이라 하겠다.

82) 서양 여성학에서는 ageism도 타파해야 할 대상으로 보고 있다. 이에 대한 밀도 있는 논의는 본고의 범위를 벗어나는 일이므로 생략하겠다.

의 실현을 안타까이 고대하는 것이다.

필자는 가족법 연구자가 아닌, 여성운동을 측면에서 지원하려는 여성학 연구자이기 때문에 세세한 법조문은 전공학자에게 일임하는 바이며, 다만 가족법개정운동의 향방을 조정하는 선상에서 본연구를 마무리하고자 한다.

(《여성연구》, 1989년 여름 제23호)

덧붙임

1991년에 개정 시행된 민법에서 호주제도는 장자상속제도에서 호주승계제도로 개정되었고, 호주의 권한도 대폭 축소되어서 거의 유명무실하게 되었다. 예컨대 호주와 가족 사이의 상호 부양의 의무는 삭제되었으며, 자연히 재산상속에서도 배우자(어머니)를 제외한 자식들은 균분상속이 실현되었다. 그러나 필자가 예상했던 대로 이 후부터 노인들의 문제가 심각히 야기되었으며 이에 법무부는 다시금 노부모를 부양하는 자녀에게는 재산상속에서 5할을 가산한다는 내용의 개정안을 내어놓게 되었다. 그리고 동성동본 금혼제도는 1991년에 그대로 존속되었다가 1998년 개정안에서 합법화가 예고되었다. 근친혼인의 범위를 양계 모두 8촌 이내로 국한하여서 모계의 친족범위를 부계와 동등하게 했다는 점에서 의의를 찾을 수 있겠으나 필자의 사견으로는 근친혼인 금지의 범위를 좀더 넓혔으면 하는 아쉬움이 남는다. 다음은 1998년 9월에 시행되는 개정안의 주요내용이다.

1) 효도 상속제
부양(扶養) 상속인은 부모와 함께 살거나 생활비를 50퍼센트 이상

부담한 자식을 뜻하는 것으로, 재산상속시 자기상속분의 50퍼센트를 더 상속받는다. 현행 민법은 별도의 유언이 없을 때는 배우자가 자기상속분의 50퍼센트를 가산해 상속받고 나머지 자식들은 균등 분배한다. 부모를 모신 자녀들이 여러 명이면 모두 자기상속분의 50퍼센트를 가산해 재산을 분배받는다.

법무부는 그러나 부양 상속인의 구체적인 자격 기준은 법원의 판례를 따르기로 했다. 부양상속인 자격의 기준을 정하기 어렵기 때문이다.

2) 상속회복 청구권의 제척(除斥)기간

그 동안 불법적인 이전등기 등의 사정으로 상속권이 침해당했을 때 상속회복 청구소송 기한이 '상속권 침해를 안 날에서 3년, 상속개시일에서 10년'이었다. 개정안은 '상속권 침해를 안 날에서 3년 또는 상속권 침해가 있은 날로부터 10년'으로 연장했다.

3) 상속한정 승인제도

상속받을 채무가 상속받을 재산보다 많을 경우, 상속을 거부할 수 있는 기간이 '상속 사실을 안 날로부터 3개월 이내' 또는 '본인의 큰 과실 없이 채무가 많다는 것을 안 날로부터 3개월 이내'로 늘어났다. 그 동안은 '상속 사실을 안 3개월 이내'만을 적용했다.

4) 근친혼 금지

헌법재판소의 위헌 결정으로 사문화된 동성동본 금혼제도를 대신해서 마련됐다. 이에 따라 △8촌 이내 부계혈족과 모계혈족 △6촌 이내 혈족의 배우자 △배우자의 6촌 이내 혈족 △배우자의 4촌 이내 혈족의 배우자의 인척이거나 인척이었던 자 △6촌 이내의 양부모계의 혈족이었던 자 △4촌 이내의 양부모계의 인척이었던 자와는 결혼할 수 없다.

5) 여성재혼 금지기간 삭제

종전에는 친아버지를 가린다는 이유로 이혼 또는 사별한 여성은 혼인관계 종료일로부터 6개월 이내에 재혼이 금지됐다. 그러나 유전자(DNA) 감식기술의 발달로 입법취지가 퇴색한 데다가 현실적으로 사실혼 관계를 유지할 경우 혼인신고만 지연시킨다는 점을 반영했다.

6) 친생부인(親生否認)제도

그 동안은 남편만 소송을 낼 수 있었으나, 앞으로는 아내도 소송을 낼 수 있다. 소송을 낼 수 있는 기간이 출생을 안 날로부터 1년 이내에서, '사유가 있음을 안 날로부터 1년 이내 또는 출생한 날로부터 5년 이내'로 개정됐다.

7) 친양자(親養子)제도 신설

초동학교 입학 이전인 6세 미만의 아이를 양자로 입양할 경우 새부모와의 친족관계만 남는다. 예컨대 A성을 가진 아이를 B성을 가진 사람이 입양할 경우, 종전에는 A성은 그대로 남아 입양아인 사실이 쉽게 알려지는 폐단이 있었다.

그러나 친양자제도에 따라 아이를 입양하면 성과 본을 비롯, 이전 부모와의 모든 호적관계는 없어지고 새부모의 자식이 된다. 단 6세 이상 아이의 경우는 현행법대로 친생부모나 그 인척과 친족관계가 유지된다. 위의 내용을 간략하게 표로 정리하면 다음과 같다.

민법 개정 전 개정 후 비교

조 항	개정 전	개정 후
피상속인을 부양한 상속인의 상속분	다른 형제 자매와 균등 분할	부모를 모신 상속인은 자기 상속분의 50퍼센트 가산 상속
상속 회복 청구권 제척(除斥)기간	상속권 침해를 안 날로부터 3년, 상속 개시일로부터 10년 경과하면 권리소멸	상속권 침해를 안 날로부터 3년, 상속권 침해가 있은 날로부터 10년 경과하면 권리소멸
상속 한정 승인기간	상속 사실을 안 날로부터 3개월 이내	상속 채무가 상속 재산을 초과할 때에는 그 사실을 안 날로부터 3개월 이내
근친혼 금지(동성동본 금혼 대체)	동성동본인 배우자는 혼인하지 못한다	8촌 이내 부계혈족 또는 모계혈족 사이에는 혼인하지 못한다. 동성동본 금혼 조항은 폐지
여성의 재혼 금지기간	이혼 또는 사별 후 6개월	삭제
친생 부인(否認)소송 자격	남편만	남편과 부인 모두 자격
친생 부인 소송기간	출생을 안 날로부터 1년 이내	자기 자식이 아니라는 사실을 안 날로부터 1년, 출생 후 5년 이내
양자제도(신설)	친생부모와 친족관계 유지 입양 전 성·본 유지	6세 미만 입양자의 경우 친생부모 등과의 친족관계 종료. 양친과의 친족관계만 가진다. 양친의 성과 본을 따른다

한국 여성운동의 이념정립을 위한 시론
— 현대 서양 여성해방론의 비판적 검토를 통하여 —

Ⅰ. 문제제기

역사시대 이래로 여성이 제2의 성이었음은 동·서양을 막론하고 세계사적인 보편성을 띠고 있다는 데에는 논란의 여지가 있을 수 없을 것이다. 그러나 시대와 장소에 따라서 여성억압은 질과 양이 동일하지 않는 개개의 특수성이 있음을 또한 유의해야 할 것이다. 따라서 여성문제 해결을 위한 대안의 모색에는 이러한 특수성을 감안해야 함은 지극히 당연한 귀결이기도 하다. 한국 여성문제를 구명하기 위한 여러 논의를 하는 데에도 앞의 전제를 출발점으로 삼아야 할 것이다.

1960년대 이후 구미에서 일어난 현대 여성운동의 물결은 세계 각국에 영향을 끼쳤고, UN이 1975년을 '세계 여성의 해'로 선포하는 데 기여하였다. 이러한 서양 여성운동은 여성억압의 원인과 여성을 해방시키기 위한 대안의 모색에서 다양한 입장[1]을 나타내고 있다.

---

1) 여러 갈래의 여성해방론에 대하여는 다음을 참조할 것. 정의숙, 〈여성해방운동의 이념〉, 《여성학》 (서울 : 이대 출판부, 1979), pp. 9~35 ; 폴라 스트럴, 앨리슨 제거(1976), 신인령 역, 《여성해방의 이론체계》(서울 : 풀빛, 1983).

특히 80년대로 접어들면서 서양 여성운동은 더욱 급진적인 양상을 띠기 시작하여 "사적인 것이 정치적인 것이다(personal is political)"가 모든 여성운동의 구호로 표방되고 그 전략으로서 분리주의(separatism : lesbianism)를 전반적으로 수용하기에 이르렀다.[2] 이러한 전환은 법적인 차원에서 상당한 평등을 획득한 후에도 사적인 분야에서 여성의 문제들 — 즉 아내 구타, 강간, 여성의 성적 대상화(sex object), 가사결정권, 성별 노동분업 — 이 여전히 미해결의 상태로 남아 있기 때문이다.[3] 그리하여 여성들만이 모여 사는 여성공동체(women's commune)가 시도되고 있으나 대다수 여성들의 호응을 얻지 못한 채 여성운동은 소강상태로 접어들었으며, 대신 학문으로서의 여성연구가 활발히 진행되고 있는 실정이다.

한편 우리나라의 여성운동은 일제치하에서 반제·반침략운동과 맥을 같이해 왔다. 대한민국 정부수립 후에 교육의 기회균등과 선거권, 남녀평등이 헌법에 보장되었다. 그러나 하위법인 민법에서 여성차별 조항이 그대로 온존해 있어서 이의 개정을 위하여 여성단체들이 노력을 기울여온 결과 1977년 부분적인 개정을 거쳐서 1991년에는 한 차원 진전된 내용을 성취하였다. 한편 1975년 '세계 여성의 해'를 분기점으로 하여 여성문제에 대한 인식이 사회 각층에서 고조되어가고 학문적으로는 여성연구를 위한 석사과정의 개설[4]과 정책입안을 위한 정부차원의 연구기관으로 한국여성개발원이 1983년 4월에 발족하였고, 1984년 10월에는 한국여성학회가 창립되었다. 이러한 발전적 움직임은 한국여성운동이 활성화되어가며 여성문제에 대한 이론적 접

---

2) Alison Jagger, *Feminist Political Philosophy and Human Nature*(Sussex : The Harvester Press, 1976) 참조.
3) 같은 책, pp. 249~302.
4) 1982년 봄학기 이대 대학원에 여성학과(**Women's Studies**)가 설치되었다.

근이 본격화되었음을 의미한다.

그런데 서양의 급진주의 여성운동이 소개되자 일각에서는 이를 민족적 각성을 저해하려는 일련의 외래사조의 최신형태의 하나[5]라고 우려하였고, 뿌리 없는 여성운동을 한다[6]는 비판에서도 보이듯이 수용에 따르는 문제점은 이미 예견한 대로였다.[7] 이러한 현상은 새삼스러운 바도 아니며, 제3세계 국가들이 서양 해방사상에 접할 때 대개 반발을 하거나[8] 혹은 여과를 거쳐서 변용하려 하며 이때에 표출되는 현상의 일부인 것이다.[9] 근자에 한국의 Feminism은 서양의 Feminism과는 달라야 한다[10]는 논의가 재차 강조되고 있다. 또한 현재의 여성운동이 활발하지 못한 이유가 이념의 빈곤에 있다[11]는 지적도 있으며 여성운동 이념으로서는 우리의 고유의 사상인 하나사상(oneness)을 이데올로기화해야 한다[12]는 주장도 일찍이 있었다. 더

---

5) 백낙청, 《인간해방의 논리를 찾아서》(서울 : 시인사, 1979), p. 32.

6) 전대웅, 〈신여성과 그 문제점〉, 《여성문제연구》 제5·6집(대구 : 효성여대 한국여성문제연구소, 1976).

7) 정의숙, 앞의 글, p. 34.

8) 1975년 멕시코 여성대회에서 제3세계 여성대표들은 자연가족의 보호를 주장하였고 서방세계 대표들은 반대의 입장을 표명하였다[이효재, 〈세계여성의식의 동향〉, 《한국여성의 어제와 내일》(서울 : 이대 출판부, 1976), p. 161]. 또한 제3세계 여성들은 서양의 호전적인 스타일의 여성운동에 대해 강한 반발을 보인다[Barbara E. Ward, *Women in the New Asia*(New York : UNESCO Publications Center, 1964), p. 60].

9) 서양의 남녀평등 개념이 타문화와 접변될 때 그대로 수용되는 경우도 상정할 수 있으나(acceptance), 고유문화와 복합된 특이한 형태로 발전할 수도 있고(adaptation), 이에 대한 고유문화의 반발에 부딪힐 수도 있다(reaction). Ralph Beals, *Anthropology Today*(Chicago : Chicago Univ. Press, 1962)를 주준희, 〈국제여권의 발전〉, 《여성연구》 여름호(서울 : 한국여성개발원, 1986), p. 107에서 재인용.

10) 박영혜, 〈서양 Feminism과 한국적 현실〉, 《여성연구의 과제와 전망》(서울 : 여성개발원 세미나자료, 1984), p. 14.

11) 조형, 〈한국여성운동의 비판적 고찰〉, 《이화》 38호(서울 : 이대 출판부, 1984), pp. 202~212.

12) 윤후정, 〈여성문제의 본질과 방향〉, 《여성학》(서울 : 이대 출판부, 1979), pp. 52~54.

나아가 여성운동은 통일문제를 포괄해야 한다[13]는 견해도 제시되었다. 뿐만 아니라 여성학의 이론 형성이 서양의 사회상을 배경으로 성립된 것이기 때문에 특히 한국사회에 적합한 이론으로 재구성하는 연구의 중요성도 강조된 바 있었다.[14] 이러한 주장과 견해들은 일견 다양하고도 산발적인 것으로 이해되기 쉬우나, 자세히 검토해보면 하나의 일관된 맥락이 발견된다. 그것은 다름아닌 한국 여성운동은 한국사회 속에서 의미있는 운동으로 전개되어야 한다는 견해로 집약된다고 하겠다. 즉 서양의 급진주의 여성해방론(radical feminism)은 한국사회라는 특수공간에서는 역사적 상황이 매우 다르기 때문에 무조건적인 적용은 불가능하며 여성운동이 뿌리내리고 활성화하기 위해서는 통일문제를 포괄하는 '한'사상을 이념화해야 한다는 것으로 환원할 수 있다. 이 전제는 아직 이렇다할 반론을 받은 바 없으므로 여성학적 합의사항[15]으로 보아도 무방하리라 믿는다.

그러므로 이 논문의 목적은 서양의 급진적 여성해방론은 왜 한국의 여성해방론으로는 적합하지 않은가를 연역적으로 검증하며, 이 바탕 위에서 새로운 한국 여성운동의 이념을 제시하고자 한다. 보다 구체적으로 말하면 동·서양의 여성관과 역사적 경험을 비교 분석하여 각기의 특수성을 밝히고 현재 당면한 한국 여성문제 해결에 필요한 보편적인 이념을 수용하여 우리의 상황에 적합하게 재구성을 시도하려는 것이다.

---

13) 이효재, 〈분단 40년의 여성현실과 여성운동〉, 《분단시대의 사회학》(서울 : 한길사, 1985), pp. 294~351.

14) 정세화·신옥희·조형, 〈여성학 교과과정재정립을 위한 기본자료의 수집, 분석 및 평가〉, 《論叢》 44집(서울 : 이대 한국문화연구원, 1984), p. 341.

15) 그러나 여성문제의 보편성을 강조하는 일부 여성학 연구자들 가운데에는 레즈비어니즘을 반대하면 반여성학적이라는 견해를 가지고 있다는 것도 또한 엄연한 사실이다. 이러한 의미에서 이 논문은 감상적이 아닌 이론적인 차원에서 비판의 근거를 제시하려는 것이다.

II. 동·서양 여성관의 비교

1) 서양의 여성관

현대 서양의 여성해방사상이 그 지역의 역사적·사회적 조건 위에서 배태된 것이라면, 서양의 여성관과 그곳 여성운동의 역사적 배경을 먼저 살펴보아야 함이 순서일 것이다. 서양의 지적 풍토를 이해하려면 곧 희랍·로마·유태교·기독교 전통을 제대로 파악하지 않고서는 불가능하다. 서양철학사는 플라톤의 각주(footnote)에 불과하다[16]고 한 미국 철학자 故 알프레드 N. 화이트헤드(1861~1947)의 언명[17]은 여성문제에서도 그대로 적용된다. 여성연구에서 중시하는 공(public)과 사(private)의 이분법이 바로 그로부터 연원했기 때문이다. 플라톤(B.C. 427~347)은 덕과 정의를 보유한 자유인이 참여하는 소수 남성들의 정치광장인 polis와 학문 토론의 장인 symposia는 household보다 더 우월한 영역으로 간주하였다. 여기에서 제외된 여성·어린이·노예들이 전담하는 생산(production)과 출산(reproduction)이 행하여지는 household를 낮은 지위와 일치시켰다. 말하자면 희랍시대에는 정치와 학문이 공적 분야였으며 기독교가 서방에 공인되어 정교일치가 된 후에는 학문이란 신학만을 지칭하는 대명사가 되어 이로써 정치와 학문이 종교의 시녀가 된 경로를 밟았다.

희랍시대부터 여성의 육체는 경멸되어 왔다. 흔히 육체적인 관계를 초월한 정신적인 사랑의 대명사로 알려진 플라토닉 러브는 이성

---

16) 크레인 브린튼(1950), 《서양사상사》, 최명관 역(서울 : 수도문화사, 1956), p. 98.

17) 수잔 오킨은 화이트헤드의 저서를 다 찾아보았으나 그러한 구절은 없었기에 아마도 강의시간에 한 내용인 것으로 추측하였다[Susan M. Okin, *Women in Western Political Thought*(New Jersey : Princeton Univ. Press, 1979), p. 335].

(heterosexual)간의 육체적 관계를 배제한 남성들끼리의 동성연애 (homosexual)를 함의[18]한다는 사실을 간파해야 할 것이다. 미소년과의 공공연한 동성연애자였던 소크라테스(B.C. 469~399)는 다음과 같이 주장하였다.

> 사람은 육체의 요구를 이성적인 원리에 의거해서 조절해야 한다. 진리의 보이지 않는 경이로움은 보이지 않는 지상의 에로스(eros)의 즐거움을 훨씬 능가한다. 그러므로 모든 형태의 성교 — 특히 양성간의 — 는 지고한 목적을 추구하는 그 능력의 정신을 박탈한다.[19]

플라톤은 덕과 지혜와 정의에는 여성이 남성보다 열등하다고 하였으나 아리스토텔레스(B.C. 384~322)는 한걸음 더 나아가서 여성은 본성적으로 그리고 생물학적으로도 열등하다고 규정하였다. 아리스토텔레스의 인식론인 형상(form)과 질료(matter)의 이분법에 남과 여를 대입시킴으로써 그는 여성을 본성적으로 열등한 존재로 정당화하였다. 그의 유명한 생물학의 내용은 남성이 여성과 관계할 때 남성의 정액(semen)이 인간의 형상을 만들고 이렇게 완성된 조그만 인간모형(homunculus)을 여성은 단지 담고 있는 그릇(vessel)[20] 노릇을 한다고 하였다. 또한 여성은 남성으로 태어나려던 것이 잘못 태어난 것(misbegotten male), 즉 불량품이기 때문에 신체 자체가 불완전(imperfect)하고 불구적(defective)이라는 것이다. 그러한 관계로 우수한 것과 열등한 것 사이에 지배와 예속이 성립되는 것을 필연적인 것으로 보았다.[21]

---

18) 같은 책, p. 23.
19) Jean B. Elshtain, *Public Man, Private Woman*(New Jersey : Princeton Univ. Press, 1981), p. 28.
20) 같은 책, p. 44.

중세 스콜라철학의 집대성자인 토마스 아퀴나스(1225~1274)는 아리스토텔레스의 생물학적 여성관을 그대로 답습하고 있다. 그의 학문적 결정체인 《신학대전》에 인간창조의 과정을 설명하는 대목에서 그가 아리스토텔레스의 생물학의 영향을 받았음을 알 수 있다. 여성이 남성보다 먼저 창조되었는가 하는 질문에 토마스 아퀴나스는 다음과 같이 대답하고 있다.

> 여성이 먼저 창조되지 않았을 것이다. 그 이유로서 철학자(아리스토텔레스)가 "여성은 남성이 잘못되어 태어난 것(misbegotten male)"이라고 했으므로 잘못되어 결함을 지닌 것이 맨 처음 창조물이 될 수가 없기 때문이다. 그러므로 여성은 먼저 창조된 것이 아니다.[22]

그러나 그는 Eve를 Adam의 머리나 혹은 다리의 뼈로써 만든 것이 아니라 옆구리의 갈비뼈로 만든 것은 여성을 올려다보거나 혹은 아래로 내려다보며 무시하지 않으려는 가장 적당한 위치와 자세라고 주석을 붙였다. 그는 내조자(helpmate)로서 아내의 역할을 보다 긍정적으로 보려고 하였으므로 당시에 여성혐오증(misogyny)이란 단어를 만들어낼 만큼 여성에게 비우호적이었던 중세사회의 분위기에서 보면 다소 진보적인 여성관을 가졌던 것으로도 볼 수 있다.[23] 중세 기독교의 이원론 — 신과 인간, 영혼과 육체, 선과 악, 완전과 불완전, 이성과 감정은 모두 남과 여의 대비로 귀착되며 희랍전통으로부터 전승 발전된 것임은 구구한 설명을 요하지 않는다.[24] 그리고 유태

---

21) 같은 책, p. 45.

22) Martha L Osborne(eds.), *Women in Western Thought*(New York : Random house, 1979), p. 68.

23) Thomas Aquinas의 여성관에 대해서는 Eleanor C. Mclaughlin, "The Impact of Christianity," in Martha L. Osborne(eds.), *op. cit.*, pp. 76~86 참조.

24) 맥로린도 중세의 여성혐오증은 기독교 신학이론 안에서만 찾을 수 없다고 하였

교 전통사회에서도 여성의 위치는 부차적임이 명백하다. 그것은 모든 여성의 원형인 Eve를 《구약성서》 창조신화에 어떻게 묘사했느냐에서 잘 나타나 있다. 하나님의 형상대로 지음을 받은 최초의 인간은 아담이며, 이브는 아담의 협력자로서만 창조의 목적이 정당화되고 있다.[25] 이브는 유혹에 약한 악의 대표자이며, 감히 신의 명령을 어기고 선악과를 따먹은 대가로 출산의 고통이 따르게 된 것이다. 그러므로 출산은 기독교 전통에서는 엄밀히 따지자면 축복의 열매가 아니라 천벌[26]인 것이다. 결혼 또한 서양의 기독교 전통에서 볼 때에 인간 삶의 양태에서 최선의 방편이 아니다. 최선의 삶은 독신(celibacy)으로서 영적인 삶을 영위하는 것[27]이며, 나약한 자가 육신의 욕망을 이기지 못하여 죄악을 범하기 쉬운 때에는 차선책으로서의 합법적인 테두리인 결혼으로 해소하라고 하였다.[28] 예수의 어머니 성모 마리아가 중세 가톨릭 전통에서 숭배의 대상이 되었던 이유가 바로 성처녀(virgin)이기 때문이라고 볼 수 있다. 그러기에 수도원에서 수녀생활을 하는 길만이 남성의 예속으로부터 벗어나고 또한 Eve의 후예로서 원죄의 대가인 출산을 자동적으로 피할 수 있는 길이기도 하였다. 16세기 이후 개신교의 전통에서는 독신주의를 포기하고 여성의 기독교적 소명은 가정에서 출산자와 양육자로서의 역할을 담당하는 것으로 제한하였다.

《신약성서》의 바울은 남성우월주의의 대표자로서 현금 서양 여성

다[같은 글, p. 83].

25) 같은 글, p. 70.

26) 파이어스톤은 《성의 변증법》에서 이를 수차 강조하였다. 슐라미스 파이어스톤(1970), 김예숙 역, 《성의 변증법》(서울 : 풀빛, 1970).

27) 《신약성서》, 〈고린도전서〉 7장 1절, "남자는 여자와 관계를 맺지 않는 것이 좋습니다."

28) 《신약성서》, 〈고린도전서〉 7장 2~3절. 그러기에 결혼을 합법적인 매춘으로 본 시몬느 드 보부아르의 견해는 서양 기독교 전통에서는 매우 타당한 이론이 된다.

학자들에게 지탄의 대상이 되고 있다. 여성의 머리에 너울을 쓰는 문제와 여성은 교회에서 잠잠하고 물을 것이 있으면 집에 가서 남편에게 물어보라는 권면이, 바로 지탄의 이유이다. 그러나 위의 두 문제에 대하여 달리 해석하는 신학자의 견해도 있다. 머리에 너울을 쓰는 문제는 당시 유태사회의 풍습을 나타낸 것이며, 교회에서 잠잠하라는 것은 당시 고린도교회의 무식하고 말많은 여성들이 예배의식을 무시하고 예배 도중 아무 때나 불쑥 질문을 하기 때문에 방해가 되므로 참았다가 집에 가서 물어보라는 훈계라는 것이다.[29]

과학과 철학이 분리되는 근대 이후의 서양철학에서도 여성의 열등성은 저명한 사상가들에 의해서 한층 더 합리화되어 왔다.[30] 근대 시민사회의 민주주의의 기틀을 마련하는 데 영향을 미친 존 로크나 루소 같은 철학자들도 시민은 곧 협의의 남성을 지칭하였으며, 여성의 인권과 평등은 그들의 안중에도 없었다. 르네상스 이후의 사상적 변동은 제Ⅴ장 1절에서 이어지므로 여기서는 이 정도로 그치려 한다.

2) 동양(조선왕조)의 여성관

서양철학사가 플라톤의 각주에 불과하다면 동양철학사는 《주역(周易)》의 해석의 역사[31]로 대비될 만큼 그 중요성이 널리 인지되고 있다. 《주역》의 음양사상에 나타난 남녀관은 중국뿐 아니라 조선시대 여성생활에도 지대한 영향을 미쳤으므로 본고에서는 음양사상과 아울러 여성학에서 제기가 된 단군신화에 근거하는 하나사상을 포함시켜 다루려 한다.[32]

---

29) 돈 윌리엄즈, 김이봉 역, 《바울과 여성》, (서울 : 기독교문사, 1982).
30) 근대 서양철학자들의 여성관에 대해서는 다음 책을 참조 바람. Rosemary Agonito, *History of Ideas on Women*(New York : G. P. Putnam's Sons, 1977).
31) 김용옥, 《동양학 어떻게 할 것인가》(서울 : 민음사, 1985), p. 198.
32) 우리나라 조선시대 여성생활은 유교의 지배이념 때문에 암흑기였다고 이해되므

《주역》에서는 자연계와 인간계의 일체를 음양(陰陽) 이원에 배분시킨다. 천지(天地)의 교합으로서 삼라만상이 생성되듯, 남녀의 교합은 인간생존을 계승시킬 새 생명을 탄생시킨다. 해와 달과 별의 운행에 차착(差錯)이 없고 사계절 변화에 어긋남이 없는 것은 자연계의 음양의 도에 아무 거짓이 없는 때문이라고 했다. 천도(天道)는 곧 인도(人道)를 반영한 것이므로 인도가 어그러지면 자연계에 각종 재해와 이변이 나타나게 된다.[33]

그러면 우주론에서나 인성론에서 같은 원리가 적용되는 음양의 상호관계는 어떠한 것인가? 음과 양은 태극(太極)이라는 일자(一者)의 양의(兩儀)[34]이며, 대우주의 변화 속에서 대등한 위(位)를 가지면서도 각기 그 공능(function)이 다른 것[35]이라고 풀이하고 있다. 즉 남녀는 대등한 입장이나 마치 남자가 임신을 할 수 없는 것처럼 그 공능이 다르다는 것이다.

하늘의 길(乾道)은 남자의 원리를 이루고 땅의 길(坤道)은 여자의 원리를 이룬다. 이 두 기(氣)가 교감하여 만물을 생성 변화시킨다. 이렇게 해서 창조되고 또 창조되며 변하고 화하는 것이 끝이 없다.[36]

이는 변화하는 현상의 근원작용(ultimate power)을 음양의 어느 한 면에서 구하지 않고 양자 사이에서 교류되는 감(感)에서 구한 것

로 서양 중세 가톨릭적 여성 혐오시대와 비교할 수 있을 것이다. 조선왕조가 불교를 공식적으로 배척했기 때문에 불교의 여성관은 본고에서 제외하였다.

33) 박용옥, 〈유교적 여성관의 재조명〉, 《한국여성학》 창간호(서울 : 한국여성학회, 1985), p. 20.

34) 이을호, 〈다산경학 성립의 배경과 성격〉, 《정다산 연구의 현황》(서울 : 민음사, 1985), p. 129.

35) 김용옥(1985), 앞의 책, p. 199.

36) 같은 책, p. 200.

이므로 이를 동양적 감의 일원론[37]이라 보는 해석도 있으며, 또한 주역의 계사전에 '천존지비 건곤정의(天尊地卑 乾坤定矣)'를 공간개념으로 파악하여서, 천지 공간에는 원래 상하가 없으나 다만 상(象)으로서 머리 위는 높고, 발 밑은 낮은 것을 가리킨다고도 한다.[38]

그러나 음양의 기질지성(氣質之性)에서 차이의 개념이 나타남을 볼 수 있다. 이러한 다름은 조선전기 소혜왕후가 저술한 《내훈(內訓)》이나 조선후기 이덕무의 《사소절(士小節)》에서도 한결같이 존중되고 있다. 《내훈》에 보면 "부부는 비록 평등하게 태어났다고 하더라도 강하고 부드러운 분수를 어겨서는 안된다"[39]는 언급이 있고, 《사소절》에서도,

> 남편과 아내의 화목하지 못한 원인은 다만 남편은 하늘은 높고 땅은 낮다는 말을 지켜 스스로 높고 큰 체하여, 아내를 억눌러 그 뜻을 용납하지 않고, 아내는 다만 동등하다는 도리를 지켜, 나는 그와 같다고 생각하는 데 연유하는 것이니, 이러고서야 어찌 서로 굴복하는 일이 있겠는가? …… 하늘과 땅이 비록 높고 낮더라도 그 만물을 길러내는 공은 한가지임을 모르기 때문이다. 남편과 아내는 비록 동등하다고 하더라도 강하고 부드러운 분수를 어겨서는 안된다.[40]

라고 부부의 상호관계를 설명하고 있듯이 음과 양 그 자체는 평등하지만 강하고 부드러운 기질에서 다름의 가치관을 내포하고 있는 것이다.

이러한 사상적 근거는 구한말 여자교육의 필요성을 논하는 데 남녀동등론을 음양이론에서 원용하는 것에서도 그대로 이어짐을 볼 수

---

37) 같은 책, p. 201.
38) 김정설, 《풍류정신》(서울 : 정음사, 1987), pp. 131~134.
39) 소혜왕후, 육완정 역, 《內訓》(서울 : 열화당, 1984), p. 79.
40) 이덕무(1775), 김종권 역, 《사소절》(서울 : 양현각, 1983), p. 111.

있다.

> 쌍이 만물을 성성ᄒᆞᆫ는 효력이 엇지 하날이 자강ᄒᆞ는 공력보다 못ᄒᆞ다
> ᄒᆞ며 …… 대져 건곤은 독성ᄒᆞ는 리치가 업고 음양은 샹비ᄒᆞ는 의무가 있
> 는즉 남녀가 비록 다를지언정 교육이야 엇지 다르다 ᄒᆞ리오…….[41]

한 가지 특기할 사실은 개화기의 기독교계 여성들이 주장한 남녀동등론은 대체로 서양의 천부인권설(天賦人權說)에 근거를 두고 있으나 이와는 달리 당시의 양반부인들 층에서는 남녀동등론의 근거를 역의 음양론에서 도출하고 있음을 본다. 이러한 현상은 근대사회의 평등론이 전근대사회의 사상에서 연원을 찾게 됨으로써 간혹 일보 후퇴한 것으로 이해될 수도 있다. 그러나 미국 독립과 프랑스혁명에 사상적 근거를 제공한 프랑스 계몽주의 철학자들의 대부분이 중국에 왔던 프랑스 외방전도회 선교사들이 번역한 유교의 경전과 중국사상으로부터 가부(可否)간 영향을 받았다는 사실에 유의해야 할 것이다. 특히 볼테르(1694~1778)는 공자의 초상화를 그의 응접실에 걸어놓고 아침 저녁으로 경배하였다[42]고 전해진다.

또한 구한말의 남녀평등이란 주제의 찬반토론에서도 찬성자는 역의 음양사상을 근거로 평등론을 전개하였고, 반대자는 기독교《구약성서》창조신화를 그 전거로 내세운 사례에서 매우 흥미있는 대조를 보이고 있다.[43]

---

41) 최숙경, 〈한말여성해방이론의 전개와 그 한계점〉,《論叢》43집(서울 : 이대 한국문화연구원, 1983), p. 218.

42) 금장태, 〈동서교섭과 근대한국사상의 추이에 관한 연구〉, 성대 대학원 박사학위 논문(미간행), p. 27~36. 또한 서양 민주주의 이념이 유교경전에서 영향을 받았다는 것은 일찍이 주장되었다. H. G. Creel, 이성규 역,《공자, 인간과 신화》(서울 : 지식산업사, 1978), 특히 pp. 285~311, 유교와 서양 민주주의 장을 참조할 것.

43) 1897년 12월 31일의 〈그리스도인 회보〉를 보면 정동교회 청년회에 있었던 남녀동

이로 미루어보아 비록 이차적인 기질지성에서 다름을 강조하였다고 할지라도 음양의 남녀관은 근본적으로 상호 동등원리가 내재되어 있으며 조선시대 사람들도 그와 같이 인식하였음을 알 수 있겠다. 이러한 만큼 동양(한국)의 음양론은 아리스토텔레스의 생물학이 여성을 신체적으로 불구라고 단정한 천부열등론(天賦劣等論)과는 달리, 우열관계가 아닌 '무과불급(無過不及)의 정중(正中)'의 합일[44]과 조화[45]의 관계를 강조한 사상이라 하겠다.

그러나 음양의 '무과불급의 정중'은 약간 대립개념이 강하지만, 우리나라 건국신화[46]인 단군신화에 나타난 하나사상은 보다 평등 지향적이라고 한다. 여기에서 하나사상은 도사상(Taoism)과도 통하며, 또한 건국신화라는 점에서 외래종교인 불교나 유교와 달리 우리나라 고유의 정통성을 인정하지 않을 수 없게 된다. 단군신화에 나타난 최초의 여성인 웅녀는 신단수하(神檀樹下)에서 잉태(출산)하기를 빌었기 때문에 환웅이 인간으로 화하여 혼인절차를 밟아서 단군을 낳게 된 것이다. 여기에서 환웅과 웅녀는 지배와 복종의 관계가 아니

등론에 대한 토론회에서 김연근은 하나님이 시초에 남녀를 음양의 배합으로 만들었으니, 상호가 서로 필요로 하는 존재라는 의미에서 평등을 주장하였고, 조한규는 이와 반대의 입장에서 성경에는 남자는 여자의 머리가 된다고 했고, 하나님은 아담을 먼저 만들고, 아담의 갈비뼈로 여자인 하와를 만들었을 뿐 아니라 하와가 먼저 죄를 지었기 때문에 아담과 동등할 수 없다고 주장한다[전대응, 〈한국여성운동의 이념적 근거〉, 《여성문제연구》 제4집(대구 : 효성여대 여성문제연구소, 1975), p. 247].

44) 이를 서양의 변증법적 합과 비교해볼 때 서양의 정과 반은 상호모순과 갈등관계에 있으며, 이들 가운데 하나를 지양(Aufheben)함으로써 합에 도달하지만, 누차 설명하였지만 음과 양은 독생할 수 없고 상호 균등한 조화로써 태극을 이루는 점에서 차이가 있다 할 것이다.

45) 이을호, 《한사상의 묘맥》(서울 : 사사연, 1986), p. 84.

46) 신화가 역사적 사실이냐 아니냐 하는 논의는 이미 무의미하다. 신화 속에 담겨진 인간들의 철학적 사색과 종교관을 읽을 줄 알아야 한다. 신화의 역사성에 대한 논문으로 다음을 참조 바람, 이상현, 〈신화와 역사 : 신화의 역사화는 가능한가?〉, 《현대사학의 제문제》(서울 : 일조각, 1977), pp. 38~326.

라 이이일적(二而一的) 합일의 상호평등 관계라는 것이다. 유일성·포괄성·창조성으로 집약되는 '한'[47] 사상은 단군에서부터 신라의 화랑도와 원효의 화쟁(和諍)의 불교를 거쳐 동학·천도교로 이어지는 사상사적 맥이 있다고 보는 것이다. 그리고 한사상은 외래종교를 포용해서 우리의 것으로 화하게 하는 특성을 지녔다. 신라의 원효는 외래불교를 화정이라는 한국식 불교로 정립하였고, 조선왕조 유학자들 가운데에도 이이일적(二而一的) 묘합을 강조한 기대승 → 이이 → 윤휴 → 정약용 → 이제마로 이어지는 맥이 존재하고 있다. '하나'사상은 더 완벽한 평등사상을 갖추었을 뿐만 아니라 통일의 원리로도 승화할 수 있다는 점에서 여성문제 해결과도 무관하지 않다고 하겠다.

　지금까지 논점을 종합하자면 음양관(陰陽觀)은 비록 기질지성(氣質之性)에서 다름을 강조했다고는 하나 그 근본원리에서는 무과불급(無過不及)의 정중(正中)의 균등함이 내재하며, 단군신화에 나타난 '하나'사상은 더욱 평등에 접근함으로써 아리스토텔레스의 이분법적 우열관계와는 현저한 차이가 있다고 할 것이다. 남성의 정자가 아기를 만들고 여성은 단지 배 속에 담는 그릇 역할만 한다는 사고구조는 비대칭적임에 반하여 음양은 균형있는 대칭을 이룬다는 차이점에서도 특수성을 가름하는 관건이 된다 할 것이다.

Ⅲ. 중세 동·서양 여성사의 비교

1) 서양 중세 여성의 생활

상고시대로 올라갈수록 여성들의 삶이 보다 자율적이었다는 것은

---

47) 이을호(1986), 앞의 책, p. 27. 한사상에 대하여는 전적으로 이 저서에 의거하였음.

많은 인류학자들의 공통된 견해이기도 하다. 원시농경(horticulture)에서 농기구를 사용하는 집약농경(agriculture)시대로 접어들면서 여성들의 예속이 강화되었다는 것이다.

서양 역사에서 특히 중세[48]의 여성생활만을 분리해서 살피려는 의도는 현금 여성학자들의 공격이 바로 암흑기(dark age)로 알려진 중세의 여성 수난사에 집중되고 있기 때문이다. 그러므로 그들의 생활의 편린이나마 살펴보는 것이 서양 여성 억압사 해명에 관건이 되지 않을까 생각된다.

서양 중세에서는 성비(性比)의 불균형을 조절하는 방책으로 여영아살해(female infanticide)를 행하였거나 혹은 수녀원에 딸을 보내는 것으로 해결하였다. 조혼이 일반적이었고 특히 왕실의 조혼은 유명하였다. 그러나 신분에 따라서 결혼연령에 차이가 있었다. 소농 혹은 소작농 자녀들의 결혼연령은 20대가 평균이었으며, 20대 후반에 하는 결혼도 드물지는 않았다. 그리고 부모가 결혼상대를 고르는 중매결혼[49]이었다.

결혼은 토지소유(land-holding), 즉 상속제도와 밀접한 관계를 가지고 있었다. 결혼의 선결조건이 남자는 토지를 소유해야 하고 여자는 가재도구라든지 노예·가축 등속의 지참금(dowry)을 가져가는 것이 상식적인 일이었다. 토지상속은 적장자 위주의 단독상속(primogeniture)이 관행이었으므로 토지를 상속받지 못한 여타 형제들은 집에 남아서 형의 농토에서 농사를 도우며 생활을 보장받거나 혹은

---

48) 중세라는 시대구분은 서양에서 기독교가 지배하던 4세기에서부터 르네상스 이전까지를 지칭하는 것이나, Francis Gies, *Women in the Middle Ages*(New York : Barns & Noble Books, 1978)에 의존하였으므로 편의상 11세기 이후 여러 나라를 취급한 것을 그대로 따랐음을 밝힌다.

49) 그러나 중세 후기에 시작한 구혼결혼(courtly love)은 여성을 성적 대상물(sex object)로 보게 한 원인으로 지적되고 있다. Maclaughlin, *op. cit.*, p. 85.

도시로 나가 도제가 되어 자립을 해서 늦게 결혼하거나 혹은 여상속
인(heiress)과 결혼하거나 독신으로 지내기도 했다. 적장자라도 핵가
족을 지향하는 가족제도로 인해서 아버지가 죽어서 토지를 상속한
후에라야 결혼이 가능하므로 만혼이 되는 수도 있었다. 혹 늙은 아
버지가 일찍 아들에게 상속을 하고 은퇴하는 수도 있었다.[50] 결혼을
하고서 자식이 없이 남편이 죽은 경우에 그 과부는 재산을 계승할
상속자를 낳기 위해서도 재혼을 하는 것이 흔한 일이었다. 과부와
재혼하는 남자는 죽은 전 남편의 성을 따른다. 예컨대 Mr. Good-
man이 과부인 Mrs. Richards와 재혼하면 그는 Mr. Richards가
되는 것이다. 그가 살아 있는 동안은 재산 관리인으로서의 자격이
있으나 자식을 낳으면 전 남편의 가계를 따라서 토지 상속이 이루어
진다.

과부가 재혼하지 않을 때에는 남편의 토지를 상속받으나 단지 생
계유지를 위한 사회보장적인 의미가 있지만, 죽은 남편의 성을 버리
고 다른 성을 따라 재혼하면 토지는 자연히 전 남편의 친가로 돌아
간다.

아들이 없는 가정에서는 딸에게 상속을 한다. 여상속인(heiress)과
결혼하는 남자는 자기 성을 버리고 처가의 성을 따라 데릴사위 노릇
을 하며 자식을 낳아 처가의 가계를 계승한다. 남편은 단지 아내의
재산관리인의 역할을 하며 토지의 처분권이 없었다. 기혼이든 미혼
이든 여상속인은 토지를 소유하고 양도하고 처분하고 유언하는 등의
법적인 권한을 중세의 여성들이 당당하게 행사하도록 영국과 대륙

---

50) 일찍 토지를 물려받은 아들이 늙은 아버지를 부양하는 것이 귀찮아서 집에서 내
　　보내기로 마음먹었다. 그는 자기 아들에게 할아버지가 덮을 담요를 한 장 가져오
　　라고 지시했는데 아들은 두 쪽으로 찢어서 반은 할아버지를 주고 나머지는 자기
　　가 갖겠다고 하면서 '이 나머지 반은 내가 어른이 되어 늙은 아버지를 내보낼 때
　　사용하겠다'고 한 이야기가 여러 사본으로 남아 전해온다고 한다.

여러 나라에서 법으로 보장하였다.

약혼식(betrothal)[51]이 끝나면 대부분의 커플들은 곧바로 동거에 들어간다. 그러나 반드시 결혼으로 이어지는 것은 아니었다. 아이가 없을 경우에는 파혼을 할 수 있으며 이 기간 중에 임신이 되면 빨리 결혼식을 올려야만 태어날 아이가 사생아가 되는 것을 면하게 된다.

현대적 의미에서의 이혼은 중세에는 존재하지 않았다. 헤어질 수는 있었으나[52] 이러한 경우 재혼이 불가능하였다. 단지 결혼무효소송을 해서 교회법정으로부터 인정 판결을 받아야 하는데, 많은 비용이 들었다. 결혼무효판결을 받을 수 있는 조건은 혈족결혼·간통·불임과 나병의 경우였다. John왕의 처음 아내였던 Isabella가 자식이 없어서 이혼당했으나 그녀는 두 번이나 재혼했었다. 가톨릭교회는 공식적으로 일부일처제를 인정했으나 실제로는 왕과 귀족, 기사와 공민에 이르기까지 공공연히 정부를 거느렸고, 사생아들이 줄줄이 태어났다. 르네상스시대의 교황 알렉산더 VI세의 조카라고 알려진 체자레 브르지아가 교황의 사생아였음[53]은 누구나 다 아는 사실이다. 태어난 사생아들은 문자 그대로 비합법적(illegitimate)이기 때문에 재산상속에서 아무런 법의 보호를 받지 못했다.

정절에 대한 이중기준(double standard)은 예외가 아니어서 십자군전쟁 당시에 아내들에게는 정조대를 채우고서 남성들은 매춘부를 대동하고 원정에 임하였다 한다. 희대의 호색가인 돈 후안은 스페인에서만도 1,003명의 여자를 정복했다.[54] 그러나 아내의 부정은 도덕성의 문제라기보다는 바로 남편의 불명예와 직결되므로 아내의 간통

---

51) 여기 betrothal은 engagement보다는 의미가 더 크며 marriage보다는 뜻이 약하다고 했다.
52) 별거를 의미하는 듯함. 조선시대의 소박과 비슷한 뜻을 가진 것으로 보인다.
53) 민석홍, 《서양사개론》(서울 : 삼영사, 1984), p. 387.
54) 크레인 브린튼(1950), 최명관 역, 《서양사상사》(서울 : 수도문화사, 1950), p. 412.

은 극심하게 처벌받았다. 13세기 스페인의 법률은 아내의 부정에 대하여 남편이 아내와 그 정부를 죽이더라도 살인죄가 성립되지 않으며, 사형에 처하지 않는다고 규정하였다.[55] 14세기 이탈리아 도시의 거리에서는 곧잘 간통한 여인들이 매질을 당하거나 추방되는 것을 볼 수 있었다.

아내에게 자식이 없는 경우에 씨받이(sire)도 있었던 것으로 보인다. 14세기 이탈리아 상인의 아내였던 Margherita는 자식이 없었는데 남편 Datini가 하녀와의 사이에 딸을 하나 낳았다. 그 사생아인 Ginevra는 처음에 기아 보호소에 맡겨졌고 하녀는 지참금을 주어서 결혼을 시켰다. 후에 입양하는 형식으로 Ginevra를 양녀로 삼아서 상당한 재산도 물려주었다.[56]

아내 구타는 일반적인 일이었다. 좋은 아내이든 나쁜 아내이든 한결같이 매를 필요로 한다는 것이 플로렌타인의 격언이다. 13세기 프랑스법 조항에는 '남편이 아내를 때려서 죽이거나 불구자를 만들지 않는 한 아내가 잘못할 때 남편이 아내를 때리는 것은 합법적이다'라고 명시하였다. 14세기 영국법에는 남편의 아내에 대한 합법적이고 이성적인 징계를 허용하였다. 15세기의 Siena의 결혼 규율은 남편에게 다음과 같이 충고를 하였다.

당신은 당신의 아내가 잘못을 범했을 때 모욕을 주거나 격렬한 손찌검을 하지 말고, 처음에는 사랑으로써 기분 좋게 은근하게 잘못을 다시 범하지 않도록 바르게 가르치라. 그러나 만약 아내가 비굴한 성격을 가져서 거칠고 속이기를 잘하면 기분 좋은 타이름은 효과가 없으므로 날카롭게 꾸짖고 아내가 위협을 느끼도록 겁을 주어야 한다. 이렇게 해도 소용이 없으면 매를 잡고 아내를 단호히 때려주되, 분노에서가 아니라 그녀의 영

---

55) F. Gies, *op. cit.*, p. 46.
56) *Ibid.*, pp. 201~209.

혼을 위하여 자비심을 가지고 때려야 한다.[57]

중세 서양 여성억압사를 논하는 데에 마녀사냥[58]과 화형을 빼놓을 수 없다. 이로 인해서 희생된 숫자가 100만이라는 주장[59]과 800만이라는 설[60]이 서로 엇갈리고 있으나 여기에서 그 여부를 따지는 것은 무의미하다. 희생자가 단 10명이 있었다손 치더라도 서양 남성들의 잔혹한 행위가 상쇄되는 것은 아니다. 유명한 잔 다르크도 화형을 당했고, 10세기 Hroswitha라는 수녀가 쓴 희곡작품 《Dulcetius》[61]에도 두 처녀가 화형당하는 내용을 담고 있다.

한편 하층 농민계급의 여성들은 자질구레한 집안일뿐 아니라 쟁기질 이외의 남성들이 하는 모든 일을 거의 함께 하였다. 그리고 이들 계급의 딸들은 흔히 독신으로 지낼 수밖에 없었는데 그 이유는 땅을 보유한 적당한 결혼 상대자가 모자랐기 때문이었다. 그렇다고 귀족계급처럼 수도원에도 갈 수 없는 것이 수도원이 요구한 엄청난 액수의 지참금을 낼 수 없기 때문에 자연히 집에 남아 오빠의 땅에서 일하면서 의식을 보장받거나 혹은 다른 지역으로 가서 임금노동자가 되어서 독립된 생활을 하기도 했다. 일정한 집에 고용되어 침식을

---

57) *Ibid.*, pp. 47~48.

58) 마녀사냥이 17세기까지도 있었다 한다[민석홍, 앞의 책, p. 455].

59) 로즈마리 류터(1975), 손승희 역, 《새여성 새세계》(서울 : 현대사상사, 1975).

60) 파이어스톤은 《성의 변증법》에서 800만으로 제시하였는데, 200년 동안 800만 명을 화형에 처하려면 매일 109명 이상을 하루도 빠짐없이 200년 동안 횃불을 계속 타오르게 했어야 하므로 이는 상식적으로 판단해도 불가능한 일이며 그녀의 학문적 양식을 의심하게 한다고 Elshtain은 비난하였다(J. B. Elshtain, *op. cit.*, p. 219 각주 참조).

61) 세 처녀가 로마 장군에게 잡혀 감옥에 갇혔을 때 마력(magic)을 써서 골려주었기 때문에 사형을 당하게 되었다. 두 처녀는 화형을 당했고 한 처녀는 화살을 맞았으나 마력을 써서 상처 하나 없이 승천했다는 내용이다. 물론 이 시기에 유행했던 기적극(miracle plays)의 형식을 빈 것이나 화형이 유행했던 시대상을 간접적으로 보여주고 있다.

제공받으면서 우유 짜는 여성(dairy maid)은 남자 양치기·마부·농부보다 대체로 임금이 적었지만 잡초 뽑기·건초재배·추수 등에 고용되는 막노동 분야에서는 남자나 여자나 임금의 격차가 없었다.

한편 가족 단위의 직조와 옷 만드는 일 등 자급자족적 가내수공업은 차츰 중세에 이미 시장경제를 위한 선대제 수공업(putting out system)으로 전환이 이루어지고 있었다. 1286년 이탈리아 Agnes가(家)는 양털염색을 전문으로 하는데, 41명의 일꾼 가운데 여성이 20명이었다. 염색과 짜는 일은 남성이 주로 하거나 혹은 여성과 교대로 하였고, 물레질·세탁·양털깎기·실펴기·실 고르기 등은 여성이 전담하였다. 이 시기에 중요한 것은 성별 노동분업이 아니라 몇몇 가구들의 가족원이 한데 모여서 선대제(先貸制)의 생산단위를 이루었다는 것이다.

중세 여성들은 길드에 가입이 허용되지 않았다는 것은 잘못 알려진 사실이며, 조합원의 아내로서 혹은 남편이 사망한 경우 가장으로서 당당히 길드에 참여하였다.[62]

앞에서 살펴본 것을 간단히 정리하자면 토지 상속에 의한 상속녀의 처분권은 법으로 보장되었고 그 밖의 대부분의 법은 여성에게 불리한 처지에 있었다. 그러나 엄격한 법이 존재했다고 해서 모든 여성의 생활이 엄격하게 긴박된 삶만을 살았던 것은 아니었다. 왜냐하면 생산과 소비가 가족단위로 이루어져 여성들도 경제활동에 적극적으로 참여하였기 때문이다. 직접 일을 하지 않았던 소수의 상류계급의 여성들은 가정이 바로 가내공장이었기 때문에 많은 하인과 하녀들을 감독하고 경영하는 일만도 벅찼다고 한다. 20여 명의 식구들의 세 끼 식사를 위해서도 60인 분의 버터·빵·포도주 등을 생산해내야

---

62) F. Gies, *op. cit.*, p. 178.

만 하였다. 교통기관이 발달하지 않아서 남편이 출타하면 대개 한 달 이상씩 집을 비우게 되며 이런 때 아내는 가정의 총책임자일 뿐만 아니라 대외적으로도 남편의 일을 대신 수행하며 거래나 계약까지도 단독으로 결정하였다고 한다.[63]

이처럼 서양 중세사회는 여성에게 냉엄한 민법(civil law)과 형법(criminal law)이 존재했으나, 한편 여성이 재산을 소유할 수 있는 권리(property right), 이를 양도하거나 처분할 권리, 법정에 제소할 권리 등을 법이 보장했기 때문에 그들의 실생활은 당당하였다고 하겠다. 이러한 이론은 이미 40여 년 전에 미국의 여성사학자인 Mary Beard에 의해 밝혀진 바 있다.[64]

2) 조선시대 여성들의 생활[65]

서양의 중세가 암흑기로 표현된다면 우리나라에서는 조선왕조가 이에 대비될 수 있다 하겠다. 광의의 중세사회란 고려시대까지를 포괄하여야 할 것이나 본고에서는 유교가 지배이념으로 채택되었던 조선왕조에 한하기로 한다. 그것은 서양 중세 가톨릭이 봉건적 신분제를 옹호하였던 이념인 것처럼 유교 또한 신분의 차별을 정당화했던 점에서도 비교가 가능하리라고 보기 때문이다. 유교 여성관의 대명제는 교훈서인 《소학》에 나타난 삼종지의(三從之義)로 요약된다.[66]

이러한 남성 우위적 사고구조는 비단 조선왕조뿐 아니라 봉건사회

---

63) Elizabeth Janeway, *Men's World, Women's Place*(N.Y. : William Morrow Co., 1971).

64) Mary Beard, *Women as Force in History*(New York : The MacMillan Co., 1946), p. 243.

65) 2절은 필자의 학위논문에 의거한 것임[강숙자, 《한국전통사회 여성의 삶에 대한 연구》, 이대 대학원 석사학위논문, 1987(미간행)].

66) 서양 중세사회에서도 결혼 전에는 아버지에게, 결혼 후에는 남편에게, 남편이 죽으면 아들을 따라야 한다는 명제가 있었다.

어디에서나 사정은 마찬가지였다. 그러나 정도의 차이는 있게 마련이다.

서양에서처럼 여영아살해(female infanticide)의 기록은 찾아볼 수 없었다. 신분제 사회인 조선시대에 입사(入仕)가 일문에 명예를 가져다주는 양반계급에서는 남아선호가 일반적이었을 것이나 정(丁)에 따라 무거운 부세(賦稅)를 감당해야 하는 상민계급에서는 남아가 오히려 기피된 사례도 보인다.[67] 전통사회 어디에서나 높은 사망률로 인해서 조혼이 성행하였다.《경국대전》〈예전(禮典)〉혼례조(婚禮條)에 남자 15세, 여자 14세를 결혼연령으로 규정하고 있다. 그러나 경제적인 여건으로 결혼이 늦어져서 만혼을 하는 경우도 있었다. 지방 수령은 혼수 마련이 어려워서 결혼을 못한 노총각·노처녀가 있으면 나라에 상신해서 국고금[68]으로 결혼을 시키기도 했다. 따라서 자녀의 혼인을 성사시키는 것은 부모의 의무[69]였으므로 결혼율은 거의 100퍼센트에 가까웠을 것으로 유추된다. 결혼 상대자는 본인의 의사가 아닌 부모가 결정짓는 중매혼이었고, 결혼 성립의 주요여건은 상대방의 인품과 가격(家格)이었으므로 여성의 외모는 그리 중요하지 않았다. 그러나 상민계급에서는 딸이 배우자 선택에 보다 적극적으로 참여하였던 사례도 보인다.[70] 음과 양의 화합이 만물의 근본이므로

---

67) "…… 어린것 해진 옷은 어깨 팔뚝 다 나왔고 / 날 때부터 바지 버선 걸쳐보지 못하였네 / 큰아이 다섯 살에 기병으로 등록되고 / 세 살 난 작은 놈은 군적에 올라 있어 / 두 아들 歲貢으로 오백 푼을 물고 나니 / 빨리 죽기 바라는데 옷이 다 무엇이랴 ……." 이 시는 다산이 1794년 경기도 암행어사의 명을 받아 연천지방을 순찰하고 쓴 〈적성촌〉의 일부이다[송재소 역,《다산시선》(서울 : 창작과비평사, 1981), pp. 62~63].

68) 영조 임금 때도 나랏돈으로 결혼시킨 사례가 있었다.

69)《경국대전(經國大典)》〈예전(禮典)〉혜휼조(惠恤條)에 보면, "사족의 딸로서 나이 삼십 세에 가까워도 빈곤하여서 출가하지 못한 자에게는 예조(禮曹)에서 왕에게 계문하고 자재(資財)를 작량지급한다. 그 집안이 궁핍까지는 이르지 아니하였는데 출가시키지 아니하였으면 그 가장을 엄중 논죄한다"는 규정이 있다.

결혼이 인륜지대사(人倫之大事)였고, 이에 따른 출산 또한 신성한 것으로 간주되었다. 태교의 실천도 이와 같은 맥락에서 이해할 수 있다. 조선시대 여성들이 태교를 실천한 사례는 이사주당(李師朱堂 1739~1821)의 《태교신기(胎敎新記)》에서 잘 나타난다. 인간의 기질지성이 본연의 성에 합일하려면, 태외(胎外) 10년의 교육보다 태내(胎內) 10개월의 교육이 더 중요하다고 강조하였을 만큼 생명창조자로서의 긍지를 지니고 출산을 신성시하였다.[71]

조선초기에는 친영(親迎)의 예(禮)를 행하지 않고 신랑이 부가(婦家)로 들어가서 사는 남귀여가혼속(男歸女家婚俗)이 일반적이었다. 그러나 친영(親迎)을 행하려는 상층 지배계급의 노력으로 부가에서 묶는 기간이 점차 단축되어 구한말에 이르러서는 1~2년으로 되었다.[72]

칠거지악(七去之惡)에 의거하여 남편의 일방적인 이혼이 가능하다는 잘못된 선입견을 가질 수도 있으나 삼불거(三不去)의 제약을 받아서 실제로 이혼을 당한 사례는 거의 없었다.[73]

전통사회의 높은 사망률로 인하여 후사(後嗣)를 널리 잇기 위한다는 목적으로 첩제(妾制)가 허용[74]되었다. 정처(正妻)와 구분해서 첩을 맞아들이는 혼례식은 사모관대의 두 귀를 접어서 구별했으며, 첩도 호적에 등재되고 마음대로 내칠 수 없었다.[75] 서얼차대가 심하였다하나 결혼내 생자(生子)였으므로 한품서용(限品敍用)에 의해서 관리

---

70) 양사언(1517~1584)의 어머니는 상민의 딸이었는데 그녀 주장대로 양희수의 계실이 되었다[정비석, 《조선여인사화(朝鮮女人史話)》(서울 : 정음사, 1981)].

71) 박용옥, 〈한국에 있어서의 전통적 여성관 : 이사주당(李師朱堂)과 《태교신기(胎敎新記)》를 중심으로〉, 《이화사학연구》 제16집(서울 : 이화사학연구소, 1985), p. 3.

72) 러시아대장성 편(1900), 《한국지》(서울 : 한국정신문화연구원), p. 300.

73) 김정자, 《한국결혼풍속사》(서울 : 민속원, 1980), p. 229.

74) 이능화(1927), 김상억 역, 《조선여속고(朝鮮女俗考)》(서울 : 대양서적, 1973), p. 191.

75) 같은 책, p. 194.

로도 등용되었고, 차등이 있었다고는 하나 재산상속에도 법의 보호
를 받았으므로 서양의 사생아보다는 법적 지위가 있었다고 하겠다.
　왕조 초기에는 남편이 사망하면 재가가 당연하였으나 성종 17년
《경국대전》반포 때에 재가녀(再嫁女)의 자손은 생원·진사시에 응시
할 자격을 제한한다는 조항이 삽입되어서 점차 수절(守節)하는 것이
풍습화하여 갔다. 그러나 재가 자체를 법으로 금지한 것이 아니라
양반의 수(특히 당상관)를 제한하려는 조처[76]였으므로 실제 형법이나
예에서는 재가를 허용[77]하고 있었다. 하층 신분에서는 재가가 생존수
단이었으므로 사가(四嫁)[78]까지 한 사례도 규방가사에 전해 내려오며
동학교도들 가운데에도 재가는 아주 흔했던 것으로 알려져 있다. 그
러나 유교의 절렬관(節烈觀) — 즉 충신은 불사이군(不事二君)이며 열
녀는 불경이부(不更二夫)라는 — 에 따라 수절을 하는 자들에게는 정
려각(旌閭閣)을 세워주는 등 포상을 하였으므로 여항의 필부들 가운
데에도 상당히 수절이 보편화되었던 것으로 보인다. 자식이 없이 남
편이 죽는 경우에 수절이 보편화되면 가계가 끊어지므로 양자제도의
보완책이 있었다.
　간통은 조선시대에도 예외 없이 심한 처벌을 받았다. 실절(失節)한
며느리를 시아버지가 돌을 달아 바다에 밀어넣은 사례가 기록으로
전하여온다.
　상속제도는 가족제도와 밀접한 관련을 맺고 있다. 상속은 재산상
속과 제사(祭祀)상속을 말하며 서양의 적장자 단독상속에 비하여 자
녀균분상속이 원칙이었다. 중종 때까지만 해도 제사상속은 아들이
없이 남편이 죽으면 과부가 딸과 함께 제사를 지냈다는 기록이 있

---

76) 이성무, 《조선초기 양반연구》(서울 : 일조각, 1980), pp. 92~93.
77) 김두헌, 《한국가족제도연구》(서울 : 서울대출판부, 1969).
78) 조동일, 《한국문학통사》 3권(서울 : 지식산업사, 1984), p. 345.

다.[79] 아들·딸에 차등을 두지 않고 균분상속을 하고 제사도 똑같이 자녀들이 돌아가면서 윤회봉사(輪廻奉祀)를 하였다.[80] 이율곡의 형제들도 균분상속을 하였으며 김만중의 어머니 해평윤씨(1616~1689)가 살았던 당시에도 균분상속과 윤회봉사가 국속이라고 하였다.[81] 이것은 아들이 있으면 아들로, 딸만 있으면 딸로써 가계를 이어가는 양계제(兩系制) 가족제도(bilateral kindred)의 형태에 속한다. 1620년도 호적대장인 산음장적의 분석 결과 양계제 가족제도였음이 밝혀졌다.[82] 즉 데릴사위제도가 행하여졌다는 사실을 의미한다. 이율곡의 막내아우 이우(李瑀 1542~1609)는 고산 황기로의 무남독녀와 결혼하여 그곳에서 가업과 제사를 이어받았다. 그러나 서양에서와 같이 처가의 성을 따르지는 않은 것으로 보인다. 이러한 양계제 가족제도는 부계혈통을 중시하는 종법제 가족제도의 정착과 경제여건[83]에 따라 서서히 소멸되어간 것으로 밝혀지고 있다. 재산소유는 부부별산제(夫婦別産制)였다. 친정에서 가져온 아내의 재산은 별도로 문계(文契)가 되어서 분재(分財)문서에 아버지 쪽, 어머니 쪽 재산이라는 것이 분명히 기록이 된다. 아내의 재산은 남편이 관리는 할 수가 있으되 마음대로 처분할 수 없으며 아내가 자식이 없이 죽은 경우 친정으로 돌아간다.[84] 《경국대전》〈호전(戶典)〉 전택조(田宅條)에 "공신전

---

79) 지두환, 〈조선전기의 종법제도 이해과정〉, 《태동고전연구》 창간호(서울 : 태동고전연구소, 1984).

80) 최재석, 《한국가족제도사 연구》(서울 : 일조각, 1983).

81) 송백헌, 《서포가문행장(西浦家門行狀)》(서울 : 형설출판사, 1977), p. 29.

82) 노명호, 〈산음장적을 통해 본 17세기 초 촌락의 혈연양상〉, 《한국사론》(서울 : 서울대 국사학과, 1979).

83) 토지의 분할상속으로 인한 재산의 영세화를 막기 위하여 적장자 위주의 상속으로 전환해갔을 것이다. 이는 1701년 어느 가문의 분재기에 나타난 차등상속의 연유 ― 즉 세간에는 균분상속을 하나 우리 집은 농토가 적어서 그리할 수 없다고 명시한 데서 그 일단을 엿볼 수 있지 않을까 한다. 최재석, 앞의 책, p. 553.

84) 아내의 사망 후, 아내 소유의 노비를 남편이 사환하되, 남편이 내취하면 전처 친

전자손(功臣田 傳子孫)"이라 하고 그 주에 "여자신사후 이급계성자손
(女子身死後 移給繼性子孫)"이라는 규정에 따른 것이다. 이러한 제도
적 장치는 타성에게 토지가 이전되는 것을 막는 것으로 서양과 비슷
한 경우라고 할 수 있다.

　양반가의 여성생활은 어떠하였을까? 내외법[85]에 의하여 남성은 정
치와 학문에 몰두하고 아내는 치가(治家)를 맡아서 상호 불간섭주의
를 고수하였다.

　또 하나 중요한 사실은, 아내 구타는 조선조 양반 상류문화의 정
수가 아니라는 점이다. 향민(鄕民)들간의 자치규약인 향약(鄕約) 가운
데 전형적인 사례로 꼽을 수 있는 퇴계의 예안향약[86]에 보면, 아내를
구타하고[87] 정처를 소박한 자, 수절하는 과부를 위협하여 강간한 자
는 극상벌로 처한다는 여성보호조약이 있었다. 또한 부부 사이의 예
법은 서로 존경하라는 가르침[88]에 따라 남편이 부인에게 존칭어를 사

　정집에 돌려주어야 한다(《세종실록》 12년 9월 병진조) ; 박용옥, 《이조여성사》(서울 :
　한국일보사, 1976), p. 150, "김종직의 여식, 신용계의 처 김씨는 부망무자식(夫亡無子
　息)해서 사후 재산을 친정 조카에게 환급토록 조치하였다." ; 김용만, 〈김종직 가문
　연구〉, 《교남사학》 창간호(대구 : 영남대 출판부, 1985), p. 195.
85) 내외법은 첫째는 거처의 구별로서 남자는 '정위호외(正位乎外)'하고 여자는 '정외
　호내(正外乎內)'하여 내외로서 거처를 달리하고, 둘째는 직분의 구별로서 남자는
　외사를, 여자는 내사를 담당하여 '내언불출(內言不出), 외언불입(外言不入)'이라 하
　여 상대방의 일에 관여하지 않음을 말한다[한영우, 《조선전기 사회사상연구》(서
　울 : 지식산업사, 1983), p. 65]. 비록 내외법이 현 산업사회에서 성별 노동분업의
　단서가 된다 할지라도 전 산업사회에서는 여성의 활동영역을 확보해 주는 구실을
　하였다.
86) 정순목, 《퇴계의 교육철학》(서울 : 지식산업사, 1986), p. 65.
87) 혹자는 소혜황후가 저술한 《내훈(內訓)》 부부장에, 부인은 남편이 때리더라도 대
　들지 말라는 구절을 인용하면서, 마치 아내 구타가 적법한 사실처럼 인식할지 모
　르나, 남녀 쌍방에게 모두 견제하는 상호보완적인 조치라고 해석할 수 있다. 또
　아내 구타가 오죽 심했으면 때리지 말라는 규정이 있었겠느냐고 반론을 제기할
　수도 있으나, 그렇다면 서양 중세사회에서는 아내 구타가 전무했기 때문에 아내를
　때려주라고 법에 명시하지는 않았을 것이다.

172

용하였다. 부인을 존경하는 사고구조는 여성을 땅·음(달)[89]에 비유하는 농경사회에서 볼 수 있는 지모신(地母神)[90] 신앙의 한 형태로 이미 파악된 바 있다.[91] 여성의 아름다움은 외적 미모에 두지 않았고 내적 미, 즉 현명함과 어진 마음에[92] 두었음도 서양과는 대조되는 점이라 하겠다.

관직이 높았던 가문의 소수 양반 부인을 제외한 대다수의 사족 부인은 양잠(養蠶)과 직포(織布)로 가정 경영을 도모하였다. 홍만선의 《산림경제》에 보면 양잠은 사대부가에서나 상민가에서 매우 중하게 여겼다[93]고 하였고, 해평윤씨도 자식들(김만기·김만중 형제)의 서책을 마련하기 위하여 짜던 베틀에서 명주를 잘라서 책값을 치르었으며,[94]

---

88) 주희(1187), 이기석 역, 《소학》(서울 : 홍신신서, 1981), p. 158.

89) 농경사회인 우리나라에서는 달[月]을 더 숭배하였다. 팔월 한가위와 정월 대보름을 큰 명절로 쳤고, 설날도 음력을 기준으로 하였다. 지금도 calendar를 달력이라고 한다. 달을 읊은 노래들은 '달아달아 밝은 달아', 〈정읍사〉의 '달아 높히곰 돋아샤'에서 윤선도의 〈오우가〉, 소월의 〈초혼〉 '저 달이 암만 밝아도 쳐다볼 줄은'에 이르기까지 달은 뭇사람들의 연인이었다. 이에 반하여 서양의 세익스피어는 《로미오와 줄리엣》에서 달은 변덕쟁이이므로 달을 두고 맹세하지 말라고 하며 이탈리아인들은 '오 솔레미오(오 밝은 태양) 너 참 아름답다'고 노래한 데서 그 차이점을 읽을 수 있다[이어령, 《한국인의 신화》(서울 : 서문문고, 1972), pp. 134~146].

90) 다산과 증산의 상징으로 토지신[社]과 곡물신[稷]에 제사를 드렸음이 조선왕조에서도 나타난다. 봄·가을 두 차례에 걸쳐 왕이 친히 사직단에 나가서 제사를 지냈고 이의 흔적이 지금도 사직공원에 남아 있다. 지금도 미스 영양고추와 미스 감귤 선발대회에서 지모신 신앙의 변형된 형태를 볼 수 있으며, 지난 음력 정월 대보름 밤에 전북 김제군 임실면에서 행한 남녀대항 줄다리기대회가 바로 지모신 신앙의 연속이 아닌가 한다. 여자편이 이겨야 그해에는 풍년이 든다라는 믿음 때문에 여자편이 이기는 것은 당연한 불문율이며 여기에 쓰인 동아줄은 풍년을 기약하는 뜻으로 마을어귀 큰 돌에 감아두었다가 불에 태운다고 한다. 현지조사에 의한 보다 자세한 연구가 따라야 될 것으로 본다.

91) Peggy Sanday, "Female Status in the Public Domain", in *Woman, Culture, and Society*(Calif. : Stanford Univ. Press, 1975), p. 204.

92) "…… 아내가 어질면 / 곁에만 있고 싶고 ……."(정약용, 《다산시선》, p. 256).

93) 홍만선(연대미상), 《산림경제》(민족문화추진위원회 간), p. 158.

94) 송백헌, 《서포가문행장》(대구 : 형설출판사, 1981), p. 79.

다산 정약용은 부인의 양잠하는 모습을 시로 기록을 남겼으며 그가 18년간 귀양살이하는 동안 부인이 양잠으로 생계를 꾸려나갔다.[95] 양잠뿐 아니라 직포도 여성들의 일 가운데 중요한 부분을 차지하였다. 동학농민전쟁 당시의 호적대장에 과부가 호주로서 7~8명의 고용인을 거느리고 선대제수공업(putting out system) 단계의 가내 직포업을 경영하였던 것이 宮嶋博史의 조사[96]에 나타나고 있다. 구한말에 살았던 신삼희당(辛三希堂 1860~1946)의 경우에도 평안도 정주에서 무명장나이〔家內織布業〕를 하여서 가산을 일으켰다. 양반 여성들은 상민 여성들과는 달리 시장출입을 하지 않았다. 그래서 양반출신 과부인 신삼희당은 시장출입을 삼가고 판로는 친정오라버니가 맡아보았다.

양반 부인들의 주요한 일은 양잠과 직포 외에도 봉제사(奉祭祀)·접빈객(接賓客)과 자녀교육이었다. 육품 이상의 사대부가에서는 삼대봉사(奉祀), 칠품 이하는 이대 봉사, 서인은 당대 봉사에 한한다는 규정이 《경국대전》〈예전〉 봉사조에 있다. 이에 따른다면 양반가에서는 최소한 6명의 조상과, 상처하여 후처와 첩을 포함할 경우에 시절 제사와 합하여 한 달에 한 번 꼴로 제사를 모셔야 했을 것이라는 계산이 나온다. 유학에서 제사는 서양 중세 기독교의 예배의식과 같은 종교의식 그 자체였다. 장자의 아내는 총부(冢婦)로서 제사 헌식에 당당히 참여하였다. 초헌(初獻)은 장자가 하나 아헌(亞獻)은 총부가 술잔을 올리는 것이다. 그리고 총부권이 법적으로도 보장을 받았다.[97] 양반가에서 접빈객(接賓客)도 중요한 일이었다. 당시의 사랑방

---

95) 송재소 편역, 《다산시선》(창작과 비평사, 1981), p. 14.
96) 宮嶋博史, 〈갑오개혁 이후의 상업적 농업〉, 《동학혁명의 연구》(서울 : 백산서당, 1982).
97) 총부(冢婦)에게는 양자지명권이 있었고 봉사(奉祀)의 권한을 가지고 봉사가사(奉祀家舍)와 전민(田民)에 의거 생활한다.

은 학문과 정치의 토론장이었으므로 수시로 드나드는 손님들 맞이가 수월치 않았을 것이다. 이에 비하면 상민 여성들은 생계유지와 세금 납부를 위한 직포와 농사에 더 많은 노력을 기울였다.[98]

포는 조선시대 물물경제하에서 쌀(米)·은(銀)과 더불어 실물화폐[99]로서 통용되었다. 조선후기의 재상 김육의 주청으로 상평통보가 주조된 후에도 포는 대동포(大同布)·군포(軍布) 등의 조세수단으로 혹은 실물화폐로서 1894년 갑오개혁으로 조세의 완전 금납화가 이루어질 때까지 함께 통용되었다. 조선시대 양반계급은 전세(田稅) 외에 군역(軍役)·요역 등 역부담과 공물세의 면세특전이 있었기 때문에 상민 여성들이 짜는 포야말로 국가의 운영을 위한 재원의 근간을 이루었다.[100] 그러므로 포를 짜는 여성 노동력은 농사를 짓는 남성 노동력보다 월등히 나았음을 볼 수 있다. 베짜는 한 사람의 여인이 농부 세 사람과 맞먹었고,[101] 정다산도 면화재배는 수입이 오곡의 2배나 된다고 하였다.[102]

조선시대 인구조사에 나타난 자료에 의하면 대부분이 단계(單系) 가족으로 구성되었음을 알 수 있다. 즉 부모가 한 아들 부부와 동거하며 나머지 형제는 분가해서 사는 것이 여러 사료에서 발견된다. 유교의 가르침은 부모에 대한 효도를 제1의로 삼았기 때문에 부모의 권한은 막강한 것이었다. 《경국대전》〈이전(吏典)〉 노인직조(老人職

---

98) 여성들도 모내기와 김매기 등을 하고, 임금노동에도 종사하였음을 다산이 시로 생생하게 묘사하였다. 송재소 편역, 앞의 책, 참조.

99) 원유한, 〈조선후기의 화폐사 시대구분 문제〉, 《문학과 지성》 제6권(서울 : 일조각, 1975) 참조.

100) 최순희, 〈다산 정약용이 본 농민생활상 및 그의 개선책〉, 《사학지》 7집(서울 : 단국대 사학회, 1973). 그는 여기에서 세금이 쓰이는 용도와 재원을 잘 밝혔다.

101) 김영호, 〈조선후기 수공업의 발전과 새로운 경영형태〉, 《19세기 한국사회》(서울 : 성대 대동문화연구소, 1972), p. 184.

102) 권병탁, 《한국경제사》(서울 : 박영사, 1984), p. 163.

條)에는[103] 노부모에 대한 특별우대가 있었다. 뿐만 아니라 향약 규정에도 부모에게 불순하는 자를 극상벌로 다스렸다. 이처럼 시어머니와 어머니로서의 여성의 지위는 확고히 보장되어 있었기 때문에 며느리 시절의 고달픈 시집살이[104]를 조만간 어머니가 되리라는 희망으로 참고 견딜 수 있었다. 그러므로 조선시대 여성들은 신분과 연령과 생활주기에 따라서 질적으로 다양한 삶을 영위했다고 하겠다.

IV. 현대 서양 여성해방론의 쟁점과 여성연구 방법론

본장에서는 중세 이후 서양 여성운동 발단의 역사적 배경과 아울러 현대 여성해방론의 쟁점과 여성연구 방법론을 살펴보기로 한다.

멀리는 희랍 전통으로부터 가깝게는 중세 가톨릭교회의 심한 여성혐오증(misogyny)이 팽배해왔던 분위기에서 여성해방사상의 맹아가 서양에서 먼저 발아하였음은 매우 의미 있는 시사점을 간직한 것으로 보인다. 서양 근대의 여명기인 르네상스는 여성의 육체를 악의 화신으로 보는 가톨릭적 해석에서 탈피하여 여성의 육체를 찬미하고, 탐구의 대상으로 삼았으며, 여성도 남성과 마찬가지로 육체의 욕망을 가지고 있다고 주장하였다.[105] 그러나 르네상스도 남성들의 주도하에 이루어졌고 그들에게 상대가 되어줄 여성의 육체가 필요했기 때문에 이러한 점에서 자유연애는 해방이라기보다는 오히려 여성을 성적 대상(sex object)으로 이용하는 결과를 빚었다.[106]

---

103) 연령이 80세 이상이 되면 양민·천민을 막론하고 품계를 제수하여 아들들은 역을 면제해주며 사족 부인은 봉작한다고 되어 있다.

104) 고달픈 시집살이에 대한 규방가사가 많이 전해 내려온다. 조동일, 《한국문학통사》 3권(서울 : 지식산업사, 1984) 참조.

105) 그래서 왕왕 성의 해방이 여성해방과 동일시되는 오해의 소지를 불러일으킨다.

176

근대 서양 시민사회의 사상적 기반을 제공한 루소, 존 로크 등 수많은 사상가들도 남성 시민들의 자유와 평등만을 옹호하였고 여성의 자유와 평등은 의식적으로 일관되게 배제하여 왔다. 1789년 프랑스 혁명에서도 여성들은 남성들과 함께 시가전에도 가담하여 혁명을 이끄는 데 기여하였으나 인권선언에 담겨진 인간의 평등과 존엄성은 남성들만 향유하고 여성들은 여기에서 제외시켰다. 그러기 때문에 2년 뒤인 1791년 저 유명한 올랭프 드 구주의 《여권선언》이 뒤따르게 되었다. 영국의 매리 월스톤크라프트(Mary Wollstonecraft)도 그녀 자신 몰락귀족계급의 딸로서 생계를 위한 일자리가 필요했는데 여성에게 열려진 자리라고는 가정교사만이었으므로 그녀의 경험을 바탕으로 한 《여권옹호》[107]를 1792년에 발표하였다. 그녀는 존 로크의 경험주의를 원용하여 인간은 백지상태로 태어나므로 남녀의 능력은 환경과 교육에 의해 형성된다고 보고 교육의 중요성과 법적 평등을 역설하였다. 이들로부터 이어지는 여성 참정권운동은 70여 년을 지난 19세기 후반 존 스튜어트 밀(Jhon Stuart Mill, 1806~1873)에 이르러서도 같은 주장을 되풀이할 만큼 상황은 개선되지 않았다. 남성과 똑같은 시민으로서의 정치적·법적 평등과 교육기회 균등의 요구는 여성운동의 최대 관심사가 되었으나 참정권 획득은 이로부터도 50여 년이란 세월이 경과한 뒤에야 이루어지게 되었다. 한편 부르주아계층의 이익을 대변하는 시민사회는 소수 남성들의 자유·평등의 보장을 위하여 가부장적 가족제도를 한층 더 강화하였으므로 여성의 예속은 더욱 심화되었다. 예를 들면, 중세 여성들은 상속녀로서 단독처분권 등을 행사하였음에도 불구하고 근대법의 기초가 되는 나

---

106) 水田珠技(1978), 《여성해방 사상의 흐름》, 김희은 역(서울 : 백산서당, 1983), p. 26.
107) 매리 월스톤크라프트(1792), 《여권옹호》 ; 미리엄 슈네어 편, 강기원 역, 《여성의 권리》(서울 : 문학과 지성사), pp. 31~44에 발췌된 내용 참조.

폴레옹법전은 오히려 강력한 가장권하의 가족모델을 제시하였다.[108]

나폴레옹 민법전에 의하면 남편은 보호, 아내는 복종의 의무가 있다고 전제하여 남편은 아내의 인격과 재산을 지배 감독할 권한을 갖는다. 남편은 아내의 교제를 금지할 수도 있고, 거처를 결정할 수 있는 권한도 있으며 부부의 공동재산은 물론 아내 개인의 재산처분에 대해서도 남편의 허가가 필요하게 되어 여성은 인격적 독립을 할 수 없는 법적 무능력자가 되었다. 언뜻 보기에는 전근대적으로 보이는 이 가장권의 절대성은 사실은 봉건제의 유물이 아니라 전형적인 시민혁명을 거친 시민사회의 산물이었다. 나폴레옹법전은 남성의 해방과 여성의 종속이 표리관계에 있는 근대사상을 집대성, 구체화했던 것이다. 따라서 이 법전이 시행된 프랑스는 물론, 그것을 본보기로 했던 다른 나라들에도 여성 특히 아내의 지위는 극히 저하되었다.[109] 즉 결혼과 동시에 아내의 개인재산이 남편의 재산으로 자동적으로 간주되는 것에서 아내의 재산권 인정을 호소한 J. S. 밀의 주장은 결국 상속재산을 물려받은 상류층 여성 중심이었다는 한계점을 안고 있다. 그리고 100여 년이란 긴 세월을 투쟁해서 얻은 정치적 평등, 즉 참정권 획득은 여성의 예속을 본질적으로 바꾸어놓지는 못하였다.

J. S. 밀의 법적 제도적 평등을 주장하는 자유주의 여성해방론은 널리 알려진 바와 같이 1960년대 미국인 베티 프리단(Betty Fridan)

---

108) 水田珠技, 앞의 글, p. 22.
109) 일본의 민법은 19세기 말 나폴레옹법전의 영향을 받았고 이러한 일본식 가부장권이 일제치하 1912년 조선민사령(朝鮮民事令)에 반영되어 지금까지 잔재가 지속되어 온다. 즉 여성을 법적 무능력자로 만든 것은 조선시대의 봉건적 산물이 아니라는 점에 유의해야 할 것이다. 나폴레옹법전과 일본민법의 영향에 대해서는 이태재, 〈현대민법상의 상속제도와 로마법상의 상속제도〉, 《여성문제연구》 제5·6집(대구 : 효성여대 한국여성문제연구소, 1976), pp. 157~169 참조.

의 《여성의 신비》에서 재점화되었다.[110] 물론 그 당시 미국내의 인권 문제, 민권운동, 월남전 반대를 주장하는 학생운동의 여파와도 무관하지는 않았다. 자유주의의 입장은 사적 분야인 출산·육아·가사보다는 공적 경제분야의 활동을 더 가치 있다는 전제에서 출발하여 평등권법안(ERA) 통과에 주력하고 있다. 이들은 개인의 자유의사에 따른 선택권(freedom of choice)과 기회의 균등(equal opportunity)을 주장하기 때문에 평등보다는 자유를 더 지지한다고 하겠다.[111] 따라서 이들이 주장하는 기회균등에 겨냥되는(counterpart) 남성은 실제가 아닌 추상적 남성(abstract men)이라는 비판을 받고 있다.[112] 그 이유는 남성들도 개개인에 따라서 능력·학력·수입과 맡은 일이 차등이 있는 상태이므로 원칙적으로 어떤 남성과 같은 기회균등을 요구하는가 하는 의문이 제기될 수 있기 때문이다.[113]

프리단은 가정에 국한되는 아내들의 처지를 비난하고 능력 있고 야망 있는 남성들, 승리욕에 불타는 남편들이 대도시로 나가서 성공을 하는 상태를 부러워하였기 때문에 광산에서 일하는 광부와 똑같은 기회균등을 표방하지는 않았을 것이다. 그녀는 능력본위의 남성중심의 가치관을 그대로 받아들였기 때문에 그녀의 분석적 이론은 남성 각료 대신에 여성 각료를, 남성 사장 대신에 여사장을, 남성 장군 대신에 여성 장군으로 대체해야 한다는 전개를 펼 수밖에 없게 된다. 이러한 모순은 참정권 운동자로부터 오늘에 이르기까지 자유

---

110) 현대 여성해방론의 다양한 입장은 주 1)에서 언급한 바대로 이미 국내에도 소개되었기 때문에 본 논문에서는 내용을 소개하는 중복은 피하고 80년대로 접어들어서 논쟁점이 된 부분을 부각시키려고 한다.

111) Zillah Eisenstein, "Reform and/or Revolution : Towards a Unified Women's Movement", Lydia Sargent(ed.), *Women & Revolution*(London : Pluto Press, 1981), p. 353.

112) J. B. Elshtain(1981), *op. cit.*, p. 255.

113) *Ibid.*, p. 251.

주의 여성해방 이념이 안고 있는 한결같은 맹점, 즉 계급문제의 신비(class mystique)에서 벗어나지 못하고 있다.

　마르크스주의 여성해방론은 사유재산의 확립을 여성 예속의 기원으로 파악하고 경제적 관계로 맺어진 일부일처제 가족의 폐지를 주장한다. 고전으로 읽히는《가족·사유재산과 국가의 기원》에서 엥겔스(Friedrich Engels)[114]는 인류 최초의 분업은 남녀 사이에서 이루어진 생물학적 성별 노동분업이라고 하였다. 여러 가구가 어울려 살았던 원시공동체사회에서는 출산과 이에 따른 가사노동이 여성의 일이었으나, 식량조달자로서의 남성의 일과 마찬가지로 공적 사회적 노동이었던 것이 가부장적 일부일처제 가족의 대두로, 가사는 공적 성격을 잃고 사적 영역에만 머무르게 되어 여성의 지위가 하락하게 되었다는 것이다. 생계 책임자인 남편은 가정 안에서 부르주아이며 생계수단을 갖지 못한 아내는 프롤레타리아이기 때문에 남녀간에 적대감이 생긴다고 하였다. 그러므로 모든 아내들을 공적 생산에 참여시키는 것이 남녀간의 평등을 이루는 길이며, 재산을 소유하지 않은 프롤레타리아 가정의 결혼은 사랑에 기초를 둔 진정한 일부일처제라고 했다. 그렇다면 사유재산을 폐지하고 생산수단을 사회재산으로 할 경우에, 일부일처제 대신 과거 원시공동체사회에서처럼 집단결혼(group marriage)으로 환원될 것인가 하는 물음이 제기된다. 이에 대한 해답으로 엥겔스는 남녀가 상호 애정으로 결합된 명실상부한 일부일처제로 될 것을 전망했다.[115] 그러나 엥겔스는 성을 단순한 계급(class)관계로만 파악하고 성 자체가 내포하는 고유한 문제를 간과했다는 점에서 대부분의 여성학자들이 비판하고 있다. 더구나 원시

---

114) F. Engels, *The Origin of the Family, Private Property and the State*(New York : International Publishers, 1984).
115) *Ibid*, p. 135.

180

공동체사회에서 출산과 관련된 여성들의 가사노동이 공적인 사회노동이었음을 분명히 밝혔으면서도 근래 사적인 영역으로 저하되어 무가치한 것으로 간주되는 여성의 출산과 이에 따른 가사노동을 공적 사회노동으로 환원시켜야 한다는 자명한 논리는 유보한 채 모든 여성을 공적 생산에 참여하도록 해야 한다는 주장은 문제해결을 위한 접근방법을 우회적으로, 더 어렵게 만들었다. 남녀가 공적 생산에 평등하게 참여하기 위해서라도 출산과 양육과 가사노동을 우선적으로 고려하지 않으면 안되겠기 때문이다.

1970년대 초에 등장한 초기 급진주의자 슐라미스 파이어스톤(Shulamith Firestone)은 《성의 변증법》[116]에서 출산을 곧 여성억압의 요인으로 간주하였다. 따라서 출산을 천벌로 인식하는 유태 기독교의 가부장적 전통[117]을 전수하여서 여성의 출산 기능이 barbaric, clumsy, inefficient, tyrannical하여 근본적인 억압이 되므로 시험관 아기로 대체해야 한다는 것이다. 뿐만 아니라 현대 반여성운동을 표방하는 보수적 남성세력들이 흔히 주장하는 '출산에 이은 육아까지를 불변적인 여성의 역할'로 고정화하는 주장을 그녀 자신도 따르는 우를 암암리에 범하고 있다. 육아는 여러 부족사회의 조사 결과, 본성보다는 사회 문화적으로 형성된 역할임을 모든 여성학자들이 주장하기 때문이다.

임신과 출산이 가부장적 성차별 사회에서 공적인 일이 아닌 사적인 일로 간주되고 여성의 전생애를 사적인 일에만 몰두하도록 남성들이 규정해 놓았기 때문에 억압으로 작용한다는 사실을 깨달아야

---

116) 슐라미스 파이어스톤(1970), 김예숙 역, 《성의 변증법》(서울 : 풀빛, 1983).
117) 출산을 부정시하는 기독교적 전통은 지금도 남아 있어서 산모를 교회에 출석시키는 것은 속죄의 뜻이 있다고 한다. Jane Lewis, "Women Lost and Found", Dale Spender(ed.), *Men's Studies Modified*, (Oxford : Pergamon Press, 1981), p. 64.

한다.

파이어스톤은 그녀의 저서 서문에서 밝혔듯이 시몬느 드 보부아르 (Simone de Beauvoir)의 지적 분위기를 전승하였다. 보부아르 역시 《제2의 성》에서 여성의 신체적 현상인 생리를 전율스럽고 혐오스러운 것으로 묘사하였고 태아를 어머니 실존에 기생하는 차가인(借家人, tenant)으로, 수태를 소외(alienation)현상으로 보았다. 그리고 수유는 어머니를 지치게 만들며 유방은 mammary gland로서 인간의 생명생산(reproduction)을 동물적인 수준으로만 파악하였다.[118] 보부아르 역시 여성문제 분석이론을 일상적 대화에서는 의미가 없는 사르트르의 실존주의의 추상적인 초월(transcendence)이나 임재 (immanence)와 같은 용어를 빌어서 그녀 자신의 지적 우월감을 나타낸 것일 뿐 진정 평범한 대부분의 여성들의 문제에는 등한히 하여서 이들의 공감을 얻을 수 없다[119]고 비판받고 있다.

서양의 급진적 여성해방론자들이 가족의 해체를 주장하는 것은 놀라운 일이 아니다. 앤 오클리(Ann Oakley)는 여성이 자녀를 양육해야 한다는 가능성을 뒷받침해주는 아내 역할을 없애야 하며, 따라서 결혼 자체를 폐지해야 한다고 주장한다.[120] 더 급진적인 주장은 성계급을 폐지하는 방안으로 '레즈비언 사회'를 건설하자는 것이다. 남성들은 생물학적으로 존재론적으로 불완전하고 갈등을 느끼기 때문에 상대방 성의 억압을 통해서만 갈등을 경감시킬 수 있다고 티그레이스 애트킨슨(Ti-Grace Atkinson)은 주장한다.[121] 수잔 브라운밀러 (Susan Brownmiller)는 남성들의 강간은 생물학적으로 어쩔 수 없

---

118) Simone de Beauvoir, *The Second Sex*(H. M. Parshley(tr.))(N. Y. : Bantam Books, 1949).
119) Elshtain, *op. cit.*, p. 306.
120) Susan Okin, *op. cit.*, p. 294.
121) J. Elshtain, *op. cit.*, p. 206.

는 본성이라고 못박았다. 때문에 이들은 과거 남성이 여성에게 저질렀던 잘못된 행위를 비난하기보다는 남성의 본성을 문제 삼으며 중세에 여성혐오증(misogyny)에 비견할 만한 남성혐오증을 새로이 만들어가고 있다. 그리고 과거 남성들끼리만의 homosexual을 향유했던 실례처럼 여성들끼리 레즈비언을 조직하자고 역설한다. 매리 델리는 남성을 악마(demon)로 명명하면서 레즈비언이 아닌 자들은 모두 양성결합을 바라는 남성의 예속물이라고 선언하였다.[122]

그러나 이들의 강력한 주장과 호소에도 불구하고 왜 많은 여성들은 아직도 레즈비언으로 전환하지 않고 있는가라는 '의문'이 제기된다. 이는 아직도 많은 여성들이 악마로 인해서 타도되는 경험을 하지 않았기 때문이라고 생각된다. 그리고 강간이 생물학적 유전인자에 의한 남성의 본성이라면 여성 또한 남성인 아버지로부터 같은 생물학적인 유전인자를 물려받았으므로 여성의 본성 속에도 강간의 속성이 포함되어 있다는 논리의 함정을 깨달아야 한다.[123] 이들 급진주의 여성해방론자들은 성 자체가 여성을 억압하는 원인으로 파악함으로써 법적·정치적 권리의 획득이나, 사회적·경제적 평등을 주장하지도 않는다. 다만 가정에서 일어나는 아내 구타, 강간, 성적 대상화, 성별 노동분업, 가사결정권 등을 문제 삼는다. 즉 이성간의 결합인 결혼 자체를 가부장제의 산물[124]로 보기 때문에 가부장제적 억압을 원천봉쇄하기 위해서는 분리주의(separatism : lesbianism)를 선택해야 한다는 것이 일반적인 추세이다. 즉 출산을 포함한 여성의 성 자체를 억압의 요인으로 보는 한 급진주의자들은 분리주의를 택할 수

---

122) Mary Daly, *Gynecology*(Boston : Beacon Press, 1978) 참조.
123) J. Elshtain, *op. cit.*, p. 208.
124) Coralyn Fontaine, "A Lesbian Feminist Perspective", Margaret Cruikshank(ed.), in *Lesbian Studies*(New York : Feminist Press, 1982), p. 74.

밖에 없다고 하겠다.

한편 학문으로서의 여성학이 본궤도에 진입하면서, 계층간의 경제적 불평등과 가정 안에서의 여성문제들을 하나의 이론틀 안으로 재구성해 보려는 노력이 시도되었다. 하이디 하트만(Heidi Hartman)이 제시한 마르크시즘과 페미니즘의 결합이 그 한 예이며, 새로운 사회주의 여성해방론이 바로 그 전형이라 하겠다.[125] 앨리슨 재거(Alison Jagger) 또한 사회주의 여성해방론의 전략으로서 분리주의를 채택하였다.[126] 이처럼 전체적인 여성운동의 흐름은 이념적으로는 분리주의를 지향하는 추세이다. 온건함의 상징인 자유주의 여성해방 이념 안에서도 급진적 자유주의, 진보적 자유주의, 보수적 자유주의로 나누어지고 있다.[127] 개인의 선택의 자유를 강조하는 자유주의 이념 안에서는 레즈비어니즘을 허용해야만 하는 정당한 근거를 갖추고 있다. 만약 어느 개인이 자발적인 의사에 따라 레즈비언을 선택한다면 그가 취한 선택의 자유를 존중해야 하므로 이를 인정하지 않을 수 없게 된다. 이러한 배경 때문에 자유주의의 기수인 베티 프리단도 초기에는 레즈비어니즘을 lavender[128] menace라고 비난하였으나 1980년대 초반에는 이를 허용하기에 이르렀다. 지금 미국에서는 여성 인구의 10 퍼센트가 레즈비언이며 레즈비언 연구가 학문으로서도 독자적인 영역을 확보하고 있다.[129] 앞에서도 언급했지만 이들은 이성간의 결합(heterosexuality) 자체를 가부장제의 산물이라고 보기 때문에 레즈

---

125) Heidi Hartman, "The Unhappy Marriage of Marxism and Feminism : Towards a More Progressive Union", Lydia Sargent(ed.), *Women & Revolution*(London : Pluto Press, 1982).

126) Alison Jagger, *Feminist Politics & Human Nature*(Sussex : The Harvester Press, 1983).

127) Z. Eisenstein, "Reform and/or Revolution : Towards a Unified Women's Movement," in Lydia Sargent(ed.), *op. cit.,* p. 346.

128) 라벤더는 레즈비언 색깔이다.

129) Margaret Cruikshank, *Lesbian Studies*(New York : Feminist Press, 1982) 참조.

184

비어니즘을 여성심리학이나 생물학 분야의 성적 선호(sexual pre-
ference)라는 하나의 분야로 연구될 성격이 아니라 성인 남녀의 역할
인 결혼과 대등한 대안으로 공식 연구되기를 원하고 있다.

최근 여성학 연구방법론에서도 새로운 접근법이 시도되고 있다.
지금까지의 기존의 사회과학 연구방법의 주류를 이루었던 계량적인
연구방법에서 질적인 방법으로 전환하고 있다. 따라서 연구자의 연
구태도도 종래의 연구자와 피연구자는 냉정하고도 객관적인 관계를
유지하던 것으로부터 연구자와 피연구자 사이에 상호일체감을 가지
고 연구가 진행된다.[130]

이는 여성학을 여성에 대하여(on women), 여성이(by women), 여
성을 위한(for women) 연구라고 정의하면서,[131] 그러나 여성에 대한
연구만으로는 단지 객관적인 서술은 가능하나 진정으로 여성을 위한
연구가 되지 못한다는 것이다. 객관적인 실증주의적 연구방법은 200
년 전의 뉴턴의 물리학 시대의 유물이며, 최근 양자물리학의 연구성
과에 따라 관찰자의 개입 여부에 의하여 관찰결과가 다르게 나타나
므로 연구자와 대상이 하나로 되어야 한다는 것이다. 이러한 최근의
양자물리학의 결과를 뒷받침해줄 사상은 서양의 이원론적 지적 풍토
에서는 찾을 수가 없으므로 동양의 하나사상으로 회귀하려는 신예
물리학자들이 나오고 있다.[132] 학문의 흐름에 민감한 여성학자들도
새로운 사조에 발맞추어 서양의 이분법적 사고방식을 탈피하고 여성
학 이론의 철학적 배경으로서 동양의 하나사상과의 연계를 모색하려
는 선구적 그룹이 있다.[133]

---

130) Helen Roberts, *Doing Feminist Research*(London : Routledge & Kegan Paul, 1981) 참조.
131) G. Bowles & D. Klein, *Theories of Women's Studies*(London : Routledge & Kegan Paul,
    1983).
132) F. 카프라의 《현대 물리학과 동양사상》과 쥬커브의 《춤추는 물리》 등이 국내에도
    소개되었다.

여성의 관점에서 연구자와 피연구자가 혼연일체가 되는, 진정으로 여성을 위한 연구란 어떤 것인가? 연구대상의 주체는 누가 되어야 할 것인가? 탁월한 여성 장관, 경영인, 유능한 여성학자, 여성 사업가, 여성 정치인인가? 아니면 이름 없는 수많은 평범한 여성들인가?

제인 루이스(Jane Lewis)는 탁월한 소수 여성을 연구대상으로 삼는 것은 남성들의 관점에서 본 탁월함이기 때문에 여성의 관점으로 전환하려면 대부분의 평범한 여성들을 연구대상으로 삼고 그들의 일을 부각시켜야 한다고 했다.[134] 진 베스키 엘슈타인(Jean Bethke Elshtain)은 능력본위의 경쟁사회에서 어머니란 역할은 이미 남성들로부터 무능력자로 취급되어 항상 하찮은 대접을 받고 있는 처지인데, 이번에는 이들을 해방시켜 준다는 명목으로 반대편이 아닌 동료 여성운동가들로부터 도리어 어머니 역할이 여지없이 매도당하는 아이러니를 개탄하였다.[135] 그러기 때문에 공과 사의 영역을 재구조화하여 가치편중을 없애는 것이 가장 바람직한 방향이라 하겠다. 즉 사적 영역도 공적 영역만큼 동등한 가치를 부여해야만 한다. 공과 사의 가치가 평등할 때만이 진정한 의미에서의 기회균등과 선택의 자유를 보장받을 수 있기 때문이다.

샌드라 하딩(Sandra Harding)의 주장도 같은 맥락으로 이해할 수 있다. 여성이 남성 중심의 문화에서 희생되어 온 사례만을 파헤치는 피해학(victimology)이나 혹은 소수의 탁월한 여성들의 업적을 발굴

---

133) Alison Jagger, *Feminist Politics and Human Nature*(Sussex : The Harvester Press, 1983), p. 391과 Barbara du Bois(1983), "Passionate Scholarship", *Theories of Women's Studies*, p. 114. 이들도 하나사상을 탐색하고 있다. 물론 동양의 하나사상이란 도교(Taoism), 유교와 인도의 신비주의 등을 총괄 지칭하고 있으나 필자는 이 논문에서 우리의 하나사상[禪]에 보다 애정을 가지고 있다.

134) Jane Lewis, "Women Lost and Found", Dale Spender(ed.), *Men's Studies Modified*(Oxford : Pergamon Press, 1981), p. 57.

135) J. Elshtain, *op. cit.*, p. 333.

하는 보상연구(compensatory study)도 종국적으로는 남성 중심의 관점에서 벗어날 수 없으므로, 이를 넘어서서 대다수의 평범한 여성들의 일상사인 출산·육아·가사·노인 돌보기 등도 사회적인 활동으로 격상시켜야 한다는 것이다. 이것이야말로 진정한 '여성 중심의 관점(women's perspective)'이라고 그녀는 주장하였다.[136] 말하자면 지금까지 무시되어왔던 비공식분야를 공식화하자는 방향으로 80년대에 들어와서 여성연구의 흐름이 형성되어가고 있다고 하겠다. 이러한 맥락은 한국 여성문제 해결에도 유익한 도움이 되리라고 보며 우리나라 여성문제를 살펴보려 한다.

V. 한국 여성문제의 본질과 여성운동의 이념정립

앞장에서 살펴본 바대로 올랭프 드 구주에서 비롯되는 서양 여성운동은 기계화로 인한 산업사회로의 이행이 진전되어감에 따라 생겨난 신흥자본가계급의 이익을 보장받기 위하여 일으킨 시민혁명을 발단으로 대두되었음을 알게 되었다. 즉 기술혁명으로 인한 산업혁명과, 시민혁명이 여성 참정권운동의 여건을 조성해 주었다고도 할 수 있다. 그러나 한국 여성운동은 다른 과정을 거치게 되었다. 1864년 진주민란을 위시하여 19세기 후반부터 일기 시작한 농민봉기는 1894년 동학농민전쟁[137]으로 점화되어 이들이 내세운 평등 요구가 일부분 수용되었다. 이른바 갑오개혁이 단행되면서 노비제 철폐와

---

136) Sandra Harding, "Philosophical Background of Women's Studies : Theory and Methodology", 아세아 여성연구소 심포지엄 자료 (서울 : 숙대 출판부, 1984).
137) 농민전쟁이냐, 봉기냐, 혁명이냐, 동학란이냐는 등의 용어의 통일문제가 쟁점이 되고 있다.

재가금지가 철회된 것이다.

그러나 서양의 시민혁명에 비견될 동학농민전쟁이 청·일 등 외세의 개입으로 실패로 돌아가자 우리나라는 점점 세계열강[138]의 세력확장의 각축장이 되어갔다. 청일과의 대외무역에서도 역조현상을 나타냈고 일본은행으로부터 빌리기 시작한 외채가 이때부터 비롯되었다. 이러한 와중에서 여성운동은 남녀 동등을 실현하기 위하여 여성교육기관 설립을 주장하고 최초의 여성단체인 '찬양회'가 1898년 결성되어 순성여학교를 설립하였다.[139] 그리고 1907년 외채를 갚으려는 국채보상운동에 여성도 독자적인 조직을 가지고 참여하였다. 노비제가 철폐되었다고는 하나 아직도 반상의 구분이 엄존하였던 당시에 이 운동은 신분을 초월하여 양반부인·상민녀·기생·주희(酒姬)가 서로 형님 아우님[140]으로 호칭하며 하나로 뭉치게 되었다. 또한 여성들도 의병단[141]을 조직하여 항일운동에 가담하였고, 일본 독점자본주의 식민지 치하에서 가장 열악한 조건으로 혹사당하는 조선 부녀자[142]들의 근로조건 개선을 위한 주장이 1927년에 조직된 '근우회'의 행동강령에 반영되었다. 이와 같이 나라를 빼앗긴 처지에서 일차적인 여성운동의 목표는 독립운동이었고, 이것이 곧 참정권 운동으로 연결이 된다.[143]

---

138) 1875년 개항을 전후해서 멀리는 미국·프랑스 함대의 위협과 가깝게는 일본·청국·러시아의 세력다툼의 와중에 있었다.

139) 박용옥, 〈여성근대화운동〉, 《한국사연구입문》 제2판(서울 : 지식산업사, 1987), p. 515.

140) 박용옥, 〈국채보상운동에의 여성참여〉, 《사총》 12·13합집(1968).

141) 박용옥, 《한국근대여성운동사연구》(서울 : 정신문화연구원, 1987), 윤희순 의병단 참조.

142) 조선 여성들은 일본 남성의 4분의 1, 일본 여성의 2분의 1에 해당되는 임금을 받았다[이효재, 〈일제하 여성노동운동〉, 《한국근대사론》 Ⅲ권(서울 : 지식산업사, 1976), p. 165].

143) 1927년 상해 임시정부가 평등에 입각한 헌법의 기초를 마련하였기 때문에 이를

8·15 광복과 더불어 여성에게도 선거권, 교육의 기회균등이 부여되고 남녀평등이 헌법에 보장되었으나 하위법인 민법에 아직도 여성에게 불리한 조항들이 많으므로 이를 개정하기 위하여 여성단체들이 범연합운동을 벌이고 있음은 익히 알려진 일이다. 혹자는 말하기를 서양 여성들은 투쟁해서 참정권을 획득하였기 때문에 여성의식이 투철하지만, 한국 여성들은 선거권을 쟁취한 것이 아니라 거저 받았으므로 여성의식이 없다고들 한다. 이러한 편견은 선배 여성들의 투철한 항일 애국투쟁을 간과한 데서 나온 것이므로 시정되어야 할 것이다. 차이가 있다면 다만 서양 여성들은 시민권 획득을 위한 시민혁명에 남자들과 함께 참여하여 혁명을 성공으로 이끌었으나 서양 남성들은 전리품인 시민권은 자신들만 차지하고 여성들은 이에서 제외시켰다는 점이다. 때문에 인권선언이 있은 지 2년 후인 1791년 여권선언을 필두로 실로 1세기에 걸친 참정권운동이 이어지게 된 것은 이미 주지의 사실이다. 그러나 반침략운동을 여성들과 함께 했던 한국 남성들은 광복의 열매인 선거권 부여에서 여성들을 배제하지는 않았던 것이다.[144]

일찍이 바바라 와드(Barbara Ward)는 아시아 여러 나라 여성들의 지위를 분석하는 기준으로 반제국주의운동 참가 여부에 따라 여성의식의 유무를 결정하였다.[145] 또 주목하여야 할 것은 현재 가족법 개정에서 쟁점이 되고 있는 여러 가지 사안들이 조선왕조의 봉건제적 유산이 아니라 서양 근대법의 영향하에 있었던 일본 제국주의적 가부장권의 잔재라는 점이다.[146] 여성을 법적 무능력자로 만들어서

물심양면으로 지원한 여성단체들은 근대시민사회 건설을 목표하였다[박용옥,《한국근대여성운동사연구》, 1984].

144) 물론 여성에게 참정권을 부여한 세계적인 추세에 영향을 받았음도 하나의 요인이라고 본다.

145) Barbara E. Ward, *op. cit.*, pp. 69~70.

자녀에 대한 친권행사를 할 수 없게 하고 자녀균분상속을 요구하게 만든 것은 서양 근대 시민사회가 낳은 산물인 것이다. 때문에 서양 여성운동가들은 르네상스가 남성의 발전일지언정 여성의 발전은 아니며 근대화가 여성의 해방을 가져왔다는 관점은 반여성학적이라고 주장하기까지 한다.

구미에서와 마찬가지로 한국에서도 여성운동이 여성연구에 선행 전개되어왔기 때문에 한국의 여성학은 한국적 여성운동의 경험에 기초하여 앞으로의 한국 여성운동에 이론적 근거를 제시해야 할 뿐만 아니라 그를 위하여 한국의 역사적 특수성도 고려해야 하는 명제를 지닌다고 하겠다. 근자 한국학계에서는 해방 후 지금까지 선진국의 학문, 특히 미국의 이론을 무조건적으로 수용해온 풍토에 대한 학문적 반성의[147] 물꼬를 트고 있다. 이론은 경험에서 추출되는 것이라면[148] 사상적 배경과 역사적 경험이 상이한 곳의 이론을 기계적으로 도입한다고 해서 참고는 될 수 있을지라도 곧바로 이식될 수는 없는 것이다. 여성학 이론에서도 예외일 수 없다. 만일 모든 학문의 보편성이 특수성에 의해 부정되어서는 안될 것이라는 명제가 성립한다면 역으로 보편성이라는 이름으로 특수성을 도외시해서도 안된다는 논리가 적용되어야 할 것이다.

---

146) 조선시대의 가장의 개념은 존장자·집안어른 등 그 범위가 다소 모호하였던 것이 일제치하에서 일본식 가부장의 엄격성이 뿌리내리게 되었다 한다[박병호, 〈한국가부장권법제의 사적 고찰〉, 《가부장제와 한국사회》(서울 : 한국여성학회, 1986)]. 나폴레옹법전과 일본민법과 조선민사령의 상호관계에 대하여는 주 110)을 참조 바람.

147) 1986년 4월 25~26일 서울대 사회과학연구소 주최로 열린 '한국사회과학 방법론의 탐색' 세미나와, 동년 6월에 열린 전국대학원연합회 주최 세미나 '한국 사회과학의 위기'라는 주제로 한국의 특수성을 강조한 한국적 사회과학을 정립해야 한다는 중지들이 모아졌다.

148) Lis Stanley and Sue Wise, *Breaking Out*(London : Routledge & Kegan Paul, 1983)에서 일관되게 논의되는 명제임.

이러한 의미에서 앞서 살펴본 동·서양 여성들의 역사적 경험을 다음 페이지의 표와 같이 대비하여 봄으로써 앞으로의 논의를 보다 선명히 할 수 있을 것이다.

비록 조야한 비교이기는 하지만 사적 분야에서는 중세 조선 여성들이 더 많은 자율을 누렸다 하겠다.

서양 시민사회의 근대법에서 여성을 무능력자로 만들었기 때문에 필연적으로 서양 여성해방운동이 전개되었고 우리의 근대는 식민지라는 특수한 경험을 겪게 되었음은 누누이 지적한 바이다.

그런가 하면 서양은 200여 년간에 걸친 자본주의의 발전단계에 조응하여 여성들은 가정에서 하던 일을 공장에 나가 하였고, 의료기술의 발달은 결과적으로 출산율의 저하를 유도하였으며, 의무교육이 실시되어 어린이의 노동이 배제됨으로써 여성노동력은 지속적으로 요구되었다. 더욱이 1, 2차 세계대전 기간 남성노동력이 전쟁터로 흡수되자 여성들은 산업예비군으로서 흡수와 배제의 반복과정을 거쳐서 오늘날에는 서양 여성노동력의 약 50퍼센트[149]가 경제활동에 참여하고 있다. 이러한 관계로 정치적 평등에서나 고용기회의 균등면에서나 우리보다는 선진적인 위치에 도달했다고 하겠다.

이에 비하면 우리나라는 일본 제국주의의 식민지시대를 거치고 해방 후 특히 1960년대부터 급속한 자본주의의 진전을 보고 있으나, 아직도 산업혁명단계에 있고 나폴레옹법전과 일제 가부장권의 잔재가 완전 청산되지 않은 채 여전히 민법내에 잔존하고 있다. 선택의 자유(freedom of choice) 때문이 아니라 사회적 불평등 때문에 비자발적으로 생산에 참여하고 있는 단순직 근로여성들의 문제가 오늘 우리에게도 있으며, 여성신교육 100년의 전통이 배출해놓은 고급여

---

149) L. Sargent, *op. cit.*, p. 325.

		서양 중세	조선시대
공	정치	−	−
	학문	−	−
	재산권	+	+
	여영아살해	−	+
	결혼	−	+
	출산	−	+
	사생아	−	△ 서자
	이혼	−	− 남녀 모두에게 이혼의 자유가 없었다는 점에서
사	재혼	+	−
	경제활동	+	+
	강간	−	+
	아내 구타	−	+
	간통	−	−
	성적대상화	−	+
	존칭어(부부)	−	+
	마녀학살	−	+
	참정권	+	+
근대			反제국주의운동
	재산권(무능력자)	−	+

성인력을 사회에 환원한다는 차원에서 기회의 균등(equal oppor-
tunity) 실현 또한 무시 못할 과제인 것이다. 더욱이 국권은 회복하
였으나 외세의 압력으로 여전히 국토가 남북으로 분단된 상황에서
통일을 이루어야 할 민족적 과업에 여성 또한 적극 참여해야 하는
당위성이 있는 것이다. 바꾸어 말하면 첫째, 가족법 개정문제(주부의
가사노동문제 포함),[150] 둘째, 생산직 근로여성문제,[151] 셋째, 중산층

---

150) 여성의 친권이나 남녀 균분상속 외에도 여성의 가사노동을 불가시, 무보수화하여
서 이혼의 경우 재산분할청구권이 없어서 소액의 위로금만 받는 경우가 태반이고
주부가 교통사고를 당해도 인간의 존엄한 생명값을 제대로 받지 못하는 실정이다.
최근 김애실이 주부의 가사노동을 경제가치화한 연구는 이러한 의미에서 의의있

192

여성문제,[152) 넷째 통일문제를 포괄하여 '하나'의 여성운동으로 승화
시킬 이념정립이 본 논문의 목적이자 결론인 것이다.

위의 네 가지 문제를 전제로 해서 서양 여성해방 이념의 한국적
현실에서의 적부를 가려내는 문제가 남는다. 먼저 서양 이념을 검증
하기 위한 도구로서 최한기(崔漢綺 1803~1879)의 개과천선(改過遷
善)적 공학[153)을 원용할 것이다. 즉 쓸모없는 것은 버리고 유용한 것
만 취한다는 원리이다. 애초에 급진주의 이념은 우리 형편에 맞지
않는다는 전제에서 출발하였고 동·서양 문화의 비교과정에서 왜 그
런가는 자명하게 밝혀졌으리라고 본다. 즉 여성의 신체를 불구적으
로 보는 아리스토텔레스 생물학과 출산을 천벌의 대가로 여기는 유

는 일이라 하겠다. 흔히 가사노동을 임금화하여야 한다는 논의에 대해 고급 여성
인력은 자신들의 공적 경제활동 참가요구를 저해하는 요인으로 반론을 제기하기
도 한다. 공적인 일, 즉 남성이 하는 일은 가치가 있고 여성이 담당하는 사적인
일은 무가치하다는 이분법은 남성들이 만들어놓은 가치관이다. 사적인 일도 공적
인 일과 마찬가지로 동등한 가치를 지닐 때에 진정한 의미에서 선택의 자유와 기
회균등이 보장될 수가 있다. 남성들이 가사노동을 하더라도 가치를 부여해야 하
며, 여성들이 가사노동을 전념하기 때문에 가치 없는 일로 규정한 남성들의 가치
관을 먼저 타파해야 한다.

151) 미혼 근로여성들의 꿈은 돈을 모아서 좋은 남성 만나 가정을 이루어 지긋지긋한
여공생활을 끝내고 앞치마 두르고 찌개 끓여 놓고 귀가하는 남편 기다리는 중산
층 여성의 주부상이다. 이들에게도 선택의 자유와 균등한 기회가 보장되어야 하는
사회적 평등의 문제가 해결되어야 한다.

152) 공적인 면에만 경제적 가치를 부여하기 때문에 공적 분야에서의 기회균등을 주장
하는 나머지 사적 분야의 일을 가치절하하는 잘못을 종종 범하게 된다. 한국 여성
의 상당수가 전업주부인데, 그들은 무능하니까 가사노동의 가치를 인정할 수 없다
는 편견은 소수 능력 있는 여성들의 공적 경제활동을 위해 대다수 주부들이 무능
력자로 희생되는 상호모순성을 지니게 된다. 모든 여성의 발전을 위한 여성운동이
어야 하므로 먼저 공사의 가치배분이 평등해지도록 노력해야 한다.

153) 개과천선(改過遷善)이란 허물을 고쳐 착하게 됨을 의미하나 이론선택 과정에서는
맞는 이론을 취하고 맞지 않는 이론은 배제하는 것을 의미한다[정대현, 〈이론의
선택과 실학적 방향 — 최한기의 실학논리를 중심으로〉, 《철학연구》 제18집(서울 :
철학연구회편, 1983)].

태교·기독교 전통에 근거한 파이어스톤의 이론은 생명창조의 음의 기능이 양과 동등하며 또한 출산을 신성시하는 음양론과 단군신화에 견주어볼 때 우리에게는 맞지가 않는다. 남녀간의 결합인 Heterosexuality 자체를 가부장제가 낳은 여성억압의 메커니즘으로 보는 레즈비어니즘은 만물의 단서가 음양의 화합과 조화에 있으므로 결혼을 인륜지대사로 여기는 한국 전통문화와는 배치된다. 뿐만 아니라 레즈비어니즘은 희랍문화에 기초한 서양문화의 특수성에 속한다. 소크라테스도 미소년과 동성연애(homosexual)를 했고 여류 서정시인 사포(Sappho)가 살았던 레스보스(Lesbos) 섬은 여성 동성연애자들이 많았으므로 여성 동성연애자를 지칭하는 레즈비언이 레스보스에서 유래한다[154]는 것은 상식화된 일이므로 그들의 분리주의는 서양 전통의 특수성이며 우리의 전통과는 상치되므로 개과천선적 공학에 의거 배제가 불가피하다.

중산층[155] 여성들의 문제해결을 표방하는 자유주의 이념의 법적 평등과 선택의 자유의 강조는 우리의 현실에도 공통된 문제이다. 즉 대학을 졸업하는 여성들이 남성들과 균등한 기회로 공적 경제활동에 참여할 수 있는 선택의 자유가 보장되어야 한다. 그리고 사회적 평등만을 주장하는 나머지 여성 고유의 문제를 간과하고 단지 남과 여를 계급갈등에 대비시킨 마르크스주의 여성해방론은 하나의 통일된 이념으로서는 부적합하나 평등의 가치만은 우리가 취해야 할 점이다. 즉 가난한 여성들의 사회적 평등을 도외시해서는 안될 것이다.

---

154) 베벨(1879), 선병렬 역, 앞의 책, p. 47. 혹자는 우리나라에서도 궁녀·남사당패의 동성연애의 사례를 들면서 세계사적인 보편성을 주장하려고 한다. 필자의 견해는 희랍 최고 지성인 소크라테스 등의 철학자와 서정시인 사포가 남사당패 그리고 궁녀와 대비되기에는 정도의 차이를 넘어서 천양지간(天壤之間)이라 하겠다.

155) 이순의 단편소설 〈병어회〉에서 그녀는 딸을 대학에 보내는 가정을 중산층이라고 개념정의하였다.

194

최근 구미에서 새로이 형성된 마르크스주의의 평등과 레즈비어니즘의 결합인 사회주의 여성해방 이념[156]은 우리의 문제해결에는 도움이 되지 않는다. 우리는 평등과 분리주의의 결합이 아니라 자유와 평등이 하나로 통합되어야만 한다. 다행스럽게도 레즈비언들이 주장하는 가정내의 문제들 — 아내 구타,[157] 성적 대상화,[158] 강간,[159] 가사결정권,[160] 성별 노동분업[161]은 적어도 우리의 전통의 뿌리에서 유래된 것이라기보다는 급격한 근대 자본주의화를 거치면서 파생된 문제라 하겠다. 이러한 문제들도 법적 제도적 장치를 통해서 해결해야 하며,

---

156) 이들에 대해서는 **Alison Jagger** *op. cit.* 참조.

157) 주지하다시피 아내 구타는 서양 중세 가부장제의 유산이나 조선시대의 가부장제는 아내를 때리지 말라고 하였다. 마리아 미이스는 아내 구타가 가부장제의 유산이라고 했는데 서양 가부장제의 유산일 뿐 우리의 전통은 아니다. 여자와 피아노는 두들길수록 소리가 잘 난다는 비어(卑語)는 아마도 피아노가 수입된 이후의 일이 아닌가 한다.

158) 서양의 구혼결혼, 혹은 궁정연애(courtly love)가 여성의 외모를 중시하고 여성을 성적 대상으로 삼는 원인이었고, 우리 전통사회에서는 부모가 정해주는 중매결혼이 원칙이었으므로 외모를 중시한 것이 아니라, 가격(家格)이나 내면의 아름다움, 즉 덕성을 중시하였다. 자본주의 사회로 접어들어서 여성의 성을 상품화하고 자유연애와 더불어 여성의 외모가 중시되는 과정에 있다 할지라도 서양의 역사에 비하면 현격한 차이가 있다고 할 수 있다.

159) 우리의 전통에서 강간은 극상벌로 처하였기 때문에, 지금도 가정파괴범은 사형을 언도받는다. 우연한 기회에 사형을 언도받고 복역중인 소위 가정파괴범의 수기를 여성지에서 읽었는데, 그는 자신이 살해범도 아닌데 왜 사형을 받아야 하는가라고 억울해 하였다. 미국의 통계로는 전여성의 3분의 1이 그녀의 일생동안 강간을 당할 확률을 가진다고 앨리슨 재거는 말하였다. **Alison Jagger**, *op. cit.*, p. 261.

160) 전통사회의 상호불간섭 원칙의 내외법에서 유래해서인지는 모르나 현재도 가사결정의 참여도에서 한국 여성들이 미국 여성보다 더 높게 나타나 있다. 이동원이 조사한 한국 주부들의 가사결정권과 미국 디트로이드시의 주부들을 대상으로 한 가사결정 참여도를 비교한 《동아일보》 1984년 11월 29일자 문화면 지영선 기자의 기사에 의거한 것이다.

161) 성별 노동분업이란 남성의 일, 여성의 일로 구분해서 여성이 하는 일은 더 가치가 없다는 전제에서 출발한 것이므로 공과 사의 가치균분을 주장하는 관점에서는 논의의 전개가 불필요하다고 본다.

따라서 선택의 자유와 사회적 평등과 통일문제에 보다 구심점이 모아져야만 한다. 우리에게는 이들을 통합하는 하나의 이념이 필요하며 자유냐 평등이냐[162] 식의 양자택일적인 방법은 이 시점에서 여성문제 해결을 위한 필요충분조건을 갖추었다고 말하기는 어렵다.

그런데 자유와 평등과 독립을 하나로 묶는 통합의 이데올로기로서 민족주의[163]가 제시되고 있다. 즉 부르주아 민주주의의 연장선상에 있는 자유민주주의도 모순점이 있으며, 구미를 비롯한 제국주의에 대한 반발로 제삼세계 여러 나라들이 전후 사회주의노선을 택하였지만 이 또한 소비에티즘의 강권세력에 편입되어 냉전체제를 강화한 점에서 이념의 우위성을 인정받지 못하고 있다. 그러므로 두 이념의 맹점을 극복하고 장점만을 취하여 통합 가능한 이념이 바로 민족주의라는 것이다. 명목상의 독립이 되었다고는 하나 외세의 개입으로 국토가 잘려진 현시점에서 볼 때 민족주의는 여성문제의 자유와 평등을 포괄할 뿐만 아니라 한국의 특수사정인 남북분단을 극복하고 통일을 이루는 이념으로서도 적합하다고 하겠다.

그렇다면 한국 여성문제를 포괄하는 민족주의는 한국 민족주의라 이를 것이며 이는 바로 민족사상인 단군신화에 나타난 '하나'사상[164]

---

162) 남경희는 롤즈의 평등주의적 정의관과 복지국가관에 대비하여 국가는 개인들로 하여금 타 개인을 돕도록 강제할 수 없다는 노직의 자유론적 입장을 소개하면서 우리의 현실에서는 항상 국가를 내세운 전제주의·독재주의에 눌려 개인의 자유가 유보당하고 자유를 포기하는 일에 익숙해진 현실을 비판하면서 노직의 자유론을 지지하였다. 필자는 이와는 좀 각도를 달리해서 우리에게는 자유도 중요하고 평등도 소중하므로 이 양자를 통합하는 데 일차적 관심을 둔다[남경희, 〈사회정의, 평등이냐 자유냐〉, 《세계의 문학》 31(서울 : 민음사, 1984), pp. 66~94].

163) 진덕규, 《현대민족주의의 이론구조》(서울 : 지식산업사, 1983), pp. 161. 그러나 일제 치하 보수우파가 지향했던 소극적, 개량주의적 문화주의를 표방한 민족주의와는 구별된다[진덕규, 〈분단사회의 민족주의형성에 관한 고찰〉, 《분단시대와 한국사회》 (서울 : 까치, 1985), pp. 11~38].

164) 서양의 선각자들은 양자물리학의 실험결과를 뒷받침해줄 철학적 근거를 동양의

에 근거하고 있음을 말한다. 외세의 침략 앞에서 한국 근대여성운동은 애국운동일 수밖에 없었으며, 당시 우리의 선배들은 양반이나 상민이나 기생, 주희(酒姬)라는 신분을 초월하여 '하나'로 뭉쳤던 선례가 있듯이 통일운동은 중산층이나 여공 등 계층간의 갈등을 극복하고 모든 여성이 하나로 뭉칠 수 있는 구심점이 될 수 있을 것이다.

자유와 평등이라는 이념의 대립으로 분열된 민족은 모두 같은 단군의 자손이라는 동질성에서만 화해와 통일의 실마리가 풀릴 것이다. 단군의 하나사상을 계승한 동학이 제일 먼저 여성문제와 노비제 철폐와 反침략을 표방하였고, 이를 이어받은 천도교가 3·1독립운동[165]에서도 선도적 역할을 하였음은 이 시점에서 매우 중요한 의미를 시사해 주고 있다. 그것은 현재 여성문제와 통일문제 해결을 뒷받침해줄 근거가 다름아닌 하나사상임을 직관적으로 명시해주기 때문이다. 과거 반제애국여성운동의 맥을 이어받아 현재도 남성과 더불어 통일을 성취해야 하며 동시에 중산층·근로여성·주부 등 다양한 여성문제를 하나로 묶어야 하므로 하나사상에 뿌리를 둔 민족주의 여성운동이야말로 한국 여성운동이 지향해야 할 이념이라 하겠다.

'하나'사상에서 찾으려 하며 여성학자들 또한 서양적 이원론을 타파하기 위하여 동양의 하나사상으로 회귀하려는 이즈음에 한국 여성학자들이 서양이론을 맹종하려는 몽매한 아이러니는 범하지 말아야 할 것이다.

165) 삼일독립선언문에 서명한 33인 가운데 기독교 대표는 천도교가 지원한 독립자금 중 일부를 가족의 생활비로 유용한 이기적 태도를 보였다[이만열, 〈한국기독교와 역사의식〉(서울 : 지식산업사, 1981), p. 165]. 물론 기독교 사상 가운데서도 하나님 안에서는 모두 하나라는 통합의 이론이 있어 기독교가 통일의 주축을 이루어야 한다고 박순경은 주장하나, 북한이 기독교를 미제앞잡이로 보는 현시점에서 평화 통일을 이루기 위해서는 단군의 '하나'사상이 더 설득력이 있으며 우선한다는 것이 필자의 견해이다[박순경, 《한국민족과 여성신학의 과제》(서울 : 대한기독교서회, 1983)]. 또한 수녀 출신의 매리 댈리는 하나님을 떠나야만(Beyond God the Father) 여성의 구원이 이룩된다고 믿고 레즈비언의 선두주자로 활약하고 있음에 유의해야 한다.

VI. 결론

이 논문은 한국적 상황에 맞는 여성연구의 일환으로 한국 여성운동의 이념정립을 시도하였다. 이러한 시도는 문제제기에서 밝혔듯이 한국의 Feminism은 서양의 그것과는 달라야 한다는 전제에서 출발한다. 그래서 왜 달라야 하며 어떻게 달라야 하는지를 규명하려고 노력하였다.

제Ⅱ장에서는 중세의 동·서양의 여성관을 비교하기 위하여 제1절에서 서양의 여성관을, 제2절에서는 동양 특히 주역의 음양관과 단군신화의 하나사상을 다루었다. 이 두 여성관의 현저한 차이는 서양에서는 동양과는 달리 여성이 신체적으로 열등하다고 인식함으로써 서양에서는 결혼보다는 독신이 장려되었고 출산을 부정시하였다. 또 Homosexual이나 레즈비언도 희랍 전통에서 유래되었다 그러나 동양의 《주역》의 여성관은 음양 자체는 동등하나 그 기질이 강하고 유순함에 차이가 있으며, 음양의 조화는 만물을 생성하게 하는 근본이치이므로 결혼관이 중시되었고, 단군신화에 나오는 웅녀 또한 출산을 염원하였다.

제Ⅲ장에서 살펴본 중세 동·서양 여성생활의 비교에서 공통점은 모두 여성들이 생산에 참여하고, 생산이 가족단위로 이루어졌기 때문에 경제활동은 활발하였고 여성의 단독처분권이 법적으로 보장받았다. 이것은 신분제사회에서 토지상속의 고유한 특성과 연관지어 이해하여야 할 것이다. 법적인 지위는 대개 중세사회의 어디에서나 여성이 남성보다 낮았던 것은 보편적이었다. 차이점은 서양에서는 아내 구타가 법적으로 허용되었고 마녀학살과 자유연애로 인한 여성의 성적 대상화는 서양 여성의 특수 경험이었다.

198

제Ⅳ장에서 현대 서양 여성해방론을 각기 자유주의, 마르크스주의와 레즈비어니즘을 포함한 급진주의, 마르크스주의와 레즈비어니즘을 결합한 사회주의로 나누어서 살펴보고 이들 이론이 안고 있는 쟁점을 부각시켰으며, 여성학자들 가운데서 사적인 영역에 가치를 부여하라는 주장을 소개하였다. 그리고 여성 연구방법론에서도 양적인 조사방법에서 질적인 방법으로 전환을 탐색하였다. 여성학은 여성에 대한 연구(on women)만이 아니라 여성을 위한 연구(for women)여야 하므로 연구자와 피연구자 사이는 감정을 배제하고 객관적이고 냉정한 관계를 유지할 것이 아니라 서로 일체감을 갖도록 하나가 되어야 한다는 것이다. 객관적인 연구태도는 200여 년 전 뉴턴의 물리학 시대의 낡은 유물이므로 새로운 양자물리학 사상과 일맥상통한 하나사상으로 회귀하려는 움직임을 여성학자들도 거론하게 되었다.

제Ⅴ장에서는 현대 서양 여성해방론의 다양한 입장 가운데서 여성 우월주의적인 사고방식과 특수한 경험에서 야기된 급진적 여성해방론은 그들 문화의 특수성을 반영한 것일 뿐이며 한국 여성문제의 해결을 위하여 보편적으로 수용될 수 있는 이념이 아님을 비교 대비함으로써 논증하였다. 그러나 법적 평등을 주장하는 자유주의와, 계층 간의 경제적 불평등을 문제 삼는 마르크시즘의 평등사상은 한국 여성운동이 당면한 문제만이 아니라 분단된 남북을 통일로 이끄는 데에도 극복 통합하여야 할 이념이었다. 그러므로 자유와 평등, 여성문제와 통일문제를 하나사상으로 포괄하였고 이를 뒷받침할 이념으로서는 민족주의를 제시하였다. 물론 민족주의 이념이 한국여성학의 명실상부한 기초이론이 되기 위하여는 인식론이나 전략·전술 등을 망라한 구체적인 분석틀을 얽어야 하며 이는 앞으로 해결해야 할 과제에 속한다.

학문의 보편성이라는 명제 속에 서양의 특수성이 묻어 들어와서 한국의 특수성이 말살된다면 이는 문화적 제국주의[166]의 폐해라 하지 않을 수 없고, 이는 철저히 경계해야 할 것이다. 서양의 여성해방 이론이 보편성을 띤 범세계적 여성이론이 되기 위해서는 서양적인 특수성을 넘어서는 것이 되지 않고서는 불가능한 것이기 때문이다. 물론 구미에서 근대적 학문방법론이 먼저 체계화되었으므로 다른 나라에 영향을 끼친다는 것은 있을 수 있는 것이나 그것은 어디까지나 상호교류적인 것이어야 하며[167] 일방통행적인 것이나 각 민족이 안고 있는 민족문제를 간과한다면 자매애(sisterhood)를 바탕으로 한 범세계적인 여성연대의 결성은 한갓 모래 위의 누각에 불과할 것이다.

구미의 여성학 이론이라면 무조건 압도당하는 작금의 우리 학문적 풍토를 반성하는 의미에서 이 논문을 초(草)하게 된 것임을 밝히는 바이며, 마지막으로 17세기 조선시대에 《규원사화(揆園史話)》를 쓴 것으로 알려진 북애(北崖) 노인의 언명은 한국 여성운동 이념정립을 시도하는 이 시점에서도 무척 감동적인 충고라 사료되어 소개하는 바 이를 결론에 대신하고자 한다.

> …… 자기의 장점을 지니고 남의 장점을 겸하는 자는 이긴다. 그러나 자기의 장점을 버리고 남의 장점만을 쓰는 사람은 약하다. 그리고 남의 부족한 점만을 취하는 자는 망한다 …….

마지막으로 첨언할 것은 이 논문이 목적한 한국 여성운동 이념정립은 실로 방대하고도 무거운 주제라 하겠다. 그렇기 때문에 제한된

---

166) 문화제국주의에 대하여는 다음 글을 참조할 것. R. E. Robert, "Cultural Imperialism : Nativistic and Nationalistic Movements", in *Social Movement*(Saint Louise : The C. Y. Mosby Co., 1974).

167) Sumiko Iwao, "Cross-Cultural Aspects of Women's Studies", 아세아 여성연구소 심포지엄 자료(서울 : 숙대 출판부, 1984).

지면 내에 충분히 소화시키지 못한 아쉬움이 따른다. 그러나 본논문이 한국 여성운동 이념정립을 최초로 시도한 시론으로서 앞으로 보다 발전적인 논의의 바탕을 위해 작은 디딤돌 구실을 자임하려 했다는 의욕에서 그 의의를 찾을 수 있을 것이다.

(《여성연구》, 1987년 봄 제14호)

한국 전통사회 여성의 삶에 대한 연구

Ⅰ. 서 론

1) 문제제기 및 연구목적

한국 여성운동은 90년에 가까운 역사를 갖는다. 그 전반기는 주로 국권회복을 목적으로 하는 항일 여성운동으로서의 성격을 가졌으며, 그 후반기, 즉 광복 후 40여 년은 세계여성운동의 조류와 적지 않은 연관을 가지면서 새로운 여성운동 추진에 노력해 간 시기이다. 특히 1975년 '세계 여성의 해'는 한국 여성운동 발전에 전환을 가져올 만큼 여성운동 및 여성연구에 큰 영향을 끼쳤다. 이후 여성연구가 학문으로서 터전을 잡기 시작하여 서양 여성해방이념이 소개되었고,[1] 또한 한국의 여성운동이념(Feminism)은 서양와는 달라야 한다[2]는 논의가 제기되었다. 한국여성학회의 1·2회 심포지엄에서 여성의 보편성과 특수성 가운데 '종교에 나타난 여성관' 및 '한국사회와 가부장

---

[1] 정의숙, 〈여성 해방운동의 이념〉, 이대 한국여성연구 편, 《여성학》(서울 : 이대 출판부, 1979).

[2] 박영혜, 〈서양 Feminism과 한국적 현실〉, 《여성연구의 과제와 전망》(서울 : 여성개발원, 1984), p. 14.

202

제'를 다룬 것도 그러한 일단을 잘 보여주는 것이라 하겠다. 그렇다면 한국여성운동이 왜 서양과 달라야 하며 어떻게 달라야 하는가에 관한 정확한 규명이 있어야 한다. 그러기 위해서는 한국여성문제에 대한 역사적 현실적인 분명한 진단이 선행되어야 한다. 그것은 현재의 현상학적 경험연구 결과도 전통사회 여성의 삶을 올바로 이해하여야만 명쾌한 해석이 내려질 수 있기 때문이기도 하다. 이러한 까닭으로 전통사회 여성의 삶에 대한 연구의 중요성이 강조되지 않을 수 없게 된다. 본연구는 이 같은 학문적 요구에 대응한 것이다.

이 연구에서 전통사회는 산업사회 이전의 사회(preindustrial society)를 통괄 지칭하나, 주로 조선왕조로 한정하였다. 산업사회를 일단 자본주의로 전이된 이후의 단계로 파악할 때 한국자본주의의 전개시기는 1900년대 전후로 볼 수 있다. 여성문제에서는 농경사회에서 자본주의사회로 전환하는 시점이 무척 중요한 의미를 지니므로 이 시기를 하한(下限)으로 하였으며, 그리고 "전통문화가 식민지문화에 노출될 때 여성의 삶은 보다 왜곡된다"라는 이론[3]에 비추어서 1895년 을미사변(乙未事變)을 일제 식민통치의 전초단계로 보아 일제치하에서 여성의 삶은 변질된[4] 것으로 상정할 수도 있기 때문이다. 뿐만 아니라 제국주의의 침입과 함께 식민지의 사회구조는 이전의 평면적이고 단순한 것으로부터 더 복잡하고 위계적인 구조로 재편성되므로[5] 일제식민지 시기를 전통사회에서 제외하는 것은 무리가

---

3) Eleanor Leacock, *Women and Colonization*(New York : Bergin Publishers, Inc., 1980), pp. 1~24.

4) 한국 전통사회에서 부부간에 서로 존댓말을 써오던 것이 일제 식민지 치하를 거치면서 사라졌으며 이는 일본 남자들이 부인에게 하대를 하는 습속을 배웠기 때문이라고 한다. 송지영, 〈현대 여성을 위한 고전적 인생론〉, 《가정조선》 창간호(1월호) (서울 : 조선일보사, 1983), p. 209.

5) 진덕규, 《현대 민족주의의 이론구조》(서울 : 지식산업사, 1983), p. 336.

없다고 본다. 한편으로 전통사회의 상한(上限)을 조선왕조로만 정한 까닭은 유교의 지배이념으로 이 시대 여성생활이 암흑기였다는 종래의 고정관념을 점검해 보아야 할 필요에 의해서이다.

조선시대의 여성에 관한 연구는 일찍이 1960년대에 이루어진 연구[6] 결과인 칠거지악(七去之惡)·삼종지의(三從之義)·남존여비(男尊女卑)라는 수준을 오래도록 답습하여 왔는데, 이는 유교경전의 명분적인 남녀분별론(男女分別論) 및 불평등한 법제(法制)에 나타난 여성의 예속적인 측면만을 강조한 것이다. 그러나 세계적인 여성 인류학자 마가렛 미드(Margaret Mead, 1902~1979)가 1968년 한국을 방문하였을 때 제기한 의문에 잘 반영되어 있듯이 전통 여성의 실질적 지위가 제외되어 있는 것이다.

"그녀는 책을 통해 읽을 수 있었던 한국 여성에 대한 지식으로 한국 여성의 삶은 남존여비의 관습하에 억눌렸고 폐쇄된 생활에서 위축되어 불행에 싸여 있는 모습으로 상상했다고 한다. 그러나 직접 한국 여성을 만나보고 대화를 통하여서 한국 여성을 평가한 소감에는 정반대로 강한 개성과 여유 있는 안정성, 활발한 표현과 생기를 느꼈고 행복해 보인다고 했다. 이러한 힘과 기질은 당대에서 나타날 수 없는 것으로 전통의 바탕에서 온 것이 아니냐고 되물었다" 한다.[7]

그러므로 한국 전통사회를 전적으로 남존여비적이라고 단정하는 일반적인 연구태도에 대하여 이미 한 사학자도 다음과 같이 비판한 바 있다.

---

6) 홍이섭, 〈구미인(歐美人)의 한국여성관〉, 《아세아 여성연구》 제1집(서울 : 숙대 아세아여성연구소, 1962) ; 김용덕, 〈부녀수절고(婦女守節考)〉, 《아세아 여성연구》 제3집(서울 : 숙대 아세아여성연구소, 1964) ; 임동권, 《한국민요사》(서울 : 문창사, 1964).
7) 이효재, 《여성과 사회》(서울 : 정우사, 1979), p. 42.

204

…… 남존여비의 전제 위에서 모든 문제를 해결하려 하였고, 억눌린 여성상의 형성 원인을 당시 사회의 책임으로만 돌리려 하였고 …… 결과론적인 연구는 가능하였으나, 원인규명의 태도는 거의 결여되었던 것으로 보인다. 사실은 이런 연구태도가 조선조 여성상의 소극적인 면만 보도록 일방적으로 유도되기만 했지, 그 반대현상이라 할 적극적인 면을 볼 수 없게 만든 것이 아닐까 생각된다. 이것은 과거 한국여성연구 방향설정의 문제점이 아닐 수 없었으며 앞으로 해결해야 할 여성연구의 과제가 아닐 수 없다고 하겠다.[8]

그러나 한국의 전통적인 여성에 관한 연구가 1970년대 중반 이후 점차 다변화하여 질적 변화를 가져왔다. 그것은 여성학자들에 의해서 전통시대 여성들의 삶의 적극적인 면이 새롭게 연구되기 시작한 것이다.[9] 이남덕은 농경사회의 여성은 의(衣)와 식(食)을 전담하는 생산자라는 점과 출산자로서의 어머니는 상당한 지위에 있었음을 주장하였다.[10] 또 박용옥은 내업(內業) 주장자로서 여성의 확고한 위치를 부여하였고[11], 나아가서는 서양 근대 여성해방이념이라 할 남녀평등사상이 한국 전통사회에서 이미 자생적으로 발전하여 왔음을 논증하였다.[12]

근자 한국여성학계에서 전통사회 여성연구는 경제구조와 인구문제의 맥락[13]에서 규명해야 하며, 또한 이제껏 간과해 왔던 비공식분야

---

8) 이만열, 〈서평, 이조여성연구〉, 《아세아 여성연구》 제16집(서울 : 숙대 아세아여성연구소, 1977), p. 222.

9) 이보다 앞서 하현강은 조선시대 여성들은 삼종지의나 칠거지악의 제약으로 남편에게 무조건적인 복종만을 하지 않았다고 하였다[하현강, 〈조선시대여성〉, 《한국여성사 1권》(서울 : 이대 한국여성사 편찬위원회, 1973), pp. 455~460].

10) 이남덕, 〈전통사회와 여성의 힘〉, 《한국여성의 어제와 내일》, 김활란 박사 5주기 기념 한국여성연구협의회 편(서울 : 이대 출판부, 1976), pp. 11~23.

11) 박용옥, 《이조여성사》(서울 : 한국일보사, 1976).

12) 박용옥, 《한국근대여성운동사연구》(서울 : 정신문화연구원, 1984).

13) 이효재, 6월 14일에 열린 한국여성학회 세미나 《가부장제와 한국사회》 논평에서

의 여성들의 생활을 바르게 조명해야 한다[14]는 주장들이 대두되고 있다. 이는 정치사 위주의 연구에서 일보 진전하여 여성생활사를 복원[15]해야 한다는 사학계의 흐름과도 그 궤를 같이하는 것이다. 이밖에 가족제도와 여성의 삶의 상관관계를 밝힌 연구업적[16]도 축적되었다. 이러한 연구와 주장들은 과거 60년대에 있었던 남존여비적 한국여성상이라는 정형화된 연구태도를 지양하려는 노력으로 이해된다. 이미 40년[17] 전에 소개된 이론인 특정한 경전의 틀로서만 역사를 기술하는 것은 나무만 보고 숲은 보지 못하는 결과를 빚으며, 제도사와 생활사 사이에는 괴리가 있다[18]는 전제를 받아들인다면, 한국 전통사회 여성들에게도 삼종지의나 남존여비의 차원을 뛰어넘어 역동적인(dynamic) 삶을 살았으리라는 가설이 충분히 설정될 수가 있겠다. 따라서 이 연구의 목적은 이들 전통사회 여성들의 역동적인 삶을 검증하려는 것인바, 특히 지금껏 등한시해 왔던 여성들의 일을 여성학적 관점에서 재조명하려는 것이다. 조선시대는 양반 중심의 신분제 사회였으므로 여성의 삶도 신분에 따라 다양할 것이라는 전제하에서 구체적인 연구문제와 범위를 다음과 같이 예시하여 본다.

첫째, 유교이념은 여성에게 일방적인 억압만을 강요하였는지 아니면 상호보완적이었는지를 살펴보며,

둘째, 《경국대전(經國大典)》의 고존장조(告尊長條) 등 여성에게 불

발표, 1986.

14) 조혜정, 〈가부장제의 변형과 극복 : 한국가족의 경우〉, 《한국여성학》 제2집(서울 : 한국여성학회, 1986), p. 142.

15) 김정배, 〈한국사의 새지평〉, 조선일보 1986년 9월 11일자 제3면.

16) 최재석, 《한국가족제도사연구》(서울 : 일지사, 1983).

17) 박병호, 〈한국 가부장권 법제의 사적 고찰〉, 《한국여성학회》 1986년 세미나에서 법제도와 실생활은 틀린다는 이론은 40년 전의 것이라고 주장하였다.

18) G. 배러클로우(1978), 이연규 역, 《현대역사학의 추세와 방법론》(서울 : 풀빛, 1983), p. 159.

평등한 법이 존재했으나 실생활과의 괴리는 없었는지와 여성의 사유 재산 처분권이 여성의 삶에 미치는 의미는 무엇이었는지로 크게 나누어볼 수 있다.

2) 연구방법

이 연구는 문헌연구방법에 의거한다. 역사연구에서 사료의 중요성은 아무리 강조하여도 지나치지 않는다. 그런데 여성사 연구에서 가장 큰 문제는 바로 그 사료의 빈곤이라고 하겠다. 관변사료[19]의 대부분은 남성 일변도의 지배계급 중심의 기록이며, 간혹 여성에 관한 기록이 있다 하더라도 소수 지배계급의 특수한 여성의 기록[20]에 지나지 않는다. 그리고 개별 문사의 문집(文集), 묘지명에 남겨진 양반여성들의 기록은 그런대로 존재하기 때문에 여성사 연구에서 양반여성들이 연구대상으로서 지금껏 주류를 이루어왔다고 해도 지나친 말이 아니다.

한편 상민여성(常民女性)들의 삶을 살펴보기 위해서는 위에서 지적한 관변사료들에만 의존할 수가 없다. 상민여성들은 항상 주체적인 역사의 장에서 제외, 누락되어 왔기 때문이다. 이를 보완하기 위하여 인류학,[21] 문학,[22] 미술, 민속학 등 인접학문 분야의 연구업적을 원

---

19) 관변사료의 대표적인 것으로서 《조선왕조실록》을 들 수 있다.

20) 《연산군일기》 9년 12월 19일에 두 대비전에 진연(進宴)하고, 종친(宗親)·재신(宰臣)·승정원·대간·홍문관과 입직한 여러 장수들에게 명전전 뜰에서 잔치를 하사하였다.

21) 20세기에 들어와서 역사연구의 현저한 변화는 인류학의 발전에 힘입은 바 크다. 역사의 기술은 문헌기록에만 의존하지 않더라도 현존하는 원시 부족민의 삶을 관찰함으로써 중세 예농의 심리상태를 예측할 수도 있게 되었다[G. 배러클로우(1978), 앞의 책, p. 84].

22) 19세기로 그 연원을 거슬러 올라가는 전체사로서의 인간과학을 추구하는 프랑스 아날학파의 역사연구방법론에는, 문학은 전통적인 자료로서 그 중요성을 인정받고 있다. "역사가는 문학작품을 문학전문가에게 일임해 버리고 큰 관심을 두지 않는

용[23]할 수밖에 없다. 그리고 소급적 방법(regressive method)을 응용한 회상자료로서 후손에 의해 기록된 여성의 행장기(行狀記)와, 19세기 후반에 태어나서 비범한 삶을 살았던 어머니에 대한 회고록 세편[24]을 자료로서 포함하였으나, 이 자료 또한 명문가 여성들의 기록이라는 제약성을 뛰어넘을 수 없었다.

이 연구의 순서는 다음과 같이 진행된다.

Ⅱ장은 이론적 배경으로 서양 여성학에서 논의되는 전통사회 여성에 관한 연구경향이나 이론을 여성학적 관점으로 소개한다. Ⅲ장은 본론으로 한국전통사회 여성의 삶의 실체를 파악하기 위하여 3절로 나누어 살핀다. 1절은 전통사회 여성들이 몸담고 살았던 조선왕조를 입체적으로 정리하고, 2절은 여성의 모권과 치가사(治家事)를 다루며, 3절은 여성과 가족관계를 살펴본다. Ⅳ장은 논문의 요약 및 제언으로 결론을 맺으려 한다.

Ⅱ. 이론적 배경

앞서 연구목적에서 밝혔듯이 한국 전통사회 여성의 삶을 여성학적

것은 잘못이며, 한 사회가 문학작품을 통하여 스스로를 어떻게 표현하고 있는가를 작가와 독자와의 사회사적 관련하에서 파악할 때 문학작품은 귀중한 사회사의 자료가 될 수 있다"[민석홍, 〈하나의 새로운 역사〉, 《역사학보》 제179집(서울 : 역사학회, 1978), p. 162].

23) 인접학문 분야의 연구업적을 원용하는 방법론을 도입하여 高群逸技는 《일본여성사》를 복원하였다[표경조, 〈서평, 高群逸技 著 여성의 역사〉, 《아세아 여성연구》 제4집(서울 : 숙대 아세아여성연구, 1965), pp. 177~188].

24) 김용국, 《이석담부인전(李石潭夫人傳, 1859~1931)》(서울 : 문장사, 1979) ; 김한제, 《신삼희당(辛三稀堂, 1860~1946)》(서울 : 예문사, 1969) ; 정상원, 《권홍숙대월부인전(1878~1957)》(서울 : 계량문화사, 1958).

관점에서 조명하기 위하여 서양 여성학에서 논의된 전통사회 여성에 대한 선행연구의 이론을 먼저 소개하는 것이 바람직하나, 이에 앞서 역사학계의 동향을 간략히 살펴보기로 한다.

최근 서양 역사학계[25]는 역사의 원동력은 일반대중에게 있다고 보고 개인사(個人史)나 정치사(政治史)의 범위를 뛰어넘어 집단이나, 그들의 의·식·주를 포함한 생활사(生活史)에 더 관심을 기울이고 있다. 근자 우리나라의 역사연구 경향도 지배계급 중심의 정치사 연구에서 점차로 역사발전의 저변세력이었던 일반대중에 관한 사회사적 연구가 행해지고 있다. 그러나 일반대중의 반수를 차지하는 여성의 역사는 아직도 기성 사가(史家)들에게는 관심 밖의 영역에 놓여 있다. 일반대중 중심의 역사서술을 시도한 강만길의 《한국근대사》에서도 여성에 관한 서술은 불과 몇 줄에 그치고 있다.[26] 여성의 역사가 제외된 이같은 남성 중심의 역사는 완전한 사회사의 기술일 수 없다.[27]

여성의 역사를 연구하는 데에는, 첫째 이미 확립된 기존의 방법론에 따라서 과거 여성의 행태에 대한 정보를 더 보태는 방법과, 둘째 여성 중심의 관점에서 역사를 재해석하는 두 가지 방법으로 나누어진다 하겠다. 제인 루이스(Jane Lewis)는 후자의 입장을 지지하면서 전자의 경우는 단지 남성의 역사에 기여한 소수의 여성들만이 가치 있는 것으로 평가받기 때문에, 여전히 여성은 역사의 주체자이기보다는 주변적인 존재로밖에 인정되지 않는다고 하였다.

---

25) 서양 역사학의 동향은 다음을 참조 바람. 게오르그 이거스(1975), 박은구 역, 《현대 사회사학의 흐름》(서울 : 전예원, 1982) ; 민석홍, 〈하나의 새로운 역사〉, 《역사학보》, 제179집(서울 : 역사학회, 1978) ; G. 배러클로우(1978), 이연구 역, 《현대 역사학의 추세와 방법론》(서울 : 풀빛, 1983).

26) 즉 긍정적인 설명은, "베짜는 한 사람의 여인이 농부 세 사람의 수입과 맞먹는다"는 정도이다.

27) Jane Lewis, "Women lost and found," in Dale Splender(eds.), *Men's Studies Modified*(Oxford : Pergamon Press, 1981), p. 57.

여성 중심의 관점에서 역사를 재해석해야 한다는 새로운 이론체계가 산드라 하딩(Sandra Harding)에 의해서 제시되었다.[28] 여성도 인간이며, 여성이 지금껏 전담해 왔던 분야인 출산·양육·환자간호, 가정 및 사회경제와 연계된 일상사(日常史)가 본성(本性)에 기인한 업무분담이 아니고 사회적으로 부여된 역할이었다면, 여성의 일도 사회적 활동으로 평가받아야 한다고 하였다. 이렇게 함으로써 빼어난 소수의 여성만이 아닌 대다수의 평범한 여성들이 역사와 문화의 주체자로서 등장할 수 있기 때문이라고 하였다. 그러므로 여성학 연구에서 여성억압의 사례를 발굴하는 피해학(victimology)의 입장과 뛰어난 소수 여성들의 업적을 부각하는 보상연구(compensatory study)도 물론 중요한 과제이지만, 이러한 작업은 남성 중심의 관점에 머무르기 때문에, 여성 중심의 관점으로 전환하기 위해서는, 평범한 대다수의 여성을 역사의 주체자로 부각시켜야 한다고 주장하였다.

물론 여성 중심의 역사(women-centered history) 기술에도 문제가 없는 것은 아니나 여성의 관점을 가지고 어떠한 사회현상을 여성학의 이론(Feminist Theory)에 입각해서 설명하는 것이 더 중요하다는 주장이 지배적이다.

1) 생산자(生産者)로서의 여성

前 산업사회에서 여성은 경제활동에 능동적으로 참여하였던 것이 산업화와 더불어 가정과 일터가 분리됨으로 해서 여성이 경제분야에서 배제되고 오로지 가사에만 국한되게 되었다는 주장은 일찍이 논

---

28) Sandra Harding, "Philosophical Background of Women's Studies : Theory and Methodology," in The 5th Asian Women's Studies Center Seminar Paper(Seoul : Sook Myung Women's Univ., 1984).

210

의되어 왔다.

아이비 핀치벡(Ivy Pinchbeck, 1898~?)의 *Women Workers and Industrial Revolution*[29]는 1750년부터 1850년 사이 영국 잉글란드 지방의 가정에서 하던 여성의 일인 낙농이 산업화와 더불어 공장으로 떨어져나가 분업화됨으로써 남성의 일로 전화된 과정을 잘 묘사하고 있다. 그리고 가정에서 기르던 닭이나 오리 등의 알을 직접 팔기 위해서 여성들이 떼를 지어 시장으로 몰려들던 것이 소매가 도매화하고 또한 전업화(專業化)함으로써 농부의 부인들이 생산적인 시장나들이는 중단하고 더 좋은 가구와 안락한 환경에서 가사에만 전념하게 되는 과정을 보여주었다. 한편 토지에서 유리되어 임금노동자로 전락해 가는 여성노동자들의 모습도 자세히 기술하고 있다.

엘리자베스 제인웨이(Elizabeth Janeway)[30]는 전통사회에서 가정은 가내공장제 생산단위였으므로 하인을 거느린 대가족의 숫자가 20여 명이 되면 하루의 식량을 위해서만도 60여 명 분의 버터와 빵 그리고 포도주 등을 마련하는 것도 대단한 일이었음을 지적하고 있다. 교통수단이 발달하지 못했던 당시에 남편이 출타하여 한 달 이상 집을 비우게 되면, 아내는 모든 일에 책임을 지며 상업거래까지도 독자적인 결정을 내리는 영역이었음을 입증하고 있다.

또한 중세의 여성들도 마찬가지로 경제활동에 능동적으로 참여하여 왔음을 프란시스 가이즈(Francis Gies)[31]는 설명하고 있다. 공적인 분야와 사적인 분야가 확연히 갈라지기 이전보다 엄격한 구획화가 첨예화되었을 때, 여성의 저급한 지위와 자기 존중성과는 상관관

---

29) Ivy Pinchbeck, *Women Workers and Industrial Revolution*(London : Virago Press, 1930).
30) Elizabeth Janeway, *Man's World, Women's Place*(N.Y. : William Morrow Co., 1971).
31) Francis Gies, *Women in the Middle Ages*(N.Y : Barns & Noble Books, 1978).

계가 있음을 미셸 로잘도(Michelle Rosaldo)[32]는 시사하였다. 물론 중세시대에 공적인 분야란 정치와 종교(학문)에만 국한되었고 경제는 제외되었던 것이, 산업화로 말미암아 오히려 공적인 분야로 편입되어 여성의 일이 축소되었음을 여성학자들은 지적하고 있다. 이와는 대조적으로 정치참여는 명목상으로 허용되었지만 실질적인 권력의 장악이 어려운 이상 근대화가 여성의 지위향상과 상관관계가 있다는 이론은 反여성학적이라는 비판이 우세하다.

그대신 공적(정치·종교)인 분야를 제외한 사적인 영역(domestic domain)에서 여성은 주도권을 쥐고 있었다는 Domestic Feminism 이 주장되었다.[33] 물론 이는 공적인 분야에서 배제를 전제하기 때문에 단순한 병렬적인 비교는 무의미하지만 여성에 대한 구별대우 (differential treatment)로서 간주하고 있다.

페기 산데이(Peggy R. Sanday)는 여성의 경제활동을 공적 분야에 편입시켰다. 그녀의 정의에 따르면 가족단위의 국지화된 영역 안에서 수행하는 활동들은 사적인 것으로 간주하고, 가족단위를 넘어서 사람과 사물의 통제와 연계되는 범위에 효과를 미치는 것을 공적 분야로 정의하고 이에 경제활동까지를 망라한 것이다.[34] 前 산업사회에서 정치와 종교(학문)의 공적 분야는 선택된 계급, 즉 귀족 또는 양반층 남성의 전유물이었으며, 서민층의 경제활동은 애초에 공·사 구분이 있을 수 없었다.

산데이는 여성의 지위를 여성이 사적·공적 영역에서 권위 (Authority)와 혹은 권력(Power)을 가진 정도와[35] 여성이 구별대우

---

32) Michelle Rosaldo, "A Theoretical Overview," in M. Rosaldo & L. Lamphere(eds.), *Women, Culture, and Society*(Calif : Stanford Univ. Press, 1974), pp. 17~42.

33) Jane Lewis(1981), p. 62.

34) Peggy R. Sanday, "Female Status in the Public Domain," in M. Rosaldo & L. Lamphere(eds.), *op. cit.*, pp. 180~206.

212

를 받아 사적·공적 영역에서 존경과 경의를 받는 정도라고 정의했다. M. G. 스미드의 정의를 빌어서 권력이란[36] 개인이나 그들의 역할에 권리로서 부여된 것은 아니지만 유리한 결정을 하거나 확보할 수 있는 능력을 말하며, 따라서 이 권력은 공식적으로 인정된 것이 아니라 사실로 실재하는 것이다. 그리고 권위란 특별한 결정을 하거나 복종을 명하는 권리이다. 다른 표현을 빌면 권위란 사회적으로 인정되고 합법화된 권력을 말한다고 했다. 이러한 맥락에서 산데이는 여성이 생계생산(生計生産)에 참여하는 것은 여성의 지위와 긍정적인 상관관계가 있음을 주장한다. 특히 환금성 작물(cash crop)의 생산활동이 그러하다고 한다.

이스터 보즈럽(Easter Boserup)[37]은 아프리카 지역의 여성들이 농업에 종사하고 있었으나 서양 제국주의의 침입과 함께 기계화로 인하여 일자리를 잃고 밀려나는 과정을 경험연구에서 밝히고 있다.

경제적 자립이 남녀평등의 충분조건은 아니라 하더라도 필요조건[38]인 만큼 또한 현대 여성운동의 주류가 공적 생산에 참여를 주장하는 시점에서 전통사회 여성들의 경제활동을 고려한다는 것은 지극히 당연한 일이기도 하다.

2) 출산자로서의 여성

생산(生産)과 출산(出産)이 역사를 규정하는 결정적 요소[39]라면 지

---

35) *Ibid.*, p. 191.
36) *Ibid.*, p. 190.
37) Easter Boserup, *Women's Role in Economic Development*(New York : St. Martin's Press, 1970).
38) Simonne De Beauvoire(1949), *The Second Sex*, H. M. Parshley(tr)(New York : Bantam Book, 1961), p. 646.
39) Frederick Engels, *The Origin of the Family, Private, Property and the State*(New York : Jnt'l Publishers, 1884), p. 71.

금까지 여성문제를 논하는 데에 출산자로서의 여성을 지나치게 폄하해 온 것으로 볼 수가 있다. 물론 출산이 여러 문화권에 따라 다양한 가치를 내포하고 있다 하더라도 전통사회 어디에서나 높은 사망률이 보편적이었음을 감안한다면 출산(reproduction)은 생산(production)만큼 중요한 사회적 비중을 차지했으리라고 본다.

아내로서보다는 어머니로서의 여성에 대한 대접이 달라지는 것은 흔히 볼 수 있는 현상이다. 아프리카 예멘에서는 월경을 불결하다기보다는 오히려 정순[淸淨]한 것으로 규정한다.[40] 만약 어느 여성에게 월경이 전혀 없게 되면 그녀는 자궁이 막힌 불임의 여인[41]으로 치부된다. 월경량이 충분하지 않다면 전통적인 의료요법을 써서 월경이 순탄하게 흐르도록 갖은 노력을 기울인다. 여성의 임신과 출산은 대부분의 문화권에서 문화적 배려로서 큰 의미를 가지며 여러 가지 의식(ritual)으로 전승되고 있다. 처녀막의 파열로 인한 출혈을 자랑스러운 표징으로 간주하여 집 밖에 내다 거는 풍습[42]도 위와 같은 맥락에서 이해할 수 있을 것이다. 여성의 보편적인 가치저하를 설명하는 기제로서 쉐리 오트너(Sherry B. Ortner)[43]는 자연(nature)을 제시하고 있다. 즉 여성은 자연에 더 가깝고, 남성은 문화(culture)에 가까우며, 문화가 자연보다 더 가치가 있다는 견해이다. 그러나 이러한 등식은 실로 서양의 지적 전통[44]에서나 찾아볼 수 있는 것이며, 세계 어디에서나 적용되는 보편성이 아니라고 맥코맥은 분명히 지적하고

---

40) Carol P. MacCormack, "Anthropology : A Discipline with a Legacy," Dale Spender(eds.), *Men's Studies Modified*(Oxford : Pergamon Press, 1981), p. 106.

41) *Ibid.*, p. 106.

42) *Ibid.*, p. 106.

43) Sherry B. Ortner, "Is Female to male as Nature is to Culture?," in M. Rosalds & L. Lamphere(eds.), *op. cit.*, pp. 67~87.

44) 여성은 신체적으로 열등하다(biologically inferior)는 사고방식은 희랍의 아리스토텔레스로부터 유래한다.

214

있다.[45]

리스 보겔(Lise Bogel)[46]은 전통사회에서 여성이 생산자이면서 남성보다 보편적으로 지위가 낮은 것은, 여성이 출산기간 동안 생산에서 배제되기 때문이라고 설명하고 있다. 즉 지배계급의 입장에서 볼 때 출산은 필요노동(necessary labor)이고, 생산은 잉여노동 (surplus labor)이기 때문에 남성의 생산노동이 더 잉여가치가 있다고 본다는 것이다. 그러나 그녀는 전통사회에서는 남성들도 필요노동인 군역(軍役)과 같은 방위의무에 차출되었음을 고려에 넣지 않았던 것이다.

산데이도 인구생태학적 여건과 밀접한 출산과 여성의 지위와의 관계에 관심을 보였다. 여성이 출산으로 인해서 생산으로부터 떠나 있는 기간에 남성이 생산에 참여하며, 대신 남성이 군역을 맡기 위해 집을 떠나 있는 동안 여성이 생산에 참여하는 기간이 평형을 이룰수록 남녀간에 평등관계가 이루어진다고 하였다. 이러한 관계를 그녀는 다음의 그림으로 설명하고 있다.[47]

<table>
<tr><td rowspan="2">방위</td><td>← 남성</td><td rowspan="2">생계
생산</td><td>여성 →</td><td rowspan="2">출산</td></tr>
<tr><td>남성 →</td><td>← 여성</td></tr>
</table>

위 그림에서 출산과 방위(防衛)는 모두 사회존속을 위한 필수노동이었으며, 남녀가 이를 균등하게 분담하게 됨을 알 수 있다. 이와 같이 생산자로서만이 아니라 출산자로서의 성격을 바르게 규명해야만

---

45) Carol. P. MacCormack(1981), *op. cit.*, p. 106.
46) Lise Bogel, *Marxism and the Oppression of Women*(New Jersey : Rutgers Univ. Press, 1983), p. 148.
47) P. Sanday(1974), *op. cit.*, p. 195.

전통사회 여성의 지위를 올바르게 파악하게 될 것이다.

3) 가족문화 전승자로서의 여성

일찍이 바바라 와드(Barbara E. Ward)[48]는 가족제도와 여성의 자율성과의 관계에 관심을 보였다. 동남아에서 타이와 미얀마는 양계제(兩係制) 가족제도(bilateral kindred)이므로 다른 지역의 여성들에 비해서 자율적인 측면이 높다고 하였다. 양계제 가족제도란 아들로서 가계를 잇거나 아들이 없으면 딸로서도 가계를 이어나가는 친족제도를 말한다. 이러한 친족조직은 부계(patrilineal)나 모계(matrilineal) 어느 한 쪽에 권위나 제한을 두지 않고 형편에 따라 어느 쪽으로든지 가계를 잇기 때문에 민주적이라는 것이다. 따라서 양계제 사회의 여성들은 자연히 지위가 보장되고 발언권이 강하다.

한편, 최근 인류학에서는 부계제·모계제, 혹은 양계제 가족제도와는 상관없이 모중심가족(matrifocality)에서 여성의 자율성이 높다는 견해가 대두되고 있다. 낸시 태너(Nancy Tanner)[49]는 인도네시아와 아프리카의 일부 지역과 미국 흑인 가족의 사례를 들어 모중심가족을 다음과 같이 규정하고 있다. 모중심가족이란 가족 안에서 어머니와 자식의 유대관계가 깊으며, 여성들의 경제적 활동이 활발하여 경제적인 실권을 쥐고 가사결정에서도 주도적이며, 문화적인 의례(ritual) 행사에서 어머니가 중요한 역할을 담당하는지의 여부에 있다고 하였다. 결혼, 임신과 출산 후에 행하는 의식에서 어머니 혹은 모-자녀의 유대를 강조하는 측면을 놓치지 않았고,[50] 또한 출산과 결

---

48) Barbara E. Ward, *Women in the New Asia*(New York : UNESCO Publications Center, 1964).

49) Nancy Tanner, "Matrifocality in Imdonesia and Africa and Among Black Americans," M. Rosaldo and L. Lanphere(eds.), *op. cit.*, pp. 129~156.

50) 예를 들면, 결혼식의 일부로서 신부 어머니가 물 한 모금을 신부와 사위에게 주

혼이 이루어지는 장소, 즉 남편의 집이냐 아내의 집이냐에도 태녀는 세심한 관심을 표명하고 있다. 여성의 능동적인 경제활동과 가사주도권에 비추어 여성의 위치를 논하는 것은 이미 새삼스러울 것도 없으나 이처럼 여성을 중심으로 한 전통의식에 관심을 모으고 민속적 여성문화를 재조명하여 여성의 위치를 해석하는 새로운 흐름은 실로 바람직하다고 할 수 있다.

Ⅲ. 한국 전통사회 여성의 삶

1) 한국 전통사회의 기본성격

㈎ 유교의 여성관

조선사회의 특성은 첫째, 엄격한 신분제 사회이며, 둘째는 철저한 남녀유별 사회이다. 성리학 수용 이후 성리학에서는 신분을 생래적(生來的)·사회적 계급[51]으로 인식하며 양반·중인·상민·천민의 4계급이 엄격히 구분되었고 각 계급간의 혼효를 막기 위하여 철저한 계급내혼제가 행하여졌다. 특히 남녀유별관은 동양철학사상을 대표하는 주역(周易)의 음양사상(陰陽思想)에 뿌리를 두고 있다. 주역은 우주의 원리와 인간존재의 원리를 합일시킨 것으로 '남녀유별(男女有別)'을 우주질서의 근본원리로 해석한다. 다음의 인용문은 이같은 원리를 잘 설명하고 있다 하겠다.

고, 임신 중 금기사항으로 Selamantan이란 이름의 의례음식을 만들어 악귀를 쫓는데 쓰며, 해산일에 산모와 영아의 건강을 위해 의례음식을 만든다는 태녀의 설명은 후술하겠지만 우리 전통사회 결혼의식과 태교, 삼칠일 등에 미역국으로 삼신할머니께 비는 습속과 일맥상통하는 바가 있다고 본다.

51) 이희봉, 〈한국법제사〉, 《한국문화사대계》 Ⅱ(서울 : 고대 민족문화연구소, 1965), p. 181.

《주역(周易)》에서는 자연계와 인간계의 일체를 음·양 이원(二元)에 배분시킨다. 천지의 교합으로 삼라만상이 생성(生成)되듯, 남녀의 교합(交合)은 인간생존을 계승시킬 새 생명을 탄생시킨다. 해와 달과 별의 운행에 차착이 없고 사계절 변화에 어긋남이 없는 것은 자연계의 음양의 도에 아무 거짓이 없는 때문이라고 했다. 천도(天道)는 곧 인도(人道)를 반영한 것이므로 인도(人道)가 어그러지면 자연계에 각종 재해와 이변이 나타나게 된다.[52]

그러면 우주론(宇宙論)에서나 인성론(人性論)에서 같은 원리가 적용되는 음양의 상호관계는 어떠한 것인가? 음과 양은 태극(太極)이란 일자(一者)의 양의(兩儀)이며[53] 대우주의 변화 속에서 대등한 위(位)를 가지면서도 각기 그 공능(功能, funtion)이 다른 것[54]이라고 풀이하고 있다. 즉 남녀는 대등한 입장이나 마치 남자가 임신할 수 없는 것처럼 그 공능이 다르다는 것이다.

하늘의 길〔乾道〕은 남자의 원리를 이루고 땅의 길〔坤道〕은 여자의 원리를 이룬다. 이 두 기(氣)가 교감하여 만물을 생성·변화시킨다. 만물이 이렇게 해서 창조〔生〕되고 또 창조되며 변하고 화(化)하는 것이 끝이 없다.[55]

이는 변화하는 현상의 근원작용(ultimate power)을 음양의 어느 한 면에서 구하지 않고 양자 사이에서 교류되는 감(感)에서 구한 것이므로 이를 동양적 감의 일원론[56]이라고 해석하는 학자도 있다.

---

52) 박용옥, 〈유교적 여성관의 재조명〉, 《한국여성학》 창간호(서울 : 한국여성학회, 1985), p. 20.
53) 이을호, 〈다산경학 성립의 배경과 성격〉, 《정다산 연구의 현황》(서울 : 민음사, 1985), p. 129.
54) 김용옥, 《동양학 어떻게 할 것인가》(서울 : 민음사, 1985), p. 199.
55) 같은 책, p. 200.
56) 이에 비하여 서양 여성의 신체적인 열등성은 아리스토텔레스의 생물학에서 기원

이렇듯이 음양 그 자체는 대등한 위(位)를 가졌음에도 불구하고 각각의 기질지성(氣質之性)에서 차이를 강조하고 있다. 즉 대등하지만 차이가 있다라는 사상은 조선전기 소혜왕후(昭慧王后)가 저술한 《내훈(內訓)》이나 조선후기 이덕무의 《사소절(士小節)》에서 한결같이 존중되고 있다.

《내훈》에 보면 "부부는 비록 평등하게 태어났다고 하더라도 강하고 부드러운 분수를 지켜야 한다."[57]는 언급이 있고 《사소절》에서는,

> 남편과 아내의 화목하지 못한 원인은, 다만 남편은 하늘은 높고 땅은 낮다는 말을 지켜 스스로 높고 큰 체하여, 아내를 억눌러 그 뜻을 용납하지 않고, 아내는 다만 동등하다는 도리를 지켜, 나는 그와 같다고 생각하는 데 연유하는 것이니, 이러고서야 어찌 서로 굴복하는 일이 있겠는가? …… 하늘과 땅이 비록 높고 낮더라도 그 만물을 길러내는 功은 한가지임을 모르기 때문이다. 남편과 아내는 비록 동등하다고 하더라도 강하고 부드러운 분수를 어겨서는 안된다.[58]

라고 부부의 상호관계를 설명하고 있듯이 음과 양 그 자체는 평등하지만 강하고 부드러운 기질에서 다름을 강조하고 있다.

그러면 유교의 실천윤리에서는 부부관계를 어떻게 질서지어 놓았는가? 유학 윤리 실천의 기초교과서인 《소학》에서 삼강오륜·칠거지

한다. 아리스토텔레스는 남자의 정액(semen)이 인간을 형성하고 이미 만들어진 난장이 인간모형(homunculus)을 여성은 단지 배 속에서 담아 기르는 역할만을 한다고 믿었다. 또한 여성은 남성으로 태어날 것이 잘못되어 태어난 불량품이며 (misbegotten male) 그러기에 남성은 완전한 것이며 여성은 불완전하며 불구적 (detective)이라고 했다. 이러한 그의 생물학을 중세 스콜라 철학자인 토마스 아퀴나스에게도 그대로 이어짐을 볼 수 있다. Jean B. Elshtain, *Public Man, Private Women*(New Jersey : Princeton Univ. Press, 1981), pp. 74~79 ; Matha Lee Osborne, *Women in Western Thought*(New York : Random House, 1979), pp. 66~86.

57) 소혜왕후(1475), 육완정 역, 《내훈》(서울 : 열화당, 1984), p. 79.

58) 이덕무(1775), 김종권 역, 《사소절》(서울 : 양현각, 1983), p. 111.

악·삼불거(三不去)·삼종지의를 논하고 있다. 그러나 유교의 오륜인 친(親)·의(義)·별(別)·서(序)·신(信)은 불평등을 전제로 하는 신분윤리는 아니다. 오히려 삼강인 군위신강(君爲臣綱)·부위자강(父爲子綱)·부위부강(夫爲婦綱)은 인간의 지위를 강목(綱目)으로 구분하여 臣에 대한 君, 子에 대한 父, 婦에 대한 夫의 우위성을 정립하기 때문에 강상(綱常)의 윤리는 결국 불평등한 인간관계의 정립을 추구하게 된다.[59] 비록 삼강은 불평등관계이나 오륜의 평등윤리에 의해서 제약을 받으므로 삼강오륜을 합쳐서 말할 때는 불평등과 동시에 어느 정도 평등의 윤리를 허용한다. 이는 얼핏 모순처럼 생각되나 상호보완적이며 포괄적인 조화의 관계로 설명된다. 이것은 성리학에서 이기(理氣)를 '一而二 二而一'이라는 포괄적 조화의 특이한 논리구조[60]로 이해하는 것과 궤를 같이한다.

만물이 부부의 화합으로부터 단서가 시작되기 때문에 오륜(五倫)가운데서 부부유별(夫婦有別)을 가장 중요하게 여겼다. 그것은 임금과 신하, 아버지와 아들, 붕우관계 등도 부부가 있은 연후에 파생되는 관계이기 때문이다.

부부의 유별은 첫째, 거처의 구별로서 남자는 '정위호외(正位乎外)'하고 여자는 '정위호내(正位乎內)'하여 내외로서 거처를 달리하고, 둘째는 직분의 구별로서 남자는 외사(外事)를 여자는 내사(內事)를 담당하여 '내언불출(內言不出), 외언불입(外言不入)'이라 하여 상대방의 일에 관여하지 않아야 한다.[61] 조선시대 양반 남자의 외사란 정치와 학문이었고 내사[62]는 경제적 실권[治家]까지를 포함한다. 연암 박지

---

59) 한영우, 《조선전기 사회사상사연구》(서울 : 지식산업사, 1983), p. 64.
60) 같은 책, p. 64.
61) 같은 책, p. 65.
62) 비록 내사가 현산업사회에서 성별 노동분업의 단서가 된다 할지라도 전통사회에서는 여성의 자율적인 활동영역을 보호해 주는 구실을 하였다.

원(1737~1805)의 《양반전》에는 양반이 되기 위한 조건을 다음과 같이 열거하고 있다.

양반은 손에 돈을 쥐어도 안되며, 쌀값이 얼마인가 물어도 안된다. 아내가 아무리 화를 돋운다 할지라도 양반은 아내를 때려서는 안된다.[63]

농경사회에서 쌀값을 알 필요가 없다고 하는 것은 경제를 완전히 부인이 전담한 것이다. 그렇다면 정치의 영역은 남성, 경제의 영역은 여성의 것(물론 양반 사족에 한해서이긴 하지만)으로 하여, 여성도 독자적인 활동영역을 가졌다는 귀결이 모아진다. 또 한 가지 위의 인용문에서 알 수 있듯이 아내 구타는 조선조 상류 양반문화의 본질이 아니라는 점이다. 퇴계 이황은 그의 손자 안도에게 준 부부간의 윤리를 다음과 같이 규정하고 있다.

부부는 비록 지친(至親)·지밀(至密)하지만, 또한 지정(至正)·지근(至謹)해야 한다. 그래서 군자의 도는 부부로부터 단서가 열린다. 세인들은 예경을 전혀 잊어버리고, 갑자기 너무 가까이하여 드디어는 부인을 모욕·능멸하는 등 못하는 것이 없다. 이것은 서로 빈(賓)으로써 존경하지 않는 데서 생기는 까닭이다.[64]

즉 부부간의 인격적 존중을 강조한 것이다. 옛날 양반가문에서 부부가 서로 존대말을 썼다는 사실은 조금도 기이할 바가 없다.

한편 조정에서는 부녀자들을 위하여 열녀전·여계(女戒)·여칙(女則)·여훈(女訓) 등의 언해본을 간행하였으나[65] 귀한 서책을 구할 수 있

---

63) 박지원(1757), 이가원 역, 《연암 문무자 소설 정선》(서울 : 박영사), p. 38.

64) 이황, 《퇴계전서》, 李子粹語, 권 3, 거가 ; 한영우(1983), 앞의 책, p. 66.

65) 김항수, 〈16세기 사림의 성리학 이해〉, 《한국사론》 7(서울 : 서울대 국사학과, 1982), p. 126.

고[66] 글을 깨우쳐 읽을 수 있을 정도이면 양반 여성들이 주 대상이었을 것이다.

일반 향민들을 교화하기 위하여는 향약을 실시하였다. 덕업상권(德業相勸)·과실상규(過失相規)·상부상조(相扶相助)를 골간으로 하는 향약의 내용은 반상과 적서양분을 엄히 할 것과 부모에게 불순하고 형제간에 불목하고, 아내를 구타하고,[67] 정처를 소박하거나, 과부를 강간한 자는 극상벌[68]로 처한다고 하였다. 이는 남성의 일방적 횡포를 규제하고 여성을 보호하는 매카니즘이 존재하였음을 보여주는 좋은 사례라고 하겠다.

유교가 한 시대의 사회사상으로 존립할 수 있기 위하여는 그 사회의 여러 여건과 부합되었을 것이다. 어떠한 사상도 하늘에서 스스로 떨어진 것이 아니라 어느 특출한 인간의 두뇌로부터 형성된 산물이기에 그 인간이 몸담아 살았던 시대, 사회적 여건이 반영될 수밖에 없다. 동양은 오랫동안 농경문화를 형성해 왔고 우리나라 또한 예외가 아니었다.[69]

토지경제를 중심으로 한 농경사회에서 여성을 땅과 음에 대비하였다면 전적으로 낮은 가치만을 부여한 것이 아니라 하겠다.

농사의 24절기가 모두 음력에 준하였고 조선왕조 역시 음력을 공

---

66) 이퇴계도 8세에 읽어야 할 소학을 20세에 구해 읽었다고 한다.

67) 이에 비하여 서양 중세사회에서는 아내의 잘못을 매로 다스려야 한다는 것이 법령에 명시되어 있다(Francis Gies, *op. cit.*, p. 46 참조). 때문에 최근 서양 급진주의 여성운동가들은 아내 구타가 가부장제 사회의 유산이므로 강간(rape)의 문제와 더불어 여성문제의 최대 이슈로 삼고 있다(Alison Jagger, *op. cit.*).

68) 향약에 대한 내용과 벌칙에 관해서는 퇴계의 예안향약이 전형적이다. 정순목, 《퇴계의 교육철학》(서울 : 지식산업사, 1986), p. 205~219.

69) 단군신화에는 마늘과 쑥이 언급되어 있으며, 고구려의 시조 고주몽신화에도 어머니가 아들에게 보리종자를 새편에 날려 보내는 것으로 보아 보리는 일찍부터 재배했던 것으로 생각된다. 김철준, 〈동명왕편에 보이는 신모의 성격〉, 《한국고대사회연구》(서울 : 지식산업사, 1975).

식 사용하였던 것인데 유길준의 《서유견문록》 이후 양력을 채택하였다.[70] 뿐만 아니라 중세사회 어디에서나 지구 중심의 세계관·우주관을 가졌었다.[71] 조선조 실학자 홍대용(1731~1783)도 지구자전설은 언급하였으나 지구공전설은 언급하지 않은 것으로 보아[72] 태양이 지구를 중심으로 회전한다는 우주관은 구한말까지 지속되었을 것으로 보인다. 토지신[社]과 곡물신[稷]에게 제사드리는 지모신[73] 신앙은 농경사회에서 보편적인 현상이다. 조선왕조에도 봄과 가을, 일년에 두 차례씩 왕이 친히 사직단에 나아가 제사를 올렸다. 따라서 여성에게 존칭어[74]를 썼던 것도 지모신 신앙과의 연계에서 그 뜻이 바르게 해석될 수 있을 것이다.[75] 유교사상에서 모성을 극히 존중하는 것 또한 당시의 인구생태학적 여건을 반영한 것일 터이다. 다음에서 조선왕조 인구상태를 개략적으로 살펴보기로 한다.

---

70) 양력을 채택한 해가 1896년이라면 본고의 전통사회 下限年代와도 일치하는 것은 우연이 아니다.

71) 코페르니쿠스의 지동설을 지지한 갈릴레오와 케플러의 저서도 200년간 기독교의 금서목록에 올라 있었다(S. P. 렘프레히트(1955), 최명관 외 공역, 《서양철학사》(서울 : 을유문화사, 1963), p. 315).

72) 천관우, 《근세조선사연구》(서울 : 일조각, 1979), p. 315.

73) 농경사회에서 多産과 增産의 상징인 지모신 신앙이 여성을 미의 대상으로 보는 자본주의 사회의 요소가 가미되어 변질된 형태로 지금에도 존속하고 있다. 풍성한 수확과 농산물의 판촉을 위한 미스 영양고추와 미스 감귤 선발을 그 일례로 볼 수 있다.

74) "언어는 가장 오래 시험된 사회제도의 하나이며"[정대현, 〈비트겐슈타인의 일상언어 분석의 방법〉, 《철학하는 방법》, 서광선 외 공저(서울 : 이대 출판부, 1980)], "언어는 그 시대의 도덕체계이며, 문화이며, 권위구조이며, 이는 모두 궁극적으로 정치적이기 때문에"[김용옥, 〈철학의 사회성〉, 《세계의 문학》 36호(서울 : 민음사, 1985), p. 125] 부부간의 존칭어 사용은 부부생활을 가름하는 좋은 바로미터가 될 수 있다.

75) 여성을 땅으로 간주하고 여성의 모성을 신성시하는 사고구조는 지모신 신앙과의 연계로 P. 산데이도 지적하였다(Peggy. R. Sanday, *op. cit.*, p. 204).

㈏ 인구생태학적 여건

농업의 기계화가 이루어지지 않았던 사회에서 농사는 인간의 노동력에 의존할 수밖에 없다. 아무리 많은 토지를 가졌다 하더라도 많은 노동력이 확보되지 않는 한 생산력은 높아지지 않는다.

노비를 사용하여 농사를 짓는 양반가를 제외한 일반 상민가에서는 가족노동에 바탕을 두게 되므로 식구수가 많을수록 생산성이 높아진다는 단순한 논리가 성립한다.[76] 그러기에 "제 먹을 것은 제가 타고 난다"는 속담은 농경사회에서 노동인구수가 많을수록 많은 양식이 확보된다는 인구와 양식과의 상관관계를 나타낸 것으로 풀이된다.

이처럼 노동력의 확보가 중요한 농경사회에서 출산기능은 존중을 받았고, 더군다나 영아사망률[77]이 높아서 출산이 곧 성인이 될 때까지 생존으로 연결되지 않았던 상황에서 출산 담당자인 여성의 모성은 지극히 존경받을 수밖에 없었다.

현대와 같은 의료기술이 발달되지 않았던 전통사회에서 낮은 평균 기대수명(life expectancy)[78]은 주로 자연재해에서 연유하였다. 조선왕조에서도 예외는 아니어서 1650년부터 1850년에 이르는 2세기동안 한발·기근·수해·전염병 등 각종 천재지변이 일어나서 인명피해가 막대하였다. 평균하여서 2.6년마다 1회 꼴은 발생하였으며 전국적으

---

76) 물론 농부의 근면성이 생산을 증대하는 중요 변수임은 두말할 나위도 없다.

77) 정다산도 9남매를 낳았으나 6남매는 죽고 3명이 살아 남았다. 1100~1350년 북스웨덴의 전체 출생자 가운데서 3분의 1 정도는 1년 이내에 사망하였고, 8세에 이르기까지 약 50퍼센트가 사망하였다. 이러한 현상은 17세기 Beauvoisis에서도 동일하게 나타난다. 즉 출생자 가운데서 3분의 1 정도는 1년 이내에 사망하였고, 58퍼센트 정도만이 15세까지 생존하였다[홍성표, 〈인구증가와 농민의 생활수준의 변화〉, 《민석홍박사회갑기념 사학논총》(서울 : 삼영사, 1985), p. 422].

78) 서울대 보건대학원 허정 교수는 ○월 ○일, "정년제 이대로 좋은가?"라는 제하에 KBS TV좌담 프로그램에서 일제치하 때에 한국인 평균수명은 40세 정도였다고 추정하였다.

로 10만 명 이상이 사망했던 경우도 6회나 되었다.[79] 그래서 숙종 때에는 인구가 오히려 140만 명이나 감소하기에 이르렀다. 이러한 상황을 감안한다면 광계사(廣繼嗣)를 목적으로 한 첩제가 인구증가책으로 타당성을 가지며 조혼의 풍습도 이러한 맥락에서 매우 합리적으로 생각된다.

조선초기 기록에 각 농가를 상·중·하 호로 구분하는 기준이 노동 인구수와 전결에 따랐음을 보게 된다. 태종 6년 11월 계유조의 연호미법(煙戶米法)[80]에 보인 남녀 15구, 10구의 상호(上戶)와 중호(中戶)는 양반호이겠으며 하호는 양인 농민이며 그 이하는 빈농층임을 알게 된다. 특기할 점은 노동인구를 따질 때에 남녀의 차별이 없이 동등하게 취급하였다는 것이다. 또한 근대적인 화학비료가 생산되기 이전에는 퇴비나 인분[81]이 값진 비료의 구실을 담당하였다.《청구야담(靑丘野談)》의 이야기 가운데 주막집 주인이 묵어가는 손님들의 분뇨를 모아서 옥수수밭에 비료를 주어 큰 수확으로 치부를 한 것이나 한 남자가 사방을 다니면서 자식을 수십 명 두었는데, 모두 한 곳에 모여 노는 땅을 개간하여 농사를 지어서 큰 부자가 되었다는 이야기 등은 농경사회에서 노동력 확보가 중요하다는 사실을 나타낸 것이다.

㈐ 경제구조와 역(役)체계

경제구조와 역체계를 살펴보는 것은 여성의 삶, 특히 상민여성들

---

79) 조광, 〈19세기 민란의 사회적 배경〉, 진덕규 외, 《19세기 한국전통사회의 변모와 민중의식》(서울 : 고대 민족문화연구소, 1982), p. 198.

80) "外方則有田十五結 男女十五口以上 爲上戶 田十結男女十口以上 爲中戶 田五結男女五口以上爲下戶 田一二結男女一二口爲不成戶井三戶爲一戶."

81) 人糞尿는 한국농가에서 가장 보편적으로 이용하는 중요한 비료이며 …… 지방에 따라 厠間의 구조가 많이 틀려 하나의 寄觀을 이루고 있다. 三成文一郎(1905), 《한국토지농산조사보고》, p. 388을 김홍식(1981), 《봉건사회의 기본구조》(서울 : 박영사, 1981), p. 54에서 재인용함.

의 삶과 무관하지 않기 때문이다. 양반여성들은 일찍이 토지의 사유화[82]로 노비와 전토를 상속받았으며 양반들은 토지세인 전세만 바치고 군역·요역·공물세에서 제외된 특권을 누렸으나 양인들은 위의 모든 세를 부담해야만 했다. 뿐만 아니라 토지의 사유화가 진전됨에 따라 일반 농민들은 토지로부터 유리가 가속화되어 대부분이 소농이거나 병작반수[83]의 차지농이 되었다.

조선초기에는 최소한 5결을 소유해야 자급자족이 가능하였다. 태종 6년 연호미법에 "전오결 남녀오구이상위하호(田五結 男女五口以上爲下戶)로 하고 그 이하를 불성호(不成戶)로 한 것이나《세종실록》17년 3월 무인조[84]의 기록으로 최소한 5결을 소유해야 자립호로 간주하였음을 알 수 있다. 그러나《세종실록》에 강원도 지방은 5결 이하의 잔잔호가 전체의 3분의 2[85]를 차지하였고, "소민지전 불과일이결자다이(小民之田 不過一二結者多矣)"(세종 28년)에서 보듯이 1·2결 규모의 소농경영이 일반적이었다. 조선초기 자연호의 구수가 대개 4.5~5.5명이었다면 실지 유효노동 구수는 2·3명으로 노동능력의 한계로 보아서 1~2결을 넘기가 어려웠을 것이다. 이와 같은 소농경영에서 확대 재생산은 불가능하였다.

초기의 5결에서 후기에는 1결을 자립가능한 결수로 보았다.[86] 이

---

82) 고려 말에 단행된 과전법을 조선왕조가 그대로 이어받았으나 건국 초부터 공신전과 수신전은 세습이 가능하였으므로 점점 사유화가 진전되어 명종대에 이르러서는 과전법은 완전 소멸하였다. 자세한 변천과정에 대해서는 천관우, 〈한국토지제도사 하〉,《한국문화사대계》Ⅱ(서울 : 고대민족문화연구소, 1965) 참조.

83) 국초에는 병작제가 금지되었으나 三·四結以下 作者에 대해서는 일찍부터 해제시켰고(《태종실록》6년 11월 기묘조), 세조대에 이르면 병작제의 높은 보급도를 보여준다(김홍식, 앞의 책, p. 93).

84) "各道 各官戶籍以田五十結大戶 三十結以上爲中戶 十結以上爲小戶 六結以上爲殘戶 五結以下爲殘殘戶以爲正式差等差役."

85) 국사편찬위원회,《한국사》10(서울 : 탐구당, 1974), p. 63.

86) 다산이나 연암도 1결을 자립가능 결수로 보았다[김홍식(1981), 앞의 책, p. 189].

226

는 농법의 발달로 인한 생산성의 증가를 의미하기도 하나 한편으로
는 토지의 집적으로 많은 소규모 자영농들이 토지에서 유리되어 상
공인층으로 흡수되었거나 소작인으로 전락하였음을 뜻한다. 일부 농
법의 발달에 따른 광작(廣作)으로 부를 축적하여 서민지주[87]로 상승
한 소수를 제외한다면 대다수 작인들의 생활은 가난을 면치 못하였
다.[88] 어느 정도의 생활수준이었는지를 알아보자. 1결의 땅을 소작하
는 가정에서 성인 남녀의 1일 1인당 소비식량을 1升, 노약자는 4~5
슘으로 하여서 평균 4~5인의 가족을 부부와 어린이, 노약자로 하여
10합×2+5합×3으로 계산하여 호당 1일 식량소비량은 35합(3升5
슘)이므로 연간소비량은 127.75斗가 된다. 소작료를 뺀 나머지 실소
득에서 쌀만을 먹을 경우 45.5斗가 부족하나 잡곡을 합하면 겨우
27.6斗가 남는 셈이다.[89] 이것으로 기타 겨울용 난방, 옷, 혼인상제
비용, 잡비 등은 고사하고, 흉년이나 재해가 발생할 때는 속수무책이
었고, 더구나 부세 부담을 감당하는 것은 아주 힘든 일이었음을 알
수 있다.[90]

---

87) 남의 땅을 빌려서 광작으로 상업적 농업을 하는 층을 김용섭은 경영형 부농이라
    칭한다[김용섭, 《조선후기농업사연구》 Ⅰ·Ⅱ(서울 : 일조각, 1971)].
88) "무릇 일반 백성들 가운데서 토지 1결을 가진 자가 몇 사람이나 될 것인가 10호
    중 제땅을 가진 사람은 1~2호뿐이고 그들도 경작지의 절반은 남의 땅을 빌리고
    있다. 그러므로 일년내내 근로하더라도 절반은 전주에게 바쳐야 하니 그 나머지는
    稅 바칠 것도 모자란다"(《景宗實錄》 卷1, 1年 9月 甲午條). 다산도 전라도 지방의
    사정을 《다산전서(상)》에서 언급하고 있다. "호남 백성 100호 가운데 자기 토지를
    빌려주는 전주는 5호에 불과하고 자작자는 25호이며 타인의 토지를 빌리고 지대
    를 바치는 작인은 70호이다"[권병탁, 《한국경제사》(서울 : 박영사, 1984), p. 158].
89) 김홍식(1981), 앞의 책, pp. 257~277.
90) 다산이 1794년 경기도 암행어사의 명을 받아 연천 지방을 순찰하고 쓴 〈積城村〉
    의 일부이다. "…… 꾀고리 같은 조이삭 세 줄기와 / 닭창자같이 비틀어진 고추 한
    꿰미 / 깨진 항아리 새는 곳은 헝겊으로 때웠으며 / 무너앉은 선반대는 새끼줄로
    얽었도다 / 구리수저 里正에게 빼앗긴 지 오래인데 / 엊그제 옆집 부자 무쇠솥 앗
    아갔네 / 닳아 헤진 무명이불 오직 한 채뿐이라서 / 부부유별 이 집엔 가당치 않네

조선왕조의 세제는 당대(唐代)에 확립된 조용조(租庸調)를 원칙으로 하는 공납 형태가 고려시대의 뒤를 이어 답습되어서 전(田)을 대상으로 하는 미곡의 부과인 세, 주로 정(丁)을 대상으로 하는 노동력의 부과인 역과 호(戶)를 대상으로 하는 공물의 부과가 그것이었다. 이들 3세 가운데서 양인 부담이 컸다. 이 가운데서도 정(丁)을 대상으로 하는 군역은 가장 무거운 부담으로 도망하는 사례가 늘어나서 1541년 현역복무 대신 포로 징수하는 군역수포제를 실시하여 오다가 임진왜란 이후에 용병제를 실시하였다.[91] 양인의 부담을 덜어주기 위해 포 두 필을 한 필로 감하는 균역법을 1750년 실시하였으나 중간 관리들의 농간이 끊이지 않아 이른바 삼정의 문란[92]을 빚게 되었다.

성과 왕릉을 축조하고 토목공사에 동원되는 요역은 호를 대상으로 하다가 세종대에 토지로 부과되어 '범전팔결출일부(凡田八結出一夫)'로 통일되었다.1년에 6일간 차출하도록 되었으나 그 규정이 그대로 지켜질 리 없었다. 이 요역은 영조 33년 산릉역의 공사를 마지막으로 모립제가 채택되었다.[93]

/ 어린것 해진 옷은 어깨 팔뚝 다 나왔고 / 날 때부터 바지 버선 걸쳐보지 못하였네 / 큰아이 다섯 살에 기병으로 등록되고 / 세 살 난 작은 놈은 군적에 올라 있어 / 두 아들 歲貢으로 오백 푼을 물고 나니 / 빨리 죽기 바라는데 옷이 다 무엇이랴 / 강아지 세 마리가 새로 태어나 / 아이들과 한방에서 잠을 자는데 / 호랑이는 밤마다 울 밖에서 울어댄다 / 남편은 나무하러 산으로 가고 / 아내는 이웃에 방아품 팔러가 / 대낮에도 사립 닫힌 그 모습 참담하다 / 점심밥은 거르고 밤에 와서 밥을 짓고 / 여름에는 갓옷 한 벌 겨울엔 삼베 적삼 / 땅이나 녹아야 들냉이 싹날테고 / 이웃집 술 익어야 찌끼라도 얻어먹지 / 지난봄 꾸어온 環子米가 닷말인데 / 금년도 이꼴이니 무슨 수로 산단 말가 / 나졸놈들 오는 것만 겁날 뿐이지 관가곤장 맞을 일 두려워 않네……"[송재소 역,《다산시선》(서울 : 창작과비평사,1981), pp. 62~63].
91) 강만길,《한국근대사》(서울 : 창작과비평사, 1984) p. 29.
92) 한우근,《동학란 기인에 관한 연구— 삼정의 문란을 중심으로》(서울 : 서울대 한국문화연구소, 1971).
93) 30일간의 사역을 위하여 下三道에서 서울까지 왕복 도보여행 기간을 합하면 50일이 소요되며 장거리 여행으로 아사·득병자가 많았다 한다. 요역의 무거운 부담

228

왕실과 특수용도를 위하여 각 지방의 특산물을 진상하는 공물은 물목(物目)과 수납절차의 까다로움으로 하여 애초부터 수취체계에 부정이 게재할 소지가 많았다. 이에 따른 폐해가 막심하므로 현물 대신에 일반 농민에게는 곡식이나 포로 받고 대신 수공업자들에게 직접 물건을 사서 수요에 충당하는 대동법이 1708년에 전국적으로(함경도와 평안도를 제외한) 실시되었다. 이리하여 모든 세금이 토지의 소출인 쌀과 포로 통일되어 갑오개혁 때 조세의 완전 금납화가 이루어지기까지 남녀 노동력의 산물이 함께 국가 기본운영을 위한 토대가 되었음에 주목해야 할 것이다.

㈐ 남귀여가혼(男歸女家婚)과 상속제도

본항에서는 고려시대의 혼인의 관습인 남귀여가혼(男歸女家婚)의 변천과 상속제도에 관해 살펴보려 한다. 상속에는 재산상속과 제사상속이 있으며 고려시대의 유제에 따라 남녀균분상속과, 남계혈통이 없을 경우 외손봉사(外孫奉祀)가 실시되었으니 이는 여성의 삶과 중요한 함수관계가 있었다.

태종 15년 예조의 계(啓)에 고려왕조부터 조선왕조에 걸치는 혼인의 풍습으로서 남자가 여자측 집에 가고 그 자식 및 손자는 외가에서 성장한다. 그래서 외친을 아주 존중해 왔다고 한다.[94] 이것은 한국고대사 이래의 솔서혼제의 유제라고 생각된다. 뿐만 아니라 여러 인류학자의 경험연구에서처럼 처가살이하는 남편은 처가식구 눈치를 보느라 기가 죽어 지냈음이 조선초기에도 예외가 아니었다. 삼봉 정

과 변천에 대하여는 윤용출, 〈17·8세기 役夫募立制의 성립과 전개〉, 《한국사론》 8 (서울 : 서울대 국사학과, 1982).

94)《태종실록》권 29, 태종 15년 정월 갑인조, "禮曹, 上服制定, 啓曰, 前朝舊俗, 婚姻之禮 男歸女家, 生者及孫長於外家故以外親爲重."

도전(1337~1398)은 친영의 예를 행하지 않고 남귀여가하니 아내된 이가 제 부모를 의지하여 지아비를 가볍게 여기지 아니한 자가 없다고 했다.[95] 따라서 아내를 부가(夫家)로 맞아들이는 친영(親迎)의 예를 보급하고자 세종대에 왕실혼에서부터 솔선수범하였다.[96] 그러나 왕실에서 실행한다고 해서 뿌리깊은 국속이 하루아침에 바뀌어지지는 않았다. 17세기 중엽 유형원(1622~1673)이 쓴《반계수록》에 보면 "사대부 사이에도 종래의 풍습이 전승되어 남편이 처가에 머물게 되어 있으므로 처를 취한다고 하지 않고 장가든다[入丈]란 말을 쓰고 있다. 이것은 양이 거꾸로 음을 따르는 것으로서 남녀의 의를 크게 상실한 것"[97]이라고 하였다.

조선왕조에서 서유부가는 널리 행하여졌던 혼속이었고 이같은 혼속은 남계혈통 계승의 상징은 조선(祖先) 제사를 여서(女壻)가 담당하고 또 무덤을 친정과 처가에 붙였다. 즉 김종직(1431~1492)의 아버지 김숙자는 조선의 세거지인 선산을 떠나 그의 처가인 밀양 대동에 이거하여 살다가 그곳 선산에 묻혔고, 김종직은 외가 박씨의 제사를 모셨다. 그 또한 처가가 사는 금산에 경제적 기반을 두었다. 그러다가 그로부터 5대째 손인 수미(1599~1662)대에 이르러 고령에 정착하였다.[98] 퇴계의 장남은 여러 해를 처가살이하였고,[99] 이율곡의

---

95) 이능화(1927), 앞의 책, p. 26.

96) 세종 10년 갑인의 教에 男歸女家의 풍습을 창졸간에 바꾸지 못할 것이므로 우선 왕자 왕녀의 혼인부터 親迎의 예를 행하라고 하여 중종이 문정왕후를 親迎의 예로써 맞았고 인목왕후의 家禮에도 親迎을 행하였다는 기록이 있다(앞의 책, p. 92~93).

97)《반계수록》권 25, 후편 상, 혼례조, "今國家 王子王女婚姻皆行親迎之禮 而士大夫家因陋苟簡壻留婦家 故不曰娶妻而曰入丈, 是陽反從陰大失男女之義宜 明飭禮法 以正人倫之道."

98) 김용만, 〈佔畢齊 金宗直 家門研究〉,《嶠南史學》창간호(대구 : 영남대, 1985), pp. 179~215.

99) 정순목(1986), 앞의 책, p. 262.

어머니 신사임당(1504~1551)은 결혼한 지 19년만인 38세 때에야 시집인 서울로 이거하였다. 사임당의 맏딸 매창의 남편 조대남은 처가 선산인 파주에 묻혀 있고 율곡 자신은 외할머니의 제사를 모시다가 후에 이종사촌인 권씨가에 제사를 물려주었다. 막내아우인 이우(1542~1609)도 선산 황기로의 무남독녀의 데릴사위가 되어 처가의 가업과 제사를 상속받았다.[100]

이들 실증적인 사례는 아들이 없을 경우에 딸로써 가계를 이어 외손봉사를 하는 양계제 가족제도(Bilateral kindred)[101]가 조선조 중기까지 존재하였음을 말해준다. 특히 1630년의 호적대장인 산음장적의 분석결과는 이를 뒷받침해 주고 있다.[102] 그러나 후대로 오면서 점차 지배층에서는 종법제 가족제도를 준수, 실행해 갔다. 숙종의 장인이었던 김만기, 서포 김만중 형제의 어머니 해평윤씨(1616~1689)는 자신이 무남독녀로 남편이 사망하자 친정으로 들어와서 살았으나 친정으로 하여금 양자를 들여서 봉사하도록 했다. 이것은 남계봉사의 이행의 예이다.

딸·아들 차별 않고 균분상속을 하는 것은 국법이자 국속이었으므로 아내가 가져오는 재산과 남편 쪽의 재산을 합쳐서 다음 세대 자녀들에게도 균분상속할 수 있었다. 평균 가족수가 4.5 내지 5.5명이었다면 결혼 적령기인 15세까지 살아남는 자녀수는 3명 정도라는 계산이 된다. 부부 2인의 합친 재산으로 3명의 자녀에게 균분상속을 한다면 별 부족 없이 가능하였을 것이나 세대를 거듭할수록 토지분

---

100) 이은상, 《신사임당의 생애와 예술》(서울 : 성문각, 1978).

101) 최재석은 양계제 가족제란 용어 대신에 兩邊的 傍系家族이란 새로운 용어를 소개하였다[최재석, 〈한국사회사에서의 한 제도의 통시적 추구〉, 《동방학지》 제51집(서울 : 연대 국학연구원, 1986), p. 9].

102) 노명호, 〈산음장적을 통해 본 17세기 초 촌락의 혈연양상〉, 《한국사론》 5(서울 : 서울대 국사학과, 1979).

할에 따른 영세화를 막기 위해 자연히 적장자 위주의 차등상속이 이루어지게 되었을 것이다. 이는 1705년 어느 가문의 분재기(分財記)에 명시된 차등상속의 연유 — 세간에는 균분상속을 하나 우리는 농토가 적어서 차등상속을 한다[103]는 데서 그 일단을 엿볼 수 있다고 하겠다. 처가 가져오는 재산이 적음으로써 딸의 상속분은 연쇄적으로 줄어들게 된다. 물론 조정에서 이러한 부가장적 종법제 가족제도를 정착시키려 한 영향도 있었겠으나 이러한 경제적 상황이 적장자 위주 상속으로의 이행을 촉진시켰을 것으로 보인다.

친정에서 상속을 받아 시집으로 가져간 부인의 재산은 남편이 마음대로 처분할 수 없었고 아내의 재산은 아내가 처분권을 가지고 있었다.[104] 물론 부부가 함께 생활하는 동안에는 공동으로 문서를 작성하기도 하고 자녀들에게 상속을 한다. 아내가 죽으면 남편은 아내의 노비를 그대로 사환하되 남편이 재취하면 부인의 노비는 부인의 친가에 돌려주어야 한다.[105] 남편이 죽고 자식이 없을 경우에도 아내의 재산은 친정으로 환속한다. 1544년 김종직의 여식(女息), 신용계의 처 김씨가 부망무자식(夫亡無子息)해서 자기 재산을 친정 조카에게 환급하도록 조치하였다.[106] 이는 《경국대전》 〈호전(戶典)〉 전택조(田

---

103) 최재석, 《한국가족제도사연구》(서울 : 일조각, 1983), p. 553.

104) 미국의 여성 역사학자인 매리 비어드(Mary Beard)는 40여 년 전인 1946년에 서양 중세여성사를 기술하면서 냉엄한 민법(Civil law)과 형법(Criminal law)이 존재했으나 아내의 재산처분권(Property right)이 확보되어 있어서 여성들의 실제적인 삶은 상상만큼 억압받지 않았다고 기술하였다. 일례를 들어서 서양 중세에 남편은 아내를 체벌할 권한(chasetisement)이 법적으로 보장되어 있었으나 실제로 Chaucer의 아내는 남편의 책을 찢고 뺨을 때리기까지 했다면서 법제도와 실생활간에 괴리를 서술하였다[Mary Beard, *Women as Force in History : Study in Traditions and Realities*(New York : The Macmillan Co, 1946), p. 243].

105) 《세종실록》, 12년 9월 丙辰條 ; 박용옥, 《李朝女性史》(서울 : 한국일보사, 1976), p. 150.

106) 김용만(1985), 앞의 글, p. 195.

232

宅條)에 '공신전 전자손(功臣田 傳子孫)'이라 하고 그 주에 '여자신사
후 이급 계성자손(女子身死後 移給 繼姓子孫)'이라는 법조문에 명기되
어 있다. 유교적 명분의 가족제도하에서 여성이 실제로는 힘을 발휘
하고 살았던 이유로 다음과 같은 설명이 있다.

> 가족사회내에서의 여자의 행동구속과는 달리, 이율배반적으로 의식주를
> 위한 대내외적 법률행위에 있어서 법률상 능력을 제한하지 않을 뿐더러
> 적극적으로 보장하였다는 점이다. 여자·처에게도 재산능력·거래행위능력·
> 소송능력이 법률상 보장되어 있었던 것이다. 이러한 능력이 법률상 인정
> 되어 있다는 사실은 한편 그것을 누릴 수 있는 처지에 있을 가능성을 시
> 사해 주며 여자의 지위가 결코 낮지 않았다는 근거로 삼을 수 있겠다.[107]

한편, 남귀여가혼의 습속은 구한말에 이르러서 기간이 단축되었다.
결혼식을 치르고 3일만에 시집으로 신행을 떠나지 않으면 친정에서
1년 내지 2년간 묵는 것이 풍습이었다.[108] 신삼희당의 경우에도 결혼
후 1년간 친정에 머무는 것이 당시 평안도 지방의 습속이라고 했
다.[109] 그러므로 조선시대 결혼생활의 장소는 모부거제(母父居制,
matri-patrilocal)[110]로 표현해야 마땅하겠다. 그리고 조선시대의 확
대가족은 장자만이 부모를 모시고 나머지 자녀는 분가하여 단계가족
(neo-local)이 대다수였음이 여러 사료에서 지적되고 있는 바이다.

---

107) 문종 때에 이숙번과 처 정씨는 공동으로 1남2녀에게 재산을 분재하였는데 맏딸은
  강순덕의 처가 되어 자식이 없이 죽고 이숙번도 사망하자, 사위는 조카 강희맹을
  양자로 삼아서 죽은 처의 재산을 물려주었다. 혼자 남은 장모는 딸의 재산이 타성
  으로 넘어가는 것을 막으려고 반환할 것을 사위에게 요구했으나 듣지 않자 왕에
  게 고하여 승소판결을 받고 사위 순덕은 장모의 명령에 불순한 죄로 벌을 받았다
  [박병호, 《한국의 전통사회와 법》(서울 : 서울대 출판부, 1985), pp. 162~164].
108) 러시아대장성 편(1900), 《한국지》(서울 : 정신문화연구원), p. 300.
109) 김위제, 《신삼희당》(서울 : 문예사, 1968), p. 10.
110) 이효재, 《가족과 사회》(서울 : 경문사, 1976), p. 80.

㈐ 결혼제도

㈀ 결혼

　일반적으로 결혼을 논하려면 의식의 절차, 음식 등 포괄적으로 다루어야 하나 본 연구의 성격상 결혼연령·배우자선택·결혼식의 장소 등에 한하기로 한다.

　만물의 단서와 인류의 근원이 음양의 화합으로부터 비롯된다는 유교적 결혼관은 배우자 선택에서 부모가 결정하는 중매혼제가 원칙이었다. 특히 양반 사대부층에서는 이것이 철저하게 지켜졌다. 해평윤씨의 맏손자 김진귀는 태어나자마자 아버지의 친구인 지평공이 서로 사돈을 맺자고 한 언약에 따라 17세에 동갑내기 신부와 결혼하였다.[111] 그러나 상민의 경우는 배우자 결정에서 본인의 뜻이 반영되었던 예도 없지 않았다. 16세기 양사언(1517~1584)의 어머니는 상민녀였는데 부모의 만류를 뿌리치고 관찰사 양희수의 계실이 되었다.[112] 조선후기의 소설인 《동패낙송》의 한 이야기에도 상민 딸은 아버지가 마다한 신랑감을 본인이 몰래 그 됨됨이를 직접 보고 혼인을 성사시키기도 하였다.[113]

　결혼연령을 보면, 평균연령이 낮아서 남녀 모두 10대 중반[114]에 혼인을 한다. 조혼은 동·서양의 전통사회에서 행해진 일반적 상황들로서 데이비스와 블레이크(Kingsley Davis & Judith Blake)는 조혼의 원인을 평균수명이 짧았기에 일찍 결혼하여 다음 세대를 잇기 위한 최대한의 방편[115]이라고 설명하고 있다. 그런데 우리나라의 경우는

---

111) 송백헌, 《西浦家門行狀》(대구 : 형설출판사, 1977), p. 31.
112) 정비석(1981), 앞의 책, p. 148.
113) 이우성 편, 《이조한문단편집》(서울 : 일조각, 1973), pp. 44~45.
114) 《경국대전》, 〈예전〉, 혼례조에 결혼연령이 남자 15세, 여자 14세로 되어 있다. 마지막 임금인 순종 때에 가서 조혼으로 인한 병을 예방하기 위해 남자 17세, 여자 16세로 결혼할 것을 호소하였다.

234

대원공녀(對元貢女) 등의 특수한 사정도 작용하였다. 부부간의 연령 차이는 남편이 연장자인 경우가 많았다. 정경부인 윤씨는 14세에 15세의 김익겸과 혼인하였고, 그녀의 손자 김진귀는 부인이 동갑내기였고, 신사임당은 이원수보다 네 살 아래였다. 사임당의 딸 매창 여사는 남편보다 한 살 위였으나 맏아들 죽곡은 32세에 19세의 신부를 맞았다. 그러나 19세기 후반의 세 여인들—이석담 부인은 19세에 13세의 남편을, 신삼희당은 17세에 14세의 남편과, 권홍숙 부인도 18세에 14세의 남편과 혼인한 것으로 보아 신부가 신랑보다 나이가 많은 혼인은 구한말에 이르러서가 아닌가 한다.

혼인례는 《주자가례》의 육례[116]를 따르거나 의혼(議婚)·납채(納采)·납폐(納幣)·친영(親迎)의 사례로서 간소화하기도 했다. 이 가운데서 남자가 친히 여자를 맞이하는 친영의 예는 남자가 여자보다 우선한다고 하는 남자의 강직함과 여자의 유순함을 의미하는 것으로 이는 하늘이 땅보다 우선하고 임금이 신하보다 우선함[117]과 같은 이치인데, 왕실혼을 제외한 사대부가에서조차 실행이 되지 않아서 절충형인 반친영[118]이 채택되었음은 이미 살펴본 바이다. 혼인은 인륜지대사였으므로 혼인식 날만은 반상의 구별 없이 평등하게 신랑은 관복을 입고 관띠를 두르며 신부는 대례복을 입었다. 신랑이 신부집으로 와서 혼인식을 치르므로 의식에서 중국과는 차이가 있었다. 중국에서는 신랑집에서 예식이 치러지므로 신부가 가지고 간 전안(奠雁)을 시아버지에게 바치는 데 비하여 조선에서는 신랑으로부터 신부어머

---

115) K. Davis & J. Blake, "Social Structure and Fertility : An Analytic Framwork", *Economic Developement and Cultural Change 4*, 1955.
116) 김종택, 〈傳統婚俗에서의 納徵禮에 대하여〉, 《여성문제연구》 제11집(대구 : 효성여대 한국여성문제연구소, 1982). 육례란 納采·問名·納吉·納徵·請期·親迎을 말한다.
117) 육완정 역, 앞의 책, p. 70.
118) 혼인식을 新婦家에서 치르고 묵다가 3일 만에 夫家로 가는 것을 말한다.

니가 받았다. 일찍이 **秋葉隆**은 신부의 어머니가 전안을 받는 점과 신랑이 부가(**婦家**)로 들어가는 풍습으로 보아 조선의 가족집단에서 모성의 위치가 중요함을 말해준다[119]고 지적하였다. 그의 지적이 아니더라도 혼인식의 장소와 의례에서 여성의 역할을 중시한 낸시 태너의 모중심가족에 비추어 이 점이 재해석되어야 하며 신랑·신부가 마주 절하는 교배례(**交拜禮**)도 조선왕조 중기까지는 각각 2배(**二拜**)씩 하던 것이 구한말에 이르러서 신부 4배, 신랑 재배로 되었음도 유의해야 할 것이다.

　(ㄴ) 이혼

아내를 내칠 수 있는 칠거지악[120]은 여성억압의 대명사로 여겨지며, 특히 무자거(**無子去**)는 남아선호의 한 자료로 이해되어 왔다. 더욱이 《시경》〈소아편〉의 구절[121]은 혹여 여성의 지위가 낮아야 한다는 것보다는 여성을 재난시·흉물시했다[122]라는 결론으로 이르기도 한다. 물론 남자만이 사관(**仕官**)의 길이 허용되었으므로 양반가에서는 입사하여 일문에 영광을 가져다줄 남아가 선호되었으나[123] 이와는 반대로 남아에게 무거운 역의 부담이 지워지는 상민가에서는 사정이 달랐을 것이다. 다산의 **詩** 《적성촌》에서 남아는 빨리 죽기만을 바라

---

119) 秋葉隆(1954), 《朝鮮民俗誌》에서 언급한 것을 平木實, 《조선후기 노비제 연구》(서울 : 지식산업사, 1982), p. 142에서 재인용.
120) 不順·無子·惡質·嫉妬·多言·淫亂·竊盜의 일곱 가지 조건을 이른다.
121) "乃生男子載寢之狀載夜之裳載弄之璋 乃生女子載寢之地載夜之褐載弄之瓦."
122) 정요섭, 〈이조시대 여성의 사회적 지위〉, 《아세아여성연구》(서울 : 숙대 아세아여성연구소, 1964), p. 35.
123) "지체 높은 집안에 아이가 나면 / 낳자마자 당장 귀한 몸 되고 / 두어 살에 아랫사람 부리는 법 가르치니 / 총각 때 벌써부터 오만하기 짝이 없네 / 아첨하는 무리들이 구름처럼 모여들어 / 행전도 채워주고 신발도 신겨주며 …… 그 아이 자라서 과연 기세 드날려 / 말타고 대궐에 들어가네 ……."[정약용, 송재소 편역, 《다산시선》(서울 : 창작과 비평사, 1981), p. 88].

는 존재[124]이기도 했다. 이와 같은 경제구조적인 배경을 이해하지 않고 일률적으로 남아선호라고 단정하는 것은 무리라고 하겠다. 무자거가 있기는 하였으나 그것은 명분일 뿐 실제에 있어서는 그것이 운용되기보다는 양자제도라는 보완적인 메커니즘이 존재하였다. 구한말의 신삼희당은 결혼 후 3개월 만에 신행도 하지 않은 상태에서 남편이 요절하였으나 1년 후 남편도 없는 시집으로 들어가서 역시 청상과부인 맏동서와 의지하여 살면서 막내 시동생을 정성으로 길러서 장가들인 후 태어난 조카를 양자로 맞았다. 이석담 부인도 딸 둘을 낳은 후에 20대에 연하의 남편을 여의고 후에 먼 인척에게서 양자를 데려왔다.

비록 아내가 칠거지악을 범하였다 하더라도 삼불거(三不去)[125]의 보완적 메커니즘이 존재하였으므로 남편의 일방적인 이혼은 실제로 불가능하였다.[126] 그 이유로서 시부모의 삼년상을 함께 치른다는 것은 사망률이 높았던 당시에 매우 흔한 일이었고 전빈천(前貧賤)·후부귀(後富貴)의 조건도 아내가 생산자였으므로 결혼 후에 집안살림이 늘어나는 것은 당연한 귀결이기 때문이다. 그러므로 칠거지악을 단순히 남존여비적이라고만 파악할 것이 아니라 무자거는 당시의 인구

---

124) 같은 글, p. 62. 뿐만 아니라 군역의 무거운 부담에 견디지 못하여 한 남편은 '이것 때문에 곤액을 당한다'면서 자신의 남근을 자른 사건을 다산은 〈哀絶陽〉이란 시와 그리고 《목민심서》 첨정편에도 기록하였다.

125) "有三不法하니 有所取오 無所歸어든 不去하며 與更三年喪이어든 不去하며 前貧賤後富貴어든 不去니라."[주희, 이기석 역, 《소학》(서울 : 홍신신서, 1982), p. 77].

126) 김정자, 《한국결혼풍속사》(서울 : 민속원, 1980), p. 229. 世宗代에 의정부 使舍 이인손이 啓하기를, "左贊成 이맹균의 처 이씨는 질투로 家婢를 주살하였고 無子息하여 二去를 범했으니 죄를 주시옵소서." 王은 "질투는 부인의 常事이며 여자에게는 또, 三不去가 있다 하였으니 이씨는 비록 妬와 無子의 二去를 범하였다 해도 大臣命婦를 어찌 加刑할 수 있으랴. 작첩을 거둬들임으로써 족하고 남편으로서 처를 제어 못한 이맹균에게도 죄가 있으니 그를 황해도 우봉현으로 유배하라."고 헌부에 명하였다.

생태학적 여건을 반영한 것이나 생산자로서의 여성을 보호해 주는 보완적 측면이 있었음도 아울러 주목해야 할 것이다.

조선왕조 말기에 이르러서는 이혼에 관한 법을 성문화하여 《형법대전》 제십일장 "혼인급입사서간률 제2절 처첩실서급부부이이률(婚姻及立嗣所干律 第二節 妻妾失序及 夫婦離異律)"에는 내치지 못할 조건으로 과거 삼불거(三不去)에서 "자녀가 유(有)할 때"라는 조건이 추가되어 사불거(四不去)로 되고 칠거지악도 무자(無子)와 질투의 조건이 빠지고 불순(不順)·다언(多言)·음행·절도·악질(惡疾)의 오거로 축소되어 여성의 법적 지위가 보강되었다.

㈒ 재혼

《경국대전》〈예전〉 제과조(諸科條)에 "재가녀자손 생원진사시금고법(再嫁女子孫 生員進士試禁錮法)"은 재가 자체를 법으로 금한 것으로 종종 이해되었다. 그러나 재가 자체를 금한 것이 아니라 그 자손들에게 과거시험에 응시할 자격을 박탈한 것이기 때문에 이 법에 해당되는 신분은 양반여성들이었다. 20~30년간[127] 글을 읽어야 과거에 합격 가능성이 있으므로 먹고살기에도 바쁜 상민가의 자손들은 과거응시의 야망을 일찍이 포기해야만 했다.[128] 상민 과부에게 재가는 생존수단이었기에 사가까지 한 사례가 규방가사로도 전해지며[129] 동학교도들 가운데에는 재가녀가 흔하였다. 따라서 관직의 수에 비하여 급격히 늘어나는 양반인구, 특히 정책 입안자들인 당상관[130]의 수를

---

127) 이성무, 《조선초기 양반연구》(서울 : 일조각, 1980), p. 59.
128) "…… 서민집에 아이 낳아 두어 살 되매 / 미목이 수려하고 빼어났는데 / 그 아이 자라서 글읽기 청하니 / 애비가 하는 말 콩이나 심어라 / 너 따위가 글읽어 무엇에 쓰게 / 좋은 벼슬 너에게 돌아올 차지 없다 ……"[정약용, 송재소 역, 《다산시선》(서울 : 창작과비평사 1981), p. 87].
129) 조동일, 《한국문학통사》 제3권(서울 : 지식산업사, 1984), p. 345.

제한하려는 노력으로 파악해야 한다. 그 이유인즉, 재가녀 자손에게는 당상관으로 승진의 길이 열려 있는 문무대소과 응시만을 불허하였고 종삼품 당하관이 최고직인 기술직이나 잡직에는 응시를 허용하였기 때문이다. 당시 '재가녀자손 금고법'을 반대하는 대소신료들의 비등한 여론을 내리눌렀던 "아사(餓死)는 극소사(極小事)요 실절(失節)은 극대사(極大事)"의 유교 절렬관(節烈觀)의 대의명분은 실로 통치자로서의 성종의 정치적 결단을 포괄한 것이라 하겠다.

'불사이군(不事二君)'의 충신과 '불경이부(不更二夫)'의 열녀를 유교가 지향한 바이므로 조정에서는 충신·효자·열녀를 포상하여 상민에게는 역(役)을 면제하고 천녀는 속량하고 사족 부인은 정려문을 세워주었다. 수절이 인간적으로 참기 어려운 고통이었음은 《열녀함양박씨전》의 서문에 익히 드러나 있다. 어느 종교[131]에서나 인간이 육체적 욕망을 정신력으로 극복하는 것을 바람직한 행위로 보았으므로 유교의 절렬관도 종교적인 차원에서 해석이 가능할 것이다. 지금까지 수절을 여성억압적인 측면에서만 조명함으로써 청상의 몸으로 육체적 고통과 경제적 어려움을 극복하여 자존심과 긍지를 지니고 당당하게 자녀교육에 힘써서 훌륭한 인물을 배출한 과부 어머니들[132]의 업적 부각에는 소홀했음을 솔직히 시인해야 할 것이다. 수절이 상민층에도 보편화되었다면, 문중세력도 상대적으로 약하여 양반들보다 더 어려운 환경에서 가정을 이끌어 왔으나 행장기나 묘비명으로 이름

---

130) 건국 초부터 많은 공신들을 배출함으로써 世宗代에 이미 堂上官의 수가 100명에 이르렀고 성종조에 와서는 職窠가 모자라 堂上官이면서 祿奉을 받기 위하여 司勇·司猛 등 西班 八九品職을 받는 사람이 많아져서 성종 4년(1473) 8월에는 과다한 堂上官들의 처우문제를 해결하기 위하여 代臣會議까지 열었으나 근본적인 타개책을 찾지 못하였다[이성무(1980), 앞의 책, pp. 92~93].
131) 서양 중세 기독교의 수녀제도도 유교의 절렬관과 같은 맥락으로 이해되어야 한다.
132) 우선 한석봉의 어머니, 이퇴계의 어머니, 김만중·김만기의 어머니를 들 수 있다.

조차 남길 수 없었던 대다수 상민 과부들의 가족을 모중심가족으로 간주해야 하지 않을까 한다. 그리고 여성을 성적으로 억압하려는 것이 목적이 아니었으므로 '과부 업어가기'란 보완적인 묵계가 실시되었음을 아울러 살펴야 한다.

(ㄹ) 첩제

첩제를 허용하자는 최초의 논의인 태종 2년 정월 예조에서 올린 계(啓)에 후사를 널리 잇기 위함[133]이라는 이유가 기록되었다. 이는 당시 사망률이 높았던 인구생태학적 여건을 감안한다면 타당성이 있는 설명이라 하겠다. 왕조 초기에는 양반의 딸이 첩이 된 사례가 간혹 기록에 보이는데, 이 경우에는 첩자손이라도 첩인 어머니가 양반 출신이었기 때문에 그 아들에게는 과거에 응시할 자격을 부여하였다.[134] 그러나 점차 첩이 되는 여성이 상민이나 천인 출신이 대부분이었으므로 신분을 중시하는 신분제 사회에서 양반 출신의 정처[135]와 천인 신분의 첩과는 동등한 대우를 할 수 없으므로 자연히 처와 첩, 적과 서의 차별이 필연적으로 대두되었다.[136] 그러므로 첩과 서얼이 차별받는 이유가 단순히 여성억압적인 차원이 아니라 반상을 엄격히 고수하는 이미 불평등을 전제로 하는 신분제 사회라는 데에서 그 연유를 찾아야 할 것이다. 첩이 차별은 받았으나 광계사(廣繼嗣)를 목적으로 한 이상 그 지위가 전혀 없을 수는 없었다. 첩도 호적에 등재되었으며 혼인도 예를 갖추어서 행하였는데 단지 정식 혼인예식과

---

133) 이능화(1927), 앞의 책, p. 191.
134) 한영우, 〈조선초기 사회계층에 대한 재론〉, 《한국사론》 12(서울 : 서울대 국사학과, 1985), p. 347.
135) 正妻의 지위에 대해서는 다음 논문을 참조 바람. 박용옥, 〈朝鮮太宗朝 妻妾分辨考〉, 《한국사연구》 제14집(서울 : 한국사연구회, 1965), p. 98.
136) 이태진, 〈庶孽差待考〉, 《역사학보》 제27집(서울 : 역사학회, 1965).

틀리는 점은 신랑이 쓰는 사모를 두뿔나게 접어서 차별의 뜻을 보일 뿐이었다.[137] 서얼 차별이 심하였다고는 하나 법적으로 허용된 결혼 내 생자였으므로 양반서자[138]들은 차등적이나마 재산도 분배받았고 한품서용[139]에 따라서 관리가 되는 길도 열려 있었다. 이러한 면에서 본다면 상민이나 천녀들이 양반의 첩이 되는 것은 신분제 사회에서는 오히려 신분상승[140]의 기회가 되었다.

김두헌은 광계사를 목적으로 첩제를 허용하면서 서얼차대는 모순이라고 지적[141]하나 이태진은 양반서얼의 한품서용을 '귀(貴)'신분을 고수하기 위한 양반층 전체의 입장과 자기혈손의 음직(蔭織)을 확보하려는 양반 개인의 입장간의 타협에서 나온 법제[142]라고 풀이하고 있다.

2) 여성의 모권과 치가사(治家事)

일찍이 이능화는 여성의 일을 다음과 같이 규정하였다.

고치실과 명주·베·모시·무명 하나도 여자의 손을 거치지 아니한 것이 없다. 시정에서 물건을 팔고 사는 일에나 논밭에서 밭갈고 씨뿌리는 일에도 부녀의 조력이 태반이다. 의류재봉(衣類裁縫)과 주식모의(酒食謀議)가

---

137) 이능화(1927), 앞의 책, p. 194.
138) 이에 비하여 서양은 명목상으로 일부일처제를 지향하였으나 실제에는 노예를 제외한 귀족·공민에 이르기까지 정부를 두어서 사생아들이 수두룩하였다. 교황 알렉산더 6세의 조카로 알려진 체자레 보르지아도 교황의 사생아였다. 이들 사생아(illegitimate)는 문자 그대로 비합법적이므로 법의 보호를 받지 못한다. 민석홍, 《서양사개론》(서울 : 삼영사, 1984), p. 378.
139) 《經國大典》 吏典 한품서용條.
140) 이태진은 양인으로서 져야 할 의무병인 正兵에서 서얼들은 양반 자제들로 편성된 직업군인의 성격을 띤 甲士로 편입되는 과정을 서술함으로써 신분상승을 제시하였다. 이태진(1965), 앞의 글, p. 87.
141) 김두헌, 《한국가족제도연구》(서울 : 서울대 출판부, 1969), p. 478.
142) 이태진(1965), 앞의 글, pp. 80~81.

다 여자 아니고서는 ……. [143]

이 밖에 본절에서는 여성의 가장 큰 직능인 출산과 양육을 포함하여 다루고자 한다.

㈎ 출산과 양육

인구생태학적 여건과 밀접한 출산은 동양 전통사회에서 무척 소중히 여겼다. 여성의 불임은 무월경에 기인하므로 월경이 순탄하게 흐르도록 하는 한방요법이 일찍부터 있었다. 부녀가 아기를 낳지 못하면 의원들은 혈분이 부족한 탓이라 하여 사물탕(四物湯)·향부환칠제(香附丸七制) 등의 한방약을 써서 혈기를 보하고 경도를 조절하니 이로써 효험을 본 이가 매우 많았다[144] 한다.

임신이 확인되면 임부는 마음가짐에서부터 행동 하나하나를 바르게 해야 하며, 그같은 환경이 조성되도록 주변인들도 함께 노력한다. 이를 태교라 하는데 도덕군자로서의 첫 생육기간이라는 점에서 강조되었으며 그 구체적인 내용은 다음과 같다.

> 부인이 임신을 하면 잠을 자도 옆으로 눕지 않았으며, 앉아도 한쪽 가장자리에 앉지 않았으며, 서도 비딱하게 서지 않았으며, 이상한 맛이 나는 음식을 먹지 않았으며, 바르게 자르지 않은 것은 먹지 않았으며, 자리가 바르지 않으면 앉지 않았으며, 눈으로는 나쁘고 궂은 것을 보지 않았으며, 귀로는 음란한 소리를 듣지 않았으며, 밤이 되면 소경으로 하여금 《시경》을 외게 하여 듣고 바른 일을 말하게 하였다. [145]

---

143) 이능화(1927), 앞의 책, p. 261.
144) 사물탕은 숙지황·백작약·천궁·당귀 각 2돈씩을 배합한 약이며, 향부환칠제는 당귀·봉출·목단피·애엽·오약·천궁·현호색·삼릉·시호·인화·오매 등 한방약재를 빻아 약수에 개어 빚은 환약으로서 불임에 쓰인다. 같은책, p. 204.
145) 소혜왕후 편(1475), 육완정 역주, 《내훈》(서울 : 열화당, 1984), p. 149.

242

이러한 태교를 실천하는 이유로서 태어날 아기는 어머니가 만물에서 감응을 받은 대로 닮게 되므로 마음속에 느낀 생각이 나쁘면 나쁜 자식을 낳게 된다고 보았기 때문이다. 그러기에 여성은 단지 수동적으로 출산행위를 수행하는 것이 아니라 바로 능동적인 생명창조의 참여자였다. 조선시대 양반가 여성들이 태교를 엄격히 실천한 사례는 이사주당(1739~1821)의 《태교신기》 저술에서도 능히 짐작할 수 있다. 이사주당은 인간의 기질이 본연의 性에 합일하려면 하늘로부터 성(性)을 품부(稟賦)받는 태내에서부터 수양교육이 이루어져야 하며 인간교육이 태외 10년의 교육보다 태내 10개월의 교육이 더 중요하다[146]고 태교를 강조하였다.

최근의 한 연구에서 여성의 출산이 부정시된다는 견해가 다음과 같이 새로이 대두된 바 있어 이에 대한 검토가 필요하다.

우리나라 민속에서 여성의 부정관이 가장 두드러지게 나타나는 것이 출산이다. 출산은 인간의 생명이 태어난다는 신비스런 의미가 있지만 동시에 강한 부정을 동반하는 것이다. 출산한 집에는 대문에 금줄[147]을 치고 사람의 출입을 금한다. 신성한 생명을 지키는 의미에서 외부로부터 부정을 막아야 한다는 것과 출산한 집은 부정한 곳이기도 하다는 것을 알려 밖으로부터 부정을 스스로 삼가라는 뜻이 있을 것이다.[148]

최길성은 이것에 대한 논거로써 부락제나 동제를 지낼 때에 임신한 여인을 기피해서 다른 마을로 피신시킨다는 예를 들고 있다. 제사는 죽음의 세계에 있는 귀신을 대상으로 지내는 의례이기 때문에

---

146) 박용옥, 〈한국에 있어서의 전통적 여성관 : 이사주당과 《태교신기》를 중심으로〉, 《이화사학연구》 제16집(서울 : 이화사학연구소, 1985), p. 3.
147) 産事가 있으면 외로 새끼를 꼬아서 문 위에 가로거는 검승은 도교의 유속으로 부정을 막기 위한 뜻이라는 것이 종래의 해석이었다. 이능화(1927), 앞의 책, p. 207.
148) 최길성, 《무속의 세계》(서울 : 정음사, 1984), p. 139.

삶의 세계에서 첫출발인 탄생과는 피할 수 없는 대결관계에 놓일 수밖에 없다는 뜻으로 이같은 설명을 한 것인지 모르겠으나, 임신녀를 피신시키는 것은 제사나 굿의 혼란으로 인해 태교가 제대로 실천되지 못할 것을 우려해서인 것이며, 혹 생과 사의 배타적인 상호관계를 설명할 수는 있을지언정 귀신이 아닌 인간이 출산을 부정시[149]하는 것은 결코 아닐 것이다. 이는 19세기 후반에 살았던 권홍숙 씨의 사례에서 실증된다. 권 부인은 41세에 만삭으로 맏아들의 상을 당했는데, 임신중에 초상을 치르면 줄초상이 잇따른다는 당시의 풍습 때문에 장남의 시신을 3개월 동안 가매장하고서 출산 후에 옆집으로 영아를 보내고 나서 장례를 치렀다[150] 한다. 이는 장례식을 중시하던 사회였음에도 맏아들의 시신을 3개월간 허술히 한 것은 태아와 생명을 보다 중시한 것으로 해석할 수 있다.

산모와 영아의 유대(mother-child bond)를 나타내는 의식으로서 일칠일·이칠일·삼칠일을 들 수 있다. 미역국과 백반을 산모와 아기의 침변에 놓고 삼신할머니를 향축[151]하면서 산모의 무병과 영아의 장수를 빈다든지 하는 습속이 조선조 국문소설《반월회맹연》[152]에 잘 나타나 있다. 이는 친정어머니 혹은 시어머니(출산의 장소가 친정 혹은 시집인 경우를 상정해서)가 지내는 것으로 낸시 태너가 지적한 모-자녀유대(mother-child bond)를 보여주는 본보기로서 해석되어야 할 것이다. 그리고 백일이나 돌잔치를 성대히 하는 풍습도 당시의 영아

---

149) 이는 서양 여성 인류학자인 매리 더글라스의 견해를 기계적으로 대입한 것으로 서양에서는 출산을 부정시하여 산모를 교회에 참석시키는(churching) 것은 속죄의 뜻이 있다고 한다[Jane Lewis(1981), *op. cit.*, p. 64.

150) 정상원,《대월부인전》(서울 : 계량문화사, 1958), p. 27.

151) 먼저 방의 서남쪽 구석을 정갈히 하고 상 위에 백반 세 종지와 미역국 세 종지를 차리고 삼신께 祭敬한다. 第三, 第七日 및 二七日, 三七日, 百日에도 이와 같이 한다[이능화(1927), 앞의 책, p. 206.

152) 한국고전문학연구회 편,《한국소설문학의 탐구》(서울 : 탐구당, 1978), p. 114.

사망률이 높았음을 잘 반증해 주고 있다.

어머니가 유아에게 젖을 먹여 기르는 것은 모-자녀유대를 가장 잘 나타내는[153] 본보기라 하겠다. 요즘처럼 이유를 빨리 행하지 않고 서너 살이 될 때까지 젖을 먹였기에 더욱 그러하다고 하겠다.

자녀교육은 앞서 언급했듯이 태아교육으로부터 비롯한다. 태어나서도 사랑에 나가 기거하기 전인 10세 이전의 사내아이의 유아교육은 전통적으로 어머니가 전담하였다.[154] 그리고 바깥방에 나가 기거하기 전에는 사내아이는 아버지보다 어머니와 유대가 더 깊다. 혹 바깥스승을 구하기 어려운 형편의 양반가에서는 어머니가 스승노릇을 하였다. 서포 김만중은 회고하기를, 어머니 해평윤씨는 사서와 시전언해를 빌려다가 손수 베끼시니 자획이 정제하여 구슬을 꿴 듯하고 한 구도 구차함이 없었다[155] 한다. 서책이 귀한 당시에 교재로서 필사본을 마련할 만큼 해평윤씨는 실력자였음을 알 수 있다. 또한 아들 형제에게 허물이 있을 때에 해평윤씨는 몸소 매를 잡고 울면서 "너희 부친이 너희 형제를 내게 의탁하였거늘 너희들이 이제 이렇듯 하니 내 지하에 가 무슨 낯이 있으리요, 학문을 아니하고 사느니 죽음만 같지 못하다"[156]고 일깨워 교육하였다.

이퇴계의 어머니 정부인 박씨도 "세상에서는 항상 과부의 아들을 가르치지 않는다고 헐뜯으니 너희들이 백 배나 힘들지 않는다면 어

---

153) Nancy Tanner(1974), *op. cit.*, p. 136.

154) 아이가 능히 밥을 먹게 되거든 오른손으로 먹는 것을 가르치며 능히 말을 하게 되거든 사내아이는 빨리 대답하고 계집아이는 느리게 대답하여 여섯 살이 되면 숫자와 방위의 이름을 가르친다. 아홉 살이 되면 날짜 세는 것을 가르친다. 열 살이 되면 바깥스승에게 나아가 배워서 바깥방에서 거처하고 잠자며, 글씨와 셈을 배우게 한다[주자(순희 정미년), 이기석 역해, 《소학》 (서울 : 홍신신서, 1981) pp. 14~15].

155) 송백헌, 《西浦家門行狀》(대구 : 형설출판사, 1977), p. 14.

156) 같은 책, p. 13.

찌 이러한 비난을 면하겠느냐"고 자식들을 훈계[157]하였다. 공식 교육기관인 향교나 서당 등에 입학이 허용되지 않았던 여아들의 교육전담자가 어머니라는 사실은 새삼 재론의 여지가 없다. 이와 같이 여성은 전통사회에서 유아교육 및 학령 전 교육의 전문가였고 때로는 정규교과목까지도 가르쳤던 교육자였으므로 어머니-자녀 유대관계는 아버지보다 더 긴밀했다고 하겠다.

　㈏ 봉제사(奉祭祀)와 접빈객

　왕조 초기부터 사대부가에서는 따로 가묘(家廟)를 세워서 선현봉사(先賢奉祀)를 해야 한다는 원칙을 세우고 그 실시를 적극적으로 전개할 만큼 봉제사는 유교가정에서 아주 중요한 일에 속했다.《경국대전》〈예전〉 봉사조에 보면 육품 이상은 삼대 봉사, 칠품 이하는 이대 봉사, 서인은 당대 봉사에 한한다고 규정하였다. 제사 의례는 적장자인 남자가 주관하지만 제수 마련은 모두 총부(冢婦)가 진두지휘하는 의무이자 권한 사항이었다. 육품 이상의 사대부가에서는 삼대조상의 제사를 지내야 하므로 최소한 6명이 되지만 후처·첩이 있을 것을 상정하고 계절 제사를 합치면 한 달에 한 번 이상꼴은 제수 장만을 해야 한다. 비닐하우스 재배의 영농기술이 도입되지 않았던 당시에 계절마다 특색 있는 야채 갈무리하기, 간장·된장·고추장 담그기와 제수마련은 수월한 일이 아니었을 것이다.

　정경부인 윤씨는 세시와 제사를 심히 공경하여 이미 가사를 전하였으되 오히려 몸소 그릇을 씻어 찬물[158]을 장만하며 병든 때 아니면 사람으로 하여금 대신 시키지 아니하였을[159] 정도로 제수마련도 제사

---

157) 이덕무, 앞의 책, p. 220.
158) 여기서의 제수마련은 서양 중세 기독교의 성찬식에 쓰일 포도주와 빵 마련에 비
　　견되는 것이다.

의식만큼 중요하게 여겼다. 이처럼 중요한 일을 담당하는 총부는 제사헌식에도 동참하였다. 첫 술잔을 올리는 초헌은 장자가 하고 다음 아헌은 총부가 잔을 올리는 것이다. 총부의 권한은 법적으로도 보장되었다. 남편이 죽고 아들이 없으면 총부는 봉사의 권한을 가지고 봉사가사와 전민에 의거해 생활하였고 양자 지명권이 있었다.《경국대전》〈예전〉 봉사조에 입후(立後)를 할 경우 母가 관에 고한다고 기록되었다. 그러나 종법제 가족제도의 정통론과 총부권이 대립하여 논란을 야기하는 일이 많게 되자[160] 총부의 권한이 축소되었다. 영조 22년(1746)에 간행된《속대전》〈예전〉 입사조(立祀條)에 보면 입후할 때 총부로서 논하지 못한다는 구절이 삽입되어 양자 지명권[161]을 잃었으나 입후 후의 권한은 그대로 인정받았다. 실제로 19세기 후반의 이석담 부인은 본인이 직접 수소문하여 양자 후보를 만나보고서 마음으로 결정한 후에 문중 어른들께 승낙을 받는 형식을 취하였다.[162]

접빈객 또한 양반 여성의 일 가운데서 큰 부분을 차지하였다. 사랑채에 항상 모여드는 손님들의 음식접대를 소홀히 할 수 없었다. 당시에 사랑방은 같은 학파의 학문 토론장이었으며 정당정치의 당사 구실을 하였다. 그리고 주막을 찾지 못한 길가는 손님들도 찾아들면

---

159) 송백헌(1977), 앞의 책, p. 15.
160) 종법제의 정통론은 아들이 없이 장자인 남편이 사망할 경우에 둘째 시동생의 支子를 양자로 맞아들여야 하는데 종종 총부의 권한을 행사하여 셋째 시동생의 아들을 양자로 지명한다든지 하여 서로 논란이 일어나 법정시비로까지 번지는 경우가 있었으나 이때에도 총부의 권한을 인정하여 총부의 승리로 판결이 난 사례가 있었다[지두환,〈조선전기의 종법제도 이해과정〉,《泰東古典研究》창간호(서울 : 태동고전연구회, 1984), p. 88 참조].
161) 그러나 왕실에서는 구한말까지 大妃에게 양자 지명권이 있어서 趙大妃가 고종을 추대한 장본인이다.
162) 김용국(1979),《이석담 부인전》, pp. 22~23.

하룻밤을 묵어갈 수 있는 곳이 바로 전천후로 개방된 사랑방이었기 때문이다. 그렇지만 빨래와 밥짓기 등의 단순 가사노동은 양반 대가의 며느리나 부인들은 직접 하지 않았고 비(婢)들이 전담하였다.

이덕무(1741~1793)는 《사소절》에서 사대부가 부녀들이 직접 밥을 짓지 않고 여종들에게 시키므로 밥을 제대로 짓지 못하는 이들이 많다고 한탄하였다.[163] 이로 보아 양반 부녀들은 수하 하인들을 지휘·감독하여 가정 경영을 도모하였음을 알 수 있다. 그리고 대소가 친지들의 경조사를 기억하여 물품과 부조를 보내는 등의 섭외를 담당하여 친척간의 유대와 화목을 다지는 일이 여성들의 책임이었다.

㈐ 방적과 농사

홍만선(1643~1715)의 《산림경제》에 보면 양잠의 중요성을 다음과 같이 기술하고 있다.

배고프면 밥을 먹고 추우면 옷을 입는 것은 인간에 있어서는 같은 일이다. 누에가 없다면 옷을 만들어 입을 수 없기 때문에 선비의 집에서나 일반 백성의 집을 막론하고 양잠을 중히 여기는 것이다.[164]

이러한 까닭에 각 지방에 파견되는 지방관인 수령의 업무인 수령 칠사(七事)에 양잠독려가 포함된 것은 지극히 당연하였다. 누에를 치기 전에 잠신(蠶神)에게 제사를 드리는 잠례를 행하였다. 이때에는 여성인 잠모가 제사를 주재하며 술 대신 차를 사용한다고 하였다.[165] 왕실에서도 양잠을 장려하기 위하여 왕비가 친잠례를 솔선수범하였다. 성종 8년 3월에 왕비가 후원 채상단에 납시어 왕세자빈과 내외

---

163) 이덕무, 앞의 책, p. 169.
164) 홍만선(1718), 《산림경제》(서울 : 민족문화추진회), p. 175.
165) 같은 책, p. 183.

명부를 거느리고 친잠례를 행하고 채상녀 및 잠모에게 면포를 내리었다[166] 한다. 뿐만 아니라 여러 임금들이 누에치는 여성들을 주제로 그린 양잠도와 양잠에 대한 시들이 많이 전하고 있다. 정다산 역시 부인이 누에치는 모습을 시로 남겨놓았다.[167]

여성들의 일인 방적을 여성 자신들은 남성들의 학문과 대등한 것으로 여겼다. 해평윤씨는 "글읽는 것은 남자의 일이요, 방적은 부인의 직임"[168]이라고 여기면서 한시도 게을리하지 않았다. 두 아들의 비싼 서책을 구하기 위하여 베틀에서 명주의 한가운데를 잘라서 책값을 갚은 것으로 보아 양잠은 시장경제를 겨냥한 상품으로서 우선되었을 것이다. 이는 정다산이 유배지에서 식구들의 어려운 생활을 전해듣고 생계수단으로 산뽕나무를 많이 심으라고[169] 당부한 데서도 잘 알 수 있다. 이와 같이 양잠은 가족들의 생계를 돕는 수단으로서의 기능뿐 아니라 여성 고유의 일로서 여성의 주관으로 잠례가 행하여졌다는 점에서도 여성만의 의식을 중시한 낸시 태너의 견해에 비추어볼 필요가 있다.

고려말 문익점(1329~1398)이 중국으로부터 목화씨를 가져온 이래 조정에서는 면화재배에 노력을 기울였다. 그 결과 중종조에 이르러서는 군역의 포납화가 보편화될 정도로 면작이 일반 농가에서 적극적으로 수용되었음을 알 수 있다. 밭작물인 면화는 씨뿌리고 가꾸고 거두어들이는 일에서부터 물레질을 해 실을 뽑아서 베틀에서 포를

---

166) 이능화(1927), 《조선여속고》, p. 267.
167) 송재소 편역, 앞의 책, pp. 50~52.
168) 송백헌(1977), 《서포가문행장》, p. 36.
169) 송재소 편역, 앞의 책, p. 220, "천리 길 하인놈이 편지를 전해 / 주막집 등잔 아래 홀로 앉아 탄식하네 / 어린놈 채소 심어 애비 징계할 만하고 / 병든 아내 옷 꿰매며 아직 나를 사랑하네 / 내 식성 알아서 찹쌀까지 보내면서 / 굶주림 면하려고 철투호를 팔았다니 / 그 자리서 답장 쓰며 무슨 말을 또 하리요 / 산뽕나무 수백 그루 심으라고 할 밖에는 ……."

짜기까지 모두 여성의 노동력을 필요로 한다. 포는 사람들의 옷감으로서도 필요불가결한 물품이지만 물물경제시대에 실물화폐로서도 중요한 구실을 하였다. 재상 김육(1580~1658)의 주청으로 상평통보가 주조되기 이전의 실물화폐는 미·포·은[170]이었고 1894년 갑오경장 때 조세의 금납화가 완전히 실시될 때까지도 포와 쌀은 함께 통용되었다. 환금성작물(cash crop)인 포는 여성상품인바, 여성의 노동력과 남성의 노동력을 비교해 볼 때 여성노동의 실질가치가 높았다. 즉 "한 사람의 베짜는 여인이 농부 세 사람의 수입보다 낫다"[171]고 한 사료의 표현이나 또는 다산 정약용의 《경세유표》에서 "목화재배는 다른 오곡에 비하여 이익이 2배"[172]라고 언급하고 있는 것 등을 통해 잘 알 수 있다.

이와 같이 상품으로서의 가치가 높은 직물류는 시장점유율도 상당히 높았던 것으로 밝혀졌다. 15세기 말에 처음 등장한 향시는 16세기 초 중종代에 이르면 전국적 규모로 확산·발전하였다. 1726년에는 향시가 1,064개에 달하였으며 전국 향시의 출시품 중에서 직조류가 약 40퍼센트를 차지하고 농가공물류가 30퍼센트를 차지하였다.[173] 이러한 여건은 여성들의 시장출입을 자연스럽게 유도하게 된다. 경상도 고성시장의 경우 다음과 같은 내용의 기록을 볼 수 있다.

경상도 고성에서는 부녀들이 시장 상권을 잡고 남자들이 실례된 언사를 하면 모여들어 집단구타를 하여 남자들을 꼼짝못하게 하였다.[174]

---

170) 원유한, 〈조선후기의 화폐사 시대구분문제〉, 《문학과 지성》 제6권 제3호(서울 : 일조각, 1975) 참조.

171) 김영호, 〈조선후기 수공업의 발전과 새로운 경영형태〉, 《19세기의 한국사회》(서울 : 성균관대 대동문화연구소, 1972), p. 184.

172) 권병탁, 《한국경제사》(서울 : 박영사, 1984), p. 163.

173) 김신웅, 《조선시대의 수공업 연구》, 동대 대학원 박사학위논문(미간행), 1984, p. 64.

174) "固城之俗　又異於他者　場市女子爲一市之互卽主其穀價之低昂　男子有失於言辭衆女

이것은 여성의 경제권이 가내로부터 가외시장으로까지 확대된 것을 보여주는 좋은 사례이다.

그러나 면포가 전국적으로 그리고 모든 농가에서 생산되는 것은 아니었다. 산악지대나 논농사와 면작물이 잘 되지 않는 함경도 지방은 여름에도 짐승가죽으로 만든 옷을 입고 있었다.[175] 포가 귀하므로 상인이 세목 한 필만 내놓으면 양가의 여자와도 하룻밤을 함께 지낼 수 있었다[176]고 할 정도였다. 이곳에서는 여자가 밭에 나가 일을 하지 않으나 장에 나가 파는 일은 많이 하여 그곳 풍속에서는 집의 닭이 달걀 몇 개만 낳아도 여자가 그것을 장에 가지고 가서 판다[177]고 했다. 이같은 풍속은 주로 상가(常家) 여성에게서 많았을 것으로 생각된다. 19세기 말 무명장나이로 치부하여 집안 살림을 일으켰던 평안도 정주의 신삼희당의 경우는 그녀가 양반여성이었으므로 시장출입을 삼가고 대신 친정오빠가 생산한 면직물의 판로를 맡아주었다.

면포 생산지인 전라도나 경상도에서도 면작은 중농층에서 할 수 있었고,[178] 잔잔호(殘殘戶)에 속하여 소작농이나 임금노동으로 생활하였을 대부분의 빈농층은 여성들이 밭에 나가 품삯일을 하는 경우도 있었으니 다음은 19세기 초 여성들이 임금노동에 종사하였던 모습을 생생하게 보여주는 좋은 사례이다.

> 모내기철 모품팔이 아낙네들 일손 바빠 / 보리 베는 반상(飯床)일도 도울 생각 전혀 않네 / 이서방넨 뒤에 가고 장서방네 먼저 가네 / 예로부터 돈모〔錢秧〕심기 밥모〔飯秧〕보다 낫다 하네.[179]

四圍毆打男不敢抗俯首甘受此何風耶"[이규경(1788~?), 《五洲衍文長箋散稿》卷 40].
175) 이중환(연대 미상), 《택리지》, 노도양 역, p. 50.
176) 《율곡유고》 권 1.
177) 이능화(1927), 앞의 책, p. 273.
178) 권병탁, 《이조 말기의 농촌직물수공업 연구》(대구 : 영남대 산업경제연구소, 1969) 참조.

품삯으로 밥값을 뺀 나머지 돈으로 받는 경우인 밥모보다 점심을 주지 않고 전부 돈으로 쳐서 받는 돈모를 아낙네들은 더 선호하였으며 돈을 벌기 위하여 남편〔飯床〕이 하는 보리 베는 일도 돕지 않고 있었다. 농경사회에서는 가족단위로 생산이 이루어졌기 때문에 모든 식구들이 생산자들이었다. 다음은 다산(茶山)이 1801년 경상도 장기(長鬐)에 유배되었을 때 그곳 농촌의 일상적인 생활을 기록한 〈장기농가(長鬐農歌)〉의 일부이다.

넘실대는 논물 위에 모내기 노래 애절한데 / 저 며느리는 유난히도 저렇게 수줍은고 / 새벽비 부슬부슬 담배심기 안성맞춤 / 담배모종 옮겨다가 울 밑에 심어두자 / 새로 깐 병아리 작기가 주먹만해 / 여리고 노란털이 어여쁘기 짝이 없네 / 그 누가 어린 딸 공밥먹는다 말하는고 / 꼼짝않고 붙어앉아 솔개미 쫓는 것을 / 어저귀 먼저 베고 삼밭에 호미질 / 늙은 할멈 쑥대머리 밤에사 빗질하며 / 일찍 자는 첨지영감 발로 차 일으키네 / 풍로에 불붙이고 물레도 고쳐야지 / 상치잎에 보리밥 싸서 / 파 고추장 섞어 먹세 …….[180]

앞의 시는 여성의 주체적 생산성을 잘 표현하였다. 며느리는 모내기하고 손녀는 솔개미 쫓고 시어머니는 어저귀 베고 삼밭에 호미질 하는 등 바빠서 밤이 되어야 겨우 빗질을 하는데, 게으름 피우며 초저녁잠을 자는 가부장인 시아버지는 시어머니가 발로 차 깨워서 풍로에 불붙이고 물레 고치는 일을 하도록 지시받았다. 이 가정에서 주도적인 역할은 시어머니가 담당하고 전형적인 농군이 못 되는 시아버지는 풍로에 불붙이고 물레 고치는 등의 보조적인 일을 했다고 해석할 수 있다. 이 밖에도 상민여성들은 자질구레한 단순한 가사노

---

179) 송재소 편역, 앞의 책, p. 231.
180) 같은 책, pp. 205~209.

동까지 하였음을 다음 서술에서 볼 수 있다.

> 나무를 갖다 불을 때는 거나 재를 퍼다 똥을 치거나 애기를 보고 누에
> 를 치는 것을 다 그만두세요. 그리고 사기그릇 식기 놋그릇 닦기, 부엌치
> 기, 마당쓸기, 삼삼기, 목화줍기 같은 일들을 ······.[181]

종래 전통사회의 여성연구는 불평등한 제도에 억압당하는 여성상만을 부각시킨 나머지 적극적 생산자[182]로서의 여성의 위치를 경제구조적인 측면에서 올바로 파악하지 못하였다. 여성의 치가권에 관한 연구는 보다 다각적으로 행하여져야 한다. 특히 여성의 생산력이 가내 번영과 국가재정의 중요한 부분을 차지하였던 점이나, 또 더 나아가 여성의 상품이 점차 시장 경제화되는 과정 등은 새로운 시각에서 역사적 가치가 부여되어야 할 것이라고 믿는다.

3) 치가자(治家者)와 모권자로서의 여성의 가족관계

㈎ 부부관계

앞절에서 살펴본 여성의 일이 부부관계에는 어떤 영향을 미치는지를 알아볼 필요가 있다. 《경국대전》 고존장조(告尊長條)에 "자손처첩 노비 고부모가장 제모역역반외교(子孫 妻妾 奴婢 告 父母 家長 除 謀 逆 逆反外 絞)"라는 조문이 있다. 이것은 가부장권제 사회체제의 양상과 성격을 대표하는 법으로 처를 자손·첩·노비와 동렬의 위치에 놓음으로써 처를 가장에 종속시켰다. 이는 삼종지도나 남존여비적 사

---

181) 이우성 편, 〈변사행三話〉, 《이조한문단편선》 중권, **p. 94.**
182) 생산은 일찍이 희랍 로마시대부터 노예와 여성, 일반 공민들이 담당하였고 소수 특권계급의 남성들만 정치에 참여하였기에 노동은 신성한 것이 아니라 천한 것으로 인식되어 왔지만, 조선시대의 여성들이 생산에 참여했다고 해서 로마의 노예와는 비견될 수 없다. 사유재산 소유권과 처분권이 여성에게 있었던 데 반하여 노예란 재산권과 처분권을 행사할 수 없는 완전히 물화된 인간이기 때문이다.

고구조를 법제화한 것이다. 그러나 이 고존장조에 의하여 처벌받은 처가 실제로 얼마나 있었는지는 의문이다. 앞에서 지적했듯이 유교의 남녀관은 상호보완적 평등윤리를 포괄함으로 해서 남편의 일방적이고 부당한 전제는 용납되지 않는다. 부부간은 서로 손님 대하듯 존경을 해야 한다.[183] 부부간의 존칭어 사용[184]이나 남편에 대한 아내 자신의 지칭에 '나'를 쓰고 있었던 것[185] 등은 그같은 상황을 알려주는 것이다. 이덕무의 《사소절》에서도 "남편이 출타했다가 집으로 돌아오면 형수와 제수는 절을 하여 맞이하는데 아내는 절을 하지 않는다"[186]고 우려하였는데 이는 부부간의 균등한 생활태도가 관행되고 있었음을 알게 한다.

그러면 부부간의 이와 같은 균등한 관계는 어디에서 연유하는 것일까? 이에 대한 해답은 첫째, 처의 가정에서의 확고한 경제권 또는 가정경영권에 있었던 것으로 여겨진다. 자녀간의 재산 균분제에 따라 여성들은 자신의 친정집에서 노비와 전토 등 재산을 가지고 오며 본인의 이름으로 된 문계의 처분권이 있어서 독립된 경제권을 가지고 있었다. 서양 중세사회의 경우에도 아내가 친정에서 가져간 재산의 처분권이 아내에게 속해 있었으므로 실생활은 당당하였던 것처럼 조선왕조의 여성들의 처분권도 그들의 삶에 상당한 영향을 미쳤을 것으로 보인다. 가난한 양반가의 경우 한 가정의 생활은 주로 처에 의하여 영위된다. 이 경우 남편들은 글만 읽는 무능한 소비자였을 뿐이므로 가정내에서 남편의 권위가 그리 당당하지는 못했을 것이다.

---

183) 주자(순희 정미년), 이기석 역, 《소학》(서울 : 홍신사) p. 158.
184) 제주도로 귀양을 간 추사 김정희가 아내에게 보낸 편지에 존칭어를 썼음이 실증되고 있다[장덕순, 〈한글문화수호자로서의 여인상〉, 하현강 외, 《한국여성의 전통상》, (서울 : 민음사), p. 31].
185) 정양원, 〈규범류를 통해서 본 한국여성의 전통상에 대하여〉, 앞의 책, p. 58.
186) 이덕무, 앞의 책, p. 229.

안빈낙도하리라 작정했지만 / 막상 가난하니 그게 안되네 / 마누라 한 숨소리에 낯빛을 잃고 / 굶주리는 자식에게 엄한 교육 못하겠네.[187]

앞의 시는 가족의 생계를 책임지지 못하는 가장의 무능에 대한 다산(1762~1836) 자신의 솔직한 심정고백이었다.

가장으로서 위엄을 갖추기 위해서는 식솔들의 생계를 책임져야 하며 그렇지 못할 경우에 아내의 구박도 감수해야만 했다. 흔히 무능한 양반의 전형으로 그려진 연암 박지원(1737~1805)의 《양반전》의 정선 양반은 아내로부터 심한 모멸을 받고, 《허생전》의 허생은 아내의 바가지에 10년간 읽던 글을 집어치우고 가출을 한다. 이 두 여인을 현실에서는 존재하지 않았고 다만 작중인물로서의 성격부각을 위하여 창조해 낸 것이라는 연암 자신의 작가의 변이 없었음에도 불구하고 후세 학자는 "가난 때문에 최소한의 인간성 발휘조차 외면해 버린 삭막한 이들 여인은 연암이 창조한 인물들 가운데 조선왕조 후기의 속물적 여인상의 전형"[188]이라고 해석하였다. 그러나 이 해석은 다음의 예증에서 진위를 판가름할 수 있다.

"세상에 잔약한 남자로서 사나운 부인에게 눌려서 손발도 놀리지 못하는 사람이 왕왕 있는데 이는 인륜의 변괴요, 왕법이 용납하지 않는 것이다. 이렇게 되면 업신여기고 모욕하고 치고 꾸짖는 등 하지 않는 것이 없다. 대개 사나운 부인들은 재주와 지혜가 많아서 능히 생리(生利)를 잘 경영하고 그 남편은 이것을 의지하여 생활하는 까닭으로 아내는 남편을 꼼짝 못하게 지배하고 남편은 아내를 두려워하여 굴복하니 어찌 슬프지 아니하랴?[189]

---

187) 송재소 편역, 앞의 책, p. 76.
188) 황패강, 《조선왕조 소설연구》(서울 : 단국대 출판부, 1978), p. 306.
189) 이덕무(1775), 앞의 책, p. 229.

이는 당시의 세태를 이덕무가 소상히 살핀 것으로 보이며 경제력이 곧 부부간의 권력의 기선을 잡는 결정적 요소임을 간파하고 있다. 심한 경우에는 치고 꾸짖기까지 한다니 이에 비하면 앞의 두 소설의 여주인공들은 '삭막한 속물적인 여인상'이 아니라 일상생활에서 흔히 볼 수 있는 평범한 여성들이라 하겠다. 앞서 《장기농가》의 상민가정에서도 게으름을 피우며 초저녁잠을 자는 남편을 깨우려고 아내는 발로 툭툭 건드리는 소홀한 예우를 하였음을 보았다. 이러한 모든 사례에서 추출되는 공통점을 페기 산데이의 용어로 설명하자면 조선왕조가 비록 합법적 권위(authority)를 남편에게 부여했으나 경제력의 여하에 따라 여성은 실질적인 권력(power)을 행사했다고 할 수 있다. 남편의 녹봉이 아내의 경제력을 능가하는 양반관료의 부부관계에서 남편은 명실상부하게 권위나 권력 행사에서 우위를 점하는 것은 당연한 이치이다. 나라의 일을 돌보는 정치(公)와 가정 경영을 도모하는 내업(私)이 동렬에서 운위될 수는 없으나 상호불간섭주의의 내외법에 따라서 내업에서의 아내의 독자적인 운영(domestic feminism)이 보장되었다. 그리고 가사결정만이 아니라 모든 문제를 부부가 서로 의논해서 결정한다[190]는 증언도 있으므로 비록 조선왕조가 남성본위의 사회였다고는 하나 아내가 무조건 남편의 의견에 맹종했다고 삼종지의를 해석해서는 안될 것이다.

아내의 덕목은 여성의 외모, 즉 신체적 아름다움에 있지 않고, '어진 마음'에 있었다. 다산 역시 어진 아내 곁에 있고 싶다고 표현하였다.[191] 조선후기 한문 단편소설 가운데서 작가 안석경이 쓴 《연도》라

---

190) "자식들이 이미 분가를 하면 / 부모도 자식들에 맡겨두는 법 / 사치와 절약은 자기들 맘인데 / 죽먹어라 밥먹어라 어이 할 건가 / 모든 일 부부가 의논해서 결정하니 / 지나친 부모간섭 원하지 않네."[송재소 편역, 앞의 책, p. 256].

191) "…… 어진 아내 원치 않고 / 넓은 집 원치 않네 / 아내가 어질면 / 곁에만 있고 싶고 / 사는 집이 좋으면 / 안일하게 마련이라 ……."[같은 책, p. 28].

256

는 작품이 여성의 아름다움에 절대적인 가치를 부여했기 때문에 당시에는 너무도 충격적인 특이한 설정[192]이라고 어느 국문학자가 지적하였다. 대부분의 이야기들은 여주인공의 인물 묘사에는 등한하고 사건전개, 즉 행위묘사에만 치중하고 있는 점도 우연의 일치만은 아니라고 하겠다. 여성 3대에 걸쳐 집안을 일으킨 대종가의 딸로 태어난 어느 여교수는 자신의 부모들은 "로맨틱한 사이는 아니었으나 아버지가 어머니를 인격적으로 철저히 우대하셨다"[193]고 술회하였다. 이러한 점들을 고려한다면 전통사회의 부부관계는 남편이 아내를 성적 대상물(sex object)[194]로 여기지 않았다는 사실이다. 이에 비하면 서양 여성해방작품의 효시로 알려진 노르웨이의 작가 헨릭 입센(1828~1906)의 《인형의 집》[195]의 여주인공인 아내 노라는 경제적 여유와 안락한 분위기의 가정이었음에도 불구하고 가출을 단행한다. 그 이유는 남편 토발드한테서 애완물로서의 인형 취급 받기를 거부하고 인격체로서의 자립을 원했기 때문이다. 그러나 조선시대 소설에서 아내가 가정을 뛰쳐나오는 줄거리는 찾아보기가 힘들다. 흥미로운 대조는 《허생전》에서 가출하는 쪽은 아내가 아닌 남편이었다. 조선

---

192) 이명학, 《조선후기 한문학의 재조명》(서울 : 창작과 비평사, 1983), p. 309. 이에 반하여 영국에서 1847년에 출간된 샤롯 브론테(1816~1855)의 《제인에어》는 미인이 아닌 평범한 여성을 여주인공으로 등장시킴으로써 여태까지의 문학적 관례와 전통을 깨트린 획기적인 작품으로 영문학사에 기록되고 있다[Charlotte Bronte, *Jane Eyre*(London : J. M Dent & Sons Ltd., 1847), 서문 참조].

193) 이혜성, 〈여자교수의 성취동기에 관한 사례연구〉, 《여성학논집》 창간호(서울 : 이대 한국여성연구소, 1984), p. 50. 40대 중반의 여교수이니, 그의 어머니, 할머니, 증조할머니를 말하며 세대간 격차를 30세로 하면 지금부터 120년 전인 19세기 후반까지 거슬러 올라간다.

194) 물론 소수 특수계급의 남성들은 관기의 수청을 받았고 기생들을 성적 대상으로 삼기도 했다.

195) Henrik Ibsen, "A Doll's House", *Six plays by H. Ibsen* (tr.by) Eva le Gallienne(New York : The Modern Library, 1951).

조 전통사회에서의 가정은 남편 없이도 아내의 힘으로 영위되어 왔다. 수많은 사화와 당쟁에 연루되어 대부분의 관인들이 유배생활을 하였고,[196] 상민 가정에서는 군역이나 요역에 차출되어 남편이 집을 떠나 있는 기간이 대체적으로 많았다. 이러한 관계로 비록 문중의 어른들의 영향이 컸을지라도 직접적인 단위가족의 치가는 아내와 어머니에 의해서 이루어졌기에 낸시 테너가 규정한 모중심가족(matrifocality)으로 보아도 타당하지 않을까 한다.

(내) 모자·고부관계

모자관계를 규정하는 대표적인 예로서 삼종지의의 "남편이 죽은 후에는 아들을 좇아야 한다"는 구절이 종종 인용된다. 이와 더불어 조선시대가 家의 대표인 호주를 남자로 공식 인정하였던 것도 사실이다.

> …… 늙어서 비록 子에게 가무를 전장(傳掌)했을지라도 가장은 父이다. 부인이란 전제지의(專制之義)가 없으므로 母가 있더라도 子가 주로 되는 것이다. 잘 알아서 바로잡을 것 …….[197]

이는 일견 아들이 어머니보다 우위에 선다는 해석을 하게 된다. 그러나 고존장조에서 자손이 부모를 역모 이외의 일로 고발하면 교(絞)에 처한다고 할 만큼 가족내의 부모·자식간에 위계질서를 엄격히

---

196) 해평윤씨는 아들과 손자들 일문이 2차례나 화를 입고 유배생활을 하였을 때, 며느리·손자 며느리를 거느리고 의연하게 대처하였고, 다산 정약용(형님 정약전, 처남 권철신 등)도 18년간 유배생활을 하였을 때도 아내가 가정을 지켰고, 추사 김정희는 제주도 유배지에서 서울 아내에게 보낸 편지에 자신이 제사에 참여하지 못함을 죄스러워하고 아내가 제사를 받들고 가정을 이끌어나가는 데 대한 감사한 마음을 전하였다.
197) 박병호, 〈한국가부장권제의 사적 고찰〉, 《한국여성학》 제2집, p. 58.

하였다. 다음의 사례는 이를 단적으로 설명해 준다.

> "楯이, 구씨가 비록 친어머니는 아니지만 그 뒤를 잇는 아들이 되었으니
> 모자의 명분이 정해진 것인데, 구씨가 失行하여 애를 낳은 추문을 순이 발
> 설하였기 때문에, 그때 국문하여 결정하여 먼 지방에 부처하였던……."[198]

즉 양자라도 의리명분상 모자관계인데 어머니의 실절(失節)을 발설한 것은 강상(綱常)을 문란시킨 죄로서 유배에 처해졌음으로 보아 부모에의 효를 여타의 일보다 최우선한다는 것을 보여준 예증이라 하겠다. 칠거지악의 순위에서도 부모에의 불순을 제일 첫 조항으로 들어서 "아들이 그 아내를 몹시 마음에 들어할지라도 부모가 기뻐하지 않으시면 내보내야 한다. 그러나 아들은 아내가 마음에 들지 않을지라도 부모가 '이 아이는 나를 잘 섬기는구나!' 하신다면 아들은 부부의 예를 죽을 때까지 허술히 하지 않는 것이다[199]라고 명시하고 있다. 심지어 어머니는 혼인한 아들이라도 매질이 허용될 만큼[200] 모권이 강하였다.

자식의 부모에 대한 효뿐 아니라 장(長)과 유(幼)에 대한 위계질서를 엄격히 구분하였고 실제 노인을 우대하는 노인직[201]이 법제화되었다. 그러면 왜 전통사회에서는 노인을 우대하였던가? 과학이 발달하지 않았던 시대에서 노인들의 값진 경험이 유일한 지식정보의 원천이었으므로 노인들을 우대할 수밖에 없었다.[202] 기근이 들었을 때 초

---

198) 《연산군일기》 권 50, 9년 7월 28일, p. 123(민족문화추진회 간행).
199) 육완정 역, 앞의 책, p. 57.
200) 같은 글, p. 147.
201) 《경국대전》〈병전〉 免役條에 70세 이상 양친 밑의 독자와 90세 이상 된 자의 모든 아들은 군역을 면제한다[법제처 편, 《경국대전》, p. 555]. 《대전통편》〈이전〉 老人織條에 연령이 80세 이상이 되면 양민과 천민을 막론하고 품계를 제수한다[법제처 편, p. 136].

근목피로 연명하며 전염병이 돌 때는 어떻게 대처해야 하는가는 모두 노인들의 값진 경험의 소산이었고 노인들의 명령에 순종하는 것은 생존을 위한 필수불가결한 일이었다.

다음은 구한말의 이석담 부인이 출타해서 집에 있는 아들(養子)에게 보낸 편지의 일부이다.

> …… 날이 너무 가물어, 앞논의 모를 못 부을까 염려이다. 동꺼리 떡쩌다 놓던 자리에 잘 몰라 못하겠으면, 집에서 한 말 세 홉 닦아 정성으로 쩌서 놓고 대물아즈마니더러 빌어달라 하는데, 월성이 형제 나가듣고, 할머니 데리고 들어와 떡 돌리고 먹어라. 아무쪼록 일살펴 잘들 지내기를 바란다. 채마전에 외씨 심을 때 차미도 많이 심으고 들깨모 많이 부어라. 봄보리 베고는 들깨모를 하느니라, 참깨 심으던데 거름 많이 내고 심어라. 박씨는 내어 삼밭에 모를 부어라. 배추종자 아니 나거든 또 심어라, 늦은 강낭이도 모를 부어라, 요새라도 우둑이 논 換하자거든 웃돈 주고라도 하여라, 희순네 열 마지기 더 주어라, 가을에 쇄메 못하겠다고 일전에 취중에 울면서 내게 말하기로 新畓을 기어이 풀어주자 하였더니 이리 되니 잠을 이루지 못한다. …… 너의 생가 여역엘랑 떡하려 말고 국수나 여나믄 봉 사가지고 가서 더운 날 시원하게 한 그릇씩 메기고 거기 있는 벼 한 섬 어머니 드리며…….[203]

편지 내용에 의하면 이 부인은 마치 살아있는 백과사전처럼 농사에 통달하였고 또한 양자는 어머니의 지혜로운 가르침을 순종하였다. 그러므로 조선사회가 비록 아버지가 사망하면 아들을 호주로 등재할 것을 원칙으로 하고 유교 교훈서에서도 삼종지의를 논하고 있으나 모성존중의 존장권을 최우선으로 하였기 때문에 아들이 명목상의 호주였다고는 하나 실질적인 권위(authority)와 권력(power)은

---

202) 진덕규, 《현대민족주의의 이론 구조》(서울 : 지식산업사, 1983), p. 276.
203) 김용국, 《이석담 부인전》(서울 : 문장사, 1979), pp. 60~61.

어머니가 행사하였음을 볼 수 있다. 일찍이 중국을 방문한 프랑스 여성학자인 줄리아 크리스테바(Julia Kristeva)는 어머니의 아들며느리에 대한 위엄을 관찰하고서 유교가정은 일신론적 가부장제(monotheistic patriarchy)[204]가 아니라고 파악하였고 모권제가 잔존하고 있다(survival of the matriarchy)고[205]까지 놀라움을 표시한 것에 유의할 필요가 있겠다.

일찍이 시집으로 신행을 하여 부거제 대가족의 일원이 된 며느리는 일생 중 가장 어려운 고비를 맞는다. 14~15세의 연령이면 시기적으로도 생리적인 변화를 겪는 사춘기이며 부모 슬하를 떠나서 낯선 시집 식구들의 층층 시하에서 겪는 시집살이이기 때문이다. 어려운 시집살이도 자식을 낳게 되면 달라지게 된다. 지금도 간혹 불임부부가 있기는 하지만 여성이면 대개가 생물학적인 주기에 따라서 자식을 낳기 마련이다. 물론 그 당시에는 불충분한 영양으로 철분의 결핍 등에 의한 산모와 영아의 사망률이 높았을 것[206]은 짐작이 되지만 대부분의 여성들은 어머니가 되었다. 다음은 자녀의 출산이 며느리의 위치를 얼마만큼 상승시켰는지를 잘 보여주고 있다.

---

204) 조선시대의 가부장제에 대한 언급을 차례로 살펴보면, ① 생살여탈권을 쥔 로마의 가부장제와는 틀린다[김두헌, 《한국가족제도연구》(서울 : 서울대 출판부, 1969), p. 330]. ② 어머니의 신분이 자녀들의 신분에 영향을 끼쳤으므로 가부장권이 절대적이었다고 할 수 없다[박용옥, 〈妻妾分辨考〉, 《한국사연구》 14, p. 109]. ③ 부가장제 가족의 형성은 17세기 중반에 들어와서이다[최재석, 《한국가족제도사연구》(서울 : 일지사, 1983)]. ④ 가부장제의 개념을 남녀별·연령별 위계구조로 본다면 조선조는 尊長權者로서의 어머니가 아들 우위에 선다는 특수성의 지적이 있었다.[졸고, 〈문학작품을 통해 본 한국여성의 지위〉, 《연구논집》 제13집(서울 : 이대 대학원, 1985)]. ⑤ 한국여성학회 편, 〈한국사회와 가부장제〉, 《한국여성학》 제2집(서울 : 한국여성학회, 1986).

205) J. Kristeva, "On the Women of China," in *SIGNS* Vol.1, No.1.(Chicago : Univ. of Chicago Press, 1975), p. 60.

206) 홍성표(1985), 앞의 글, p. 422.

"제가 장가를 들어 처음에는 내자가 성질이 사나운 줄 몰랐었지요. 자식 두셋을 낳아야 여자의 본성깔이 드러난다지 않습니까. 제 내자도 과연 자식 몇을 낳더니 그만 흉악한 구습이 나와서 노모를 못살게 구는 것이었습니다. 어찌 이런 여편네를 쫓아버리고 노모를 편안케 하고 싶은 생각이 없었겠습니까마는 자식이 여럿이고 또 제딴에는 治産을 잘하는 편이어서 차마 헤어지지 못했지요 …….".[207]

앞의 내용에서 불효는 칠거지악의 하나로 내칠 수 있으나 治産(가정경제)을 잘했기 때문에 삼불거의 메커니즘에 의해서 내치지 못하였고 더욱이 자식을 낳고 경제적 실권을 쥐고 있어서 오히려 시어머니를 구박하였음을 알 수 있다.

초경 연령(age at menarchy)[208]이 지금보다는 높았으리라고 가정하더라도 대개 15세에 임신이 가능하였다. 혜경궁 홍씨는 15세에 임신하여 16세에 세자(정조)를 출산하였고 해평윤씨는 14세에 혼인하여 16세에 맏아들 김만기를 낳았다. 15~16세에 혼인하여 자식을 낳아 15~16년간 양육하여 며느리를 맞으면 30대 중반에는 대개 시어머니가 되므로[209] 며느리 시절은 평균 15~16년 정도이고 높은 사망률로 인하여 시부모의 상을 일찍 당하면 시집살이에서 벗어날 수 있는 경우를 흔히 상정할 수도 있다. 그러기에 시집살이에 대한 속담인 귀머거리 3년, 장님 3년, 벙어리 3년이 시사하는 바는 매서운 시집살이지만 9년이 흘러 아이 두셋을 낳은 후면 완화된다는 뜻이 담긴 것으로도 해석할 수 있겠다.

한편 부거제하에서 시집살이에 대한 며느리들의 불만이 규방가사에 많이 전해지고 있다. 그러나 이러한 시집살이의 어려움은 남편이

---

207) 이우성 편, 〈변사행삼화〉, 《이조한문단편선》 중권, p. 96.
208) 초경 연령이 환경(TV의 애정드라마 등)이나 영양의 영향을 받는다면 현재의 평균 초경 연령인 12~13세보다는 높았을 것으로 추정이 된다.
209) 이석담 부인은 19세에 혼인하여 60세의 시할머니와 30대의 시부모를 모셨다.

아내를 구박하는 남녀간의 차별에 기인한다기보다는 시부모에게 절대 복종해야 하는 세대간의 차별에서 그 원인을 찾는 것이 보다 타당한 일이다. 대부분의 양반가에서는 시집가기 전의 여식에게 친정부모를 대하듯이 시부모에게 극진히 효도할 것을 가르쳤다. 이와 같이 철저한 가르침을 받은 양반 며느리들은 시부모 공경을 잘해서 시부모로부터 귀여움을 차지하여 노비와 전토를 별도로 받기도 하였다. 해평윤씨의 맏손자 며느리인 한산이씨는 시부모들로부터 노비와 전토를 별(別)로 받았다.[210]

지금까지 살펴본 고부관계를 토대로 다음과 같은 유추가 가능하다. 즉 친정에서 시부모를 공경해야 한다는 가르침을 받아 그대로 실천한 양반 며느리는 시부모와 상호 공경과 사랑으로 화목한 생활을 하였고, 그러나 대다수 며느리는 시집살이의 어려움을 겪기도 했다. 그리고 튼튼한 노동력으로 치산(治産)을 잘하여 경제권을 쥐고 자식을 낳아서 배경이 든든한 상민가의 며느리는 오히려 시어머니를 구박하였던 것으로 보아 세 가지 유형이 공존하였음을 미루어 짐작할 수 있다.

㈐ 친정과의 관계

부거제를 지향한 조선사회였으나 전 왕조로부터 내려오는 남귀여가 혼속이 구한말까지 변형된 형태로 지속되었으므로 친정과의 유대는 어떠하였는지를 살펴보는 것도 의미있는 일이다.

가정의 실권을 갖지 못한 며느리 시절에는 친정과의 내왕도 시부모의 허락을 받아야 하므로 어려운 것이 사실이었다. 그러나 시어머니의 권좌에 오르면 자신의 친정과의 교류는 매우 활발하였다. 해평

---

210) 송백헌(1977), 앞의 책, p. 68.

윤씨는 병자호란 때 남편을 잃은 후에 친정살이를 하면서 친정의 양자 들이는 일에서부터 분재에 이르기까지 중요한 결정을 내리는 일에 주도적인 역할을 하였다. 이율곡의 11대 손녀인 구한말의 이석담 부인도 친정 해주에 율곡이 세운 석담정자를 문중이 관리하던 것을 재단법인으로 구성하여 관민 공동으로 관리하도록 추진하는 일에 황해도지사와 직접 담판하여 성사시키는 등 친정일에 적극적으로 발벗고 나서기도 했다. 또한 이 부인의 친혈육인 두 딸도 출가할 때 상당한 재산을 물려받고서 친정 곁에서 살았다 한다. 정주에서 무명장나이〔家內織布業〕로 가산을 일으켰던 신삼희당 역시 친정 오빠가 판로를 맡은 것으로 보아서 시어머니가 되면 친정과의 유대는 긴밀하게 유지되었다고 하겠다.

Ⅳ. 결 론

본연구는 한국 전통사회 여성의 삶을 여성학적 관점으로 재조명을 시도하고자 하였다. '여성의 관점'에서 여성의 역사를 기술하려면 필연적으로 여성을 주인공으로 한다. 그런데 여성은 중세사회 어디에서나 공적 분야인 정치와 학문에서 배제되었기 때문에 자연히 정치사나 사건사 위주의 남성 중심의 역사에서 과감히 탈피하고 사적 분야인 여성생활의 일상사를 부각해야 한다. 따라서 연구자는 법제도와 실생활간에 괴리가 있다는 이론을 전제하고서 조선시대 여성의 삶이 지금까지의 통념인 남존여비라는 일반론적인 수준을 넘어서 매우 역동적이고 다양하였으리라는 가설을 설정하였다. 그러므로 본논문에서는 조선시대 여성의 삶의 역사적 실체를 올바로 파악하고서 여성인류학의 이론에 비추어서 재조명을 목적으로 하였다.

〈Ⅱ. 이론적 배경〉에서는 산드라 하딩과 제인 루이스의 주장을 요약 소개하였다. 이들은 남성 중심의 역사에서 누락·제외된 여성사를 복원해야 하며 여성사의 중심은 과거 남성의 역사에 기여한 특출한 소수 여성의 업적 발굴에 그칠 것이 아니라 평범한 대다수 여성들의 삶을 부각해야 한다는 것이다. 다음 세 가지 항목은 모든 여성들을 역사의 주체자로 볼 수 있는 공통점이므로 편의상 나누어서 설명하였다.

1) 생산자로서의 여성은 주로 페기 산데이의 이론에 입각하여 화폐수입이 있는 작물재배와 여성의 지위와의 상관관계를 논하였다.

2) 여성은 출산을 담당하여 자연에 더 가깝고 남성을 문화에 대비하여 여성의 낮은 지위를 설명한 오트너의 이론을 반박한 맥코맥의 주장을 소개하여 인구생태학적 여건과 함수관계에 있는 출산이 여성의 지위와 긍정적인 관계에 있음을 논하였다.

3) 주거장소 및 친족제도와 여성의 자율성과의 관계를 논한 바바라 와드의 이론을 소개하고, 후반부에는 가족형태와는 무관하게 결혼식의 장소, 모-자녀유대와, 여성 중심의 의식—즉 가족(여성)문화에 초점을 맞춘 낸시 태너의 모중심가족(matrifocality)이론을 소개하였다.

〈Ⅲ. 한국 전통사회 여성의 삶〉을 서술하기 위하여 제1절에서는 조선사회의 구조를 입체적으로 논하였다. 유교의 여성관은 당시 농경사회라는 생산양식과 인구생태학적 여건을 감안하여 모성존중과 부부간에 상호보완적인 측면이 있음을 밝혔다. 남귀여가혼(男歸女家婚)과 상속제도·결혼제도를 이론적 배경과 조응하는 선에서 기술하였다. 제2절에서는 여성의 모권과 치가사를 출산과 양육, 봉제사와 접빈객, 방적과 농사로 나누어 서술하고 제3절에서는 부부관계, 모자·고부관계, 친정과의 관계를 살펴보았다.

앞서의 논의를 종합하여 보면 조선시대는 여성에게 차별적인 법과

규범이 존재하였으나 여성의 재산처분권(property right)이 보장되어서 실생활은 당당하였고, 내외법에 의해서 오히려 여성은 가정경제의 실권을 가졌으므로 합법적인 권위(authority)는 비록 없었으나 부부간의 실질적인 권력(power)을 행사하였다. 더욱이 상민 여성들은 남편과 공동으로 가족의 생계를 담당하고 그들의 직포는 국가의 재정에 충당되었으므로 명실상부한 역사의 주체자라 하겠다. 그리고 어머니로서의 여성은 명목상의 호주의 어머니였기에 법적 존장권의 뒷받침으로 권위나 권력을 모두 행사하였다. 남녀간의 차별보다는 세대간의 차별이 정당화되었고, 더욱이 신분간의 차별이 중첩된 데서 파생한 제반 현상을 오로지 남존여비라는 소박한 틀로써 이해하려 한다면 이 시대 여성의 삶의 실체는 올바로 파악될 수가 없을 것이다. 따라서 삼종지의라는 유교경전의 틀 내에서 역사를 기술하는 것은 나무만 보고 숲은 보지 못하는 처사이며 여성 억압적인 측면만을 주장하는 것 또한 전통사회 여성들의 실존적 경험의 한 차원에만 집착한 나머지 다양하고도 역동적인 삶을 놓치는 결과를 빚는다.

최근 조선사회를 자궁가족(uterine family)으로, 그 이후 식민지 시기를 모중심가족으로 보는 견해가 제시되었으나[211] 본연구는 중국과는 또다른 가족문화—즉 결혼식을 부가(婦家)에서 치르고 신부 어머니가 전안(奠雁)을 받는 점, 삼칠일·백일 등의 모자녀를 위하여 삼신할머니께 비는 의식, 양잠례 등 여성 중심의 의식을 중시하는 낸시 테너의 정의에 비추어서 모중심가족(matrifocality)을 조선시대로까지 올리려는바, 앞으로 심층적인 논의가 있기를 기대하여 본다.

또 한 가지 언급하고 넘어가야 할 점은 인류학에서 중시하는 참여관찰 기록이라 할 구한말 우리나라에 와서 선교활동을 벌였던 선교

---

211) 조혜정, 〈가부장제의 변형과 극복〉, 《한국여성학》 제2집.

사들의 상반된 견해를 검토하는 일이다. 12년간 한국에 살면서 가정 방문을 통하여 선교활동을 했던 감리회 소속의 G. 존스(G.Herber Jones)는 조선 여성들은 이론적인 지위는 낮았으나 여성의 특성인 환경에 우월하게 뛰어나서 실질적으로는 남성보다 높은 지위를 점유했다[212]고 하였다. 이와는 대조적으로 한국을 한번도 방문하지 않은 상태에서 동료 신부들의 서한이나 문헌기록에 의해서 쓴 《조선교회 사서설》에서 프랑스 외방전도회 신부인 샤를르 달레는 조선 여성의 지위를 열등한 것으로 보았다.[213] 리콕은 일찍이 몬타그나스 사회 여성들을 평등한 것과 노예적인 것으로 본 두 상반된 견해에 대한 해답으로 "그 사회를 잘 알지 못하는 서양 인류학자의 견해보다는 그 사회에서 함께 삶을 체험했던 선교사의 견해를 보다 정확한 것"[214]으로 지적하였음을 상기할 필요가 있다. 직접 참여관찰의 경험도 없이 순전히 간접자료에 의해 쓴 C. 달레(C. Dallet)의 견해를 조선조 여성들의 열등한 지위를 논하려고 남성학자들이 재인용했다는 사실은 무언가 본말이 전도된 것이라 아니할 수 없다.

본연구의 의의는 한국 전통사회 여성들의 삶을 남존여비라는 결과론적인 연구차원에서 벗어나 경제구조와 인구여건을 감안한 원인구명에 접근하였다는 점과 또한 치가자로서의 아내는 전통사회에서 자녀교육을 담당한 교육자였고, 생산이 가정단위로 이루어진 여건에서 경제적 생산활동까지를 망라하였으나 산업사회가 되면서 자녀교육은 유치원과 학교로, 생산은 사회로 분리되어서 오히려 여성의 일은 단순 가사노동으로 축소되었다. 현대 여성운동의 주류가 경제활동에의

---

212) G. Herber Jones, "The Status of Woman In Korea", *The Korean Repository*, Vol.Ⅲ(Seoul : Trilingual Press, 1896), p. 223.
213) C. Dallet, 정기수 역, 《조선교회사서설》(서울 : 탐구당, 1966).
214) Eleanor Leacock(1980), *Women and Colonization*, p. 27.

참여를 요구하는 시점에서 이는 여성들의 일을 되찾으려는 정당한 요구임을 본연구는 뒷받침해 주고 있다. 비록 경제적 자립이 여성에게 절대적인 평등을 보장해 주는 충분조건은 아닐지라도 필수적인 선행조건임에는 이의를 달 수 없겠기 때문이다. 그리고 현대 서양 급진적 여성운동이 제기하는 아내 구타, 강간, 성적 대상화(sex object) 등의 문제는 적어도 한국 전통사회의 기본문화가 아니며 조선왕조의 가족은 모중심가족임을 밝힌 바에 두고자 한다.

본연구는 범위가 넓고 어느 특정 시기의 특정 인물의 삶에 국한하지 않았다는 방법론상의 문제를 들 수도 있겠으나 연구자의 원래 의도가 여성학적 관점에서 본 대다수의 평범한 여성들의 삶을 부각시키는 데 있었으므로 이러한 한계점은 감수할 수밖에 없었다. 그럼에도 불구하고 이름없는 무수한 여성들의 삶을 이름을 남긴 소수 여성들의 기록에서 대부분 유추한 점은 여전히 제한점으로 남는다.

앞으로 과제는 전통문화가 식민지문화에 노출될 때 여성의 삶은 더욱 왜곡된다는 이론[215]에 비추어서 조선시대 여성의 일이었던 직포(織布)가 일제 식민지 자본주의에 의해서 강제해체[216]되었던 과정과 연관하여 여성의 삶이 어떻게 변질되어 갔는지를 실증적인 사례에 의한 연구가 뒷받침되어야 할 것이다.

(이대 대학원 석사학위논문 1987)

---

215) E. Leacock은 식민지 시대에 남성들은 식민모국으로부터 심한 모멸과 학대를 받으므로 그 화풀이로 아내를 구타하기 시작했다고 몬타그나스 사회를 예로 들어서 주장하였다[같은 글, p. 32].

216) 가내직조는 여하한 이유를 불구하고 철저히 금단되었으며, 가내직조에 필요한 모든 도구(물레, 베틀)가 경찰에 의해 몰수되거나 불태워졌으며 베짜는 부녀들을 체포했다[조은, 〈가부장제와 경제〉, 《한국여성학》 제2집(서울 : 한국여성학회, 1986), p. 104].

무엇이 바람직한 성문화인가?

Ⅰ. 들어가며

"무엇이 바람직한 성문화인가"라는 물음에 명쾌한 해답이 제시된 바가 아직은 없다. 나름대로 올바른 성규범의 도출을 위하여 중지를 모으는 과정에 있다 하겠다. 바람직한 성문화란 명제의 이면에는 과거 우리의 전통 성문화가 오늘날 그대로 유지되기에는 부적합하다는 뜻을 함축하며, 뿐만 아니라 구미의 성문화를 직수입한다는 것 또한 용납할 수 없다는 전제를 바탕으로 한다.

그러면 왜 전통의 성문화가 현재에 부적합한가를 점검하기 위해 먼저 전통사회의 성문화를 알아보기로 하자.

Ⅱ. 한국전통사회의 성의 통제

조선왕조시대는 고려시대에 비하여 성을 엄격히 통제했다는 것은 정설로 통한다. 중국인 서긍(徐兢)이 쓴 《고려도경(高麗圖經)》에 보면 "남녀가 개천에서 함께 목욕을 한다"는 기록이 보이는데, 이 사료가 고려사회의 성개방 풍조에 지표로 쓰여 왔다. 이것이 전국적이고 전 사회 신분의 공통된 풍습이었느냐 하는 깊이 있는 논의는 이 글의 범주 밖에 속하므로 언급을 유보하고자 한다. 어쨌든 조선왕조 사회에서 성의 통제기능이 강화된 것은 사실이며 그 기제는 바로 재가(再嫁)금지로 집약된다. 성종(成宗) 때 반포된《경국대전》〈예전(禮典)〉 제과조(諸科條)에 "재가녀(再嫁女)의 자(子)와 손(孫)은 생원·진사시에 응시할 자격을 금고한다"는 조문이었다.

그러나 법제화되기 전에 많은 대소 신료들이 상소문을 올려서 "재가를 금지하면 20세 미만의 청상과부들이 굶어죽게 되므로 재가까지는 허용하고 삼가(三嫁)부터 금고하자"며 반대하였다. 그럼에도 성종은 "굶어죽는 일은 극히 적은 일이지만 절개를 잃는 것은 극히 큰일"이라는 유교의 절렬관(節烈觀)의 명분을 내세워서 재가를 금지하였다. 유교의 절렬관이란 "충신은 두 임금을 섬기지 않으며(忠臣不事二君), 열녀는 두 남편을 섬기지 않는다(烈女不更二夫)"는 것이다. 이처럼 남편이 사망하여 홀로 사는 과부에게도 죽은 남편에 대한 정절을 강요하였다면, 미혼여성의 혼전 성관계(pre-marital sex)나 기혼여성의 혼외의 성관계(extra-marital sex)는 엄격한 처벌을 받았을 것은 자명한 이치이다. 어우동의 사건은 이를 명백히 입증한다. 혼전·혼외의 일탈적인 성관계를 미연에 방지하기 위한 제도적 장치들이 이른바 남녀칠세부동석(男女七歲不同席)이며 넓은 의미의 내외법(內外法)으로 구현되었다.

원래 내외법은 부부유별(夫婦有別)의 내용인바, 즉 첫째 부부는 안채와 사랑채로 거처를 달리하는 것이며, 둘째 내업(內業)과 외업(外業)으로 직분을 달리하는 것이다. 전근대 신분제 사회에서 양반 남성 중심의 외업이란 곧 정치와 학문이었고 소수 양반을 제외한 대다수의 남성과 여성들은 내업, 즉 생산에 종사하였다. 가정과 일터가 분리되지 않았던 전(前) 자본주의 사회에서 생산은 가정단위로 이루어 졌기에 길쌈과 방적·농사에 여성도 참여하였음을 의미한다. 외업과 내업의 구분이 여성들에게 제도학문과 정치참여(관직)의 길을 제도적 으로 봉쇄한 점에서 여성차별적임이 분명하나 본글의 성격상 거처의 구분에 초점을 맞추고자 한다.

전통적인 한옥구조를 보면 안채와 사랑채 사이에 담이 있으며 중 문을 통하여 출입이 가능하다. 물론 안채와 사랑채로 거처를 달리한 것이 전계층적이었느냐 하는 의문에는 부정적일 수밖에 없다. 18년 동안 강진 등에서 유배생활을 한 다산(茶山) 정약용이 쓴 시는 시골 농촌생활의 삶을 생생하게 묘사하고 있다. 가난한 농민들은 "닳아 헤 진 무명이불 한 채뿐이라서 부부유별할 수 없네"라고 읊은 대목에서 안채와 사랑채로 잠자리를 달리한 규범이 모든 계층에서 실천되지는 않았음을 알게 한다. 그럼에도 성생활을 규제한 증거들은 여러 곳에 서 산견된다.

필자는 강의시간에 내외법을 설명하는 중에 종종 다음과 같은 소 박한 질문을 받은 적이 있다. "부부가 거처를 달리한다면 어떻게 출 산이 가능합니까?" 당연한 질문이다. 이러한 의문에 대한 해답은 18 세기의 학자 홍만선이 쓴 《산림경제(山林經濟)》에 제시되어 있다. 천 지의 운행이 올바른 길일(吉日)에 합방을 하여 성관계를 가지면 정상 적이며 건강하고 총명한 아이를 출산한다고 권장하였다. 이와 같은 권장사항이 강제력을 수반해서 100퍼센트 실천되었겠느냐 하는 의구 심이 없을 수는 없으나, 최근 충청·전라·경상도의 80세 이상 할머니 들의 구술을 채집한 조사(박미라, 1990)에 따르면 별이 총총히 빛나 는 날 밤에 시아버지의 주선으로 성관계를 가졌다는 증언들에서 전 통사회의 성문화의 맥이 이어져 왔음을 인정할 수 있겠다(이문세가 진행하는 '별이 빛나는 밤에'라는 심야 라디오 프로그램이 왜 할머니들에게도 인기가 있는지 이해되는 바가 크다).

Ⅲ. 출산을 전제로 한 성 ― 성기 중심의 성문화

평상시에는 안채와 사랑채로 거처를 달리하며 천지의 운행이 올바른 길일에 성관계를 갖는 것은 일차적으로 건강한 출산을 담보하기 위한 제도적 장치임은 자명한 이치이다. 현대적인 의료기술이 도입되지 않았던 전근대사회에서 사망률이 매우 높았기 때문에, 가문의 대를 잇는다는 개별적인 차원과 사회의 유지 존속이라는 집단적인 차원에서 볼 때 출산은 전통사회의 절대절명의 명제라 아니할 수 없다. 높은 사망률에 대응하여 출산을 극대화하기 위한 제도적 장치로서 조혼제와 첩제가 설명이 될 수 있을 것이다. 《경국대전》〈예전〉 혼례조(婚禮條)에 남자 15세, 여자 14세로 결혼연령을 정한 배경은 임신 가능한 시기에 맞추어 곧바로 결혼생활을 시작하게 함으로써 다음의 세대를 확보하기 위한 최선의 방책으로 이해된다.

한국 전통사회에서 출산이 중요한 과제인데 오늘날처럼 과학기술에 의한 인공수정이 불가능하였던 만큼, 임신과 출산을 가능케 하는 부부간의 성관계는 매우 중요한 의미를 갖는다. 출산을 전제로 한 성관계는 성기 중심적일 수밖에 없다. 부부 사이에 어떠한 육체적 애정표현(skinship)도 출산과는 무관하며, 궁극적으로 이성간의 성기의 결합만이 출산을 결과하므로 성기의 결합이야말로 성행위의 알파요 오메가라고 하겠다. 성기 중심의 성문화란 그러나 남근숭배와는 거리가 있다.

프로이트가 말한 이른바 남근숭배(penis envy)란 남성우위의 권력체계를 함축한다. 출산을 담보해야 하는 성행위에서 여성의 성기관은 남성의 기관과 마찬가지로 똑같이 중요하다. 그러한 만큼 출산자로서의 어머니의 지위는 전통사회에서 법적·제도적으로 보장되어 있었다. 양자(養子)를 지명하는 권한이 어머니에게 있었으며〔家婦權〕, 교육자로서의 어머니는 아들과 며느리에게 매를 들어서 가르칠 권한이 있었다(小學의 母儀章). 출산이 중요했던 만큼, 불임에 대한 처벌은 칠거지악(七去之惡)에 반영되었다. 그렇다고 해서 출산이 무질서하게 이루어지도록 방치하지는 않았으며 제도결혼내에서의 출산만을 합법화하였다. 혼전·혼외의 성관계는 근본적으로 출산이 전제되지 않은 쾌락 추구의 성행위로 간주했기에 지탄의 대상이 되었던 것이다.

필자가 대학 졸업반이었던 1966년에 어느 여성 작가가 쓴 신문 연재소설이 화제가 된 적이 있었다. 두 남녀 주인공은 서로가 너무나 사랑하는 사이임을 확인하면서도 남주인공이 성관계를 요구하였을 때 여주인공은 끝내 거절하였다. 먼저 미국으로 유학간 남주인공은 외로움에 지쳐서 주변의 쉬운 여성과 깊은 관계에 빠지고, 이 소문을 들은 여주인공은 뒤따라 떠나려던 유학을 포기하고 결별을 고하는 비련으로 대미를 마무리한 소설이었다. 당시 졸업을 앞둔 우리들은 이 여주인공의 안타깝고도 애달픈 처지에 입을 모아 동정을 보냈으며 남주인공의 애정관이 건전치 못하다고 비난하기도 하였다. 그러나 장래를 약속한 사랑하는 사이인데 꼭 결혼 때까지 순결을 지키는 것이 과연 옳았었나? 결국 사랑하는 사람을 잃으면서까지 지킨 육체적 순결이 값진 것인가 하는 회의도 있었다. 그럼에도 당시의 시대 인식은 사랑의 표현은 어디까지나 포옹과 스킨쉽(skinship)에 국한하며, 성관계는 애정의 확인이기보다는 출산의 몫이라고 생각되었다. 심지어 너무나 사랑하기 때문에 상대방의 순결을 지켜주어야 한다는 유행가 가사 같은 고전적인 논리가 숭앙받기도 한 시기였다.

Ⅳ. 성기 중심의 성문화와 성폭력

　성기 중심의 성문화는 오늘날 성폭력의 개념을 강간에 국한시키는 편협성을 지니는 것 또한 사실이다. 구미의 여성계는 강간이나 성추행뿐 아니라 성희롱(sexual harassment)까지를 성폭력에 포함시킨다. 미국의 흑인 대법원 판사 클레런스 토마스(Clarence Thomas)와 흑인 여교수 아니타 힐(Anita Hill)의 공방이 이를 대변해 준다. 그러나 우리나라의 경우 성희롱에 대한 미미한 사회적 대응은 설혹 법적 장치가 마련되었다 하더라도 과연 여성들이 법에 호소할 것인지는 미지수이다. 왜냐하면 성기 중심의 성이 아닌 행위에는 비교적 관용적인 태도를 취할 수 있기 때문이다(서울대 우 조교의 성희롱 사건은 피부접촉까지를 포함한 것이기에 순수한 언어에 의한 성희롱에서는 제외될 소지가 크다).

　한편 성기 중심의 성문화는 강간의 법적 기준을 여성에게 유리하게 적용한 측면이 있다. 여성 성기에 남성 성기의 삽입만으로도 강간의 법적 요건이 성립되는 삽입설은, 가해자의 사정의 유무에 따라 강간이냐 아니냐를 규정하는 사정설보다 여성을 더 보호한 측면이며, 이는 여성의 성적 자기결정의 자유의 침해에 초점을 둔 것이라 하겠다. 최근 이탈리아처럼 우리나라도 피임기구를 사용한 가해자에게는 형량을 감해주는 차등을 두자는 주장(심영희, 1992)이 제기되었는데 필자는 이와 견해를 달리한다. 강간죄는 성적 자기결정의 자유를 침해한 것에 벌을 주는 것이지, 성욕의 만족이나 임신의 위험을 예방하는 데 그 본질이 있는 것이 아니다. 이는 강간의 법적 준거를 사정설에 바탕한 해석이라 하겠다.

　지금까지 살펴본 바로는 한국의 전통적인 성문화는 종족보존의 기능으로서의 성행위를 위주로 한 성기 중심의 성문화이며, 따라서 절제를 지나치게 강조한 반면, 쾌락 추구의 성을 이단시해 온 점을 부인할 수는 없다고 하겠다.

V. 혼전 성관계 ― 구미의 전통

혼전 성관계를 묵인하는 풍습은 구미 성문화의 전통의 일부로 파악해도 무리는 없을 듯하다. 유럽 전근대사회 하층민들의 구혼 관습으로 bundling이 있었다. 번들링은 청혼하는 남성이 여성의 집을 방문해서 하룻밤을 지내는 풍습이다. 한 쌍의 남녀가 밤을 지낼 때에 침대 한가운데에 얇은 판자(bundle)를 세워놓고 지낸다는 것이다. 그러나 "그날 밤 무슨 일이 있었는지는 각자의 양심에 맡길 따름이다"라는 부연설명에서 번들링은 혼전 성관계를 묵인해 주는 관습으로 해석해도 무방하다고 하겠다. 이 하층민의 구혼 풍습은 이후 중산층 계급에게까지 파급되었던 기록이 있으며 19세기 전반까지 웨일즈·스코틀랜드·네덜란드·스칸디나비아·독일·스위스·프랑스 일부지역·뉴잉글랜드를 포함한 유럽 전역에서 성행하였다.

한편 전근대 영국 사회에서 현재의 법적 약혼식(engagement)보다는 강하나 결혼식보다 더 느슨한 간략한 의식(betrothal)만 치르면 곧 한 쌍의 남녀가 결혼식 전에 동거에 들어가는 것을 교회가 인정하였다. 《여권옹호》의 저자 매리 월스톤 크라프트(Mary Wollstone-craft)도 무정부주의자 윌리암 고드윈과 동거중에 임신이 되어서 영국의 전통에 따라 결혼식을 올리고서 태어난 아기가 딸 매리 쉘리였다. 이런 풍습들이 시사하는 바는 혼전 성관계를 교회와 사회가 관습적으로 인정한 것으로 해석할 수 있다.

　필자는 1974년 영국 웨일즈 카디프대학 인구문제연구소에서 1년간의 인구학 디플로마 과정을 수료하였다. 15명의 클래스메이트 가운데 영국의 남녀 학생과 미국 부인을 제외한 12명은 제3세계 출신이었다. 어느 날 세미나 시간에 서방세계가 주도하는 세계 인구정책에 비서방세계 학생들이 문제를 제기하였다. 특히 필자는 1968년부터 한국에 제공된 미국의 원조물자인 먹는 피임약의 질을 문제 삼았다. 이 피임약은 전국의 보건소를 통하여 농촌 여성들과 도시 저소득층 여성들에게 무료로 제공되었는데, 당시에 질이 더 좋은 피임약은 국내 제약회사가 자체 생산하여 시판하고 있었다. 피임약에 포함된 인공 여성호르몬의 함량이 적을수록 더욱 안전한 것인데, 원조물자인 피임약은 시판되는 약보다 인공 여성호르몬의 함량이 더 높았다. 즉 돈이 없는 농촌이나 도시 저소득층 여성들은 돈을 주고 약국에서 직접 사먹을 수 있는 중산층 여성들보다 부작용에 더 노출된다는 점이다. 미국은 자국내에서 이미 상품으로서의 가치가 떨어진 피임약 재고품을 사서 원조라는 이름으로 제3세계 여성들이 소비하도록 하였다. 필자는 채식을 주로 하는 한국 여성의 체질은 구미 여성과는 다르다는 전제에서 한국 여성의 체질에 맞는 피임약을 개발하기 위한 개발비를 원조하지 않으면서, 자국의 재고상품 처리를 위주로 한 피임약 원조의 문제점을 비판하였다. 이때에 대학을 갓 졸업하고 디플로마 과정에 들어온 영국 남학생인 이안 로버트 군이 끼어들면서 필자에게 질문하였다. "내 여자친구 샐리를 알지 않느냐? 당신과 체구도 비슷한 샐리도 그 피임약을 먹는데 아무런 부작용이 없는데 왜 그러느냐?"며 원조 상품 피임약을 두둔하였다. 그 말을 듣고 필자는 잠시 어리둥절하였다. '미혼인 샐리가 왜 피임약을 복용하며, 또한 이안은 어떻게 그 사실을 알 수 있을까' 하고. 그것은 혼전 성관계나 혼전 동거가 사회적으로 용인되고 있음을 의미하였다. 그렇지 않고서야 로버트 군이 공식 수업시간에 자신의 여자친구가 피임약을 복용한다고 감히 발설할 수 있었겠는가? 그 일이 있은 후 필자는 유심히 영국 대학생들의 사생활을 관찰하던 가운데 하루는 여자 기숙사 사감인 미스 하우에게 질문을 던졌다. "영국에선 대학생들이 혼전 성관계를 갖는 것이 일반적인 현상이냐?"고. 그러자 나이 50을 넘겼지만 그래도 미혼인지라 미스 하우는 얼굴을 붉힌 채 웃으면서 "70퍼센트 정도는 그렇다"고 대답하였다. 얼마 후 여럿이 어울린 사석에서 필자는 로버트 군에게 궁금한 것을 물어보았다. "언제 샐리와 결혼할 계획이냐?" 그의 대답은 너무나 의외였다. 아직 학생이고 경제력이 없어서 언제가 될지 모른다는 것이다. "그러면 만약 두 사람이 서로 싫어질 경우에는 어떻게 하겠느냐?" "그렇다면 서로 조건과 미련 없이 헤어진다"는 답변이었다. 그러므로 그 당시 영국에는 형법에 '혼인빙자 간음죄'가 없었다. 이러한 혼전 동거 형태(cohabitation)를 관습결혼(common law marriage)으로 사회가 인정하고 있었다. 그 당시에 필자는 영국 젊은이들의 혼전 성관계의 풍습을 후기 산업사회에서 발생한 하나의 새로운 현상으로 인식하였다. 그러나 여성학을 연구하면서 혼전 동거는 후기 산업사회의 산물이 아닌 영국 전통에서 내려온 풍습임을 깨닫게 되었다.

VI. 구미의 쾌락 추구의 성문화

혼전 성관계의 허용은 필연적으로 사생아의 문제를 낳는다. 뿐만 아니라 기독교 문화권인 영국은 명목상으로는 일부일처제를 시행하였으나 1857년에 새로운 이혼법이 제정될 때까지 남편의 부정행위는 이혼 사유가 될 수 없었던 반면 아내의 부정행위는 교회가 이혼 사유로 인정한 이중기준이 지속되어 왔다. 이는 남성들의 부정행위를 법이 방조한 것이기에 많은 남성들이 정부(mistress)를 두었고 그들 사이에는 많은 사생아들이 태어났다. 이러한 연고로 영국은 1733년에 사생아 방지법을 제정하였는데 그 내용은 다음과 같다. 첫째 미혼모가 사생아의 아버지로 지목한 미혼부는 미혼모와 결혼을 하거나, 아니면 둘째 미혼부는 사생아에 대한 7세까지의 양육비를 부담하거나, 앞의 두 사항을 모두 이행하지 않은 미혼부는 셋째 감옥행을 선택할 수밖에 없도록 한 삼자택일을 하도록 하였다.

혼전 성관계의 묵인은 종종 종족보존 본능으로서의 성에 대응되는 쾌락 추구의 성이 허용되어 왔음을 의미한다. 우리와는 다르게 구미에서 쾌락 추구의 성이 존속되어 온 또 다른 측면은 독신의 인구가 상당히 두텁게 형성되어 온 점이다.

17세기에서 19세기에 이르는 2세기 동안 제도결혼 안에 포함되지 않았던 인구는 평균 20퍼센트를 유지해 왔으며 많을 경우에는 30퍼센트를 상회한 적도 있었다(Lawrence Stone, 1979). 제도결혼권 밖에 머물렀던 독신인구가 모두 평생을 금욕(permanent celibacy)으로 지냈으리라고는 누구도 단언하지 못한다. 영국의 경우에 엄격한 성규범을 지지하는 가톨릭을 배경으로 한 아일랜드가 잉글랜드·웨일즈·스코틀랜드에 비해 감자 생산량이 상대적으로 감소되었던 예증은 평생금욕이 인간으로서 얼마나 어려운 일인가 하는 사실을 잘 말해준다.

그렇다면 제도결혼 안에 편입되지 않았던 20퍼센트 내지 30퍼센트의 인구는 어떤 형태로든 성욕을 해소시켰을 것이다. 이들의 성행위는 출산을 전제로 하지 않은, 쾌락 추구의 성이었음은 설명을 필요로 하지 않는다. 더욱이 출산의 결과는 사생아라는 사회적 낙인을 감수해야 하므로 성기 중심의 성이 아니라는 것은 두말할 나위가 없다. 비성기 중심적 성은 이물질을 여성의 질에 삽입하는 것이나 항문 성교를 포괄한다. 또한 쾌락 추구의 성은 여성의 성감대의 중심이 질이 아닌 음핵에 있다고 주장한다. 이러한 점에서 호모와 레즈비언은 금세기 말에 돌출된 사회적 산물이 아니라 희랍의 플라톤 시대부터 중세를 걸쳐서 오늘날까지 오랜 기간에 걸친 역사적 실체로서 의미를 지닌다.

Ⅶ. 윤금이 — 쾌락 추구 성문화의 희생자

1984년 초가을 대학원 여성학과 재학 시절 후배 여성학과생이 미국의 여성의식화 과정의 섬머스쿨에 참여한 후 가져온 '여성의 성상품화'에 대한 슬라이드를 본 적이 있었다. 그 가운데 여성의 질에 사이다병을 삽입한 한 장의 슬라이드는 너무나 충격적이어서 관람하던 학생들의 입에서 날카로운 비명이 터져 나왔다. '어쩌면 저럴 수가' 하고 이해가 되지 않았던 부분이었다.

최근 한미간에 감정적인 쟁점으로까지 격화된 윤금이 씨 사건은 많은 것을 생각하게 한다. 처음에 윤금이 씨가 한 미군 사병에 의해 처참하게 살해되었다는 신문보도를 접하고 필자는 언뜻 토막살해를 연상하고서 중학교 2년생인 딸에게 이렇게 말을 건넸다. "어쩌면 인간을 토막살해까지 하다니!" 딸아이의 대답은 그것이 아니었다. 딸아이는 상명여중에 재학중이었으므로 등하교길에 상명여대의 대자보를 읽고서 상세한 전말을 알고 있었다('처참하게'라는 수식어의 내용을 이 지면에 소상하게 밝히는 것은 亡者에 대한 예의도 아닐 뿐더러 차마 필설로 형용하는 것조차도 끔찍하여서 생략하기로 한다). 여성의 성기에 이물질을 삽입하는 쾌락 추구의 구미 저질 성문화의 희생자인 윤금이 씨의 명복을 빌 따름이다. 최근에 강간의 정의를 성기의 삽입뿐 아니라 이물질의 삽입까지를 포함해야 한다는 주장(심영희, 1989)이 있는바 이는 분명 구미의 저질 쾌락 추구 성문화의 폐해를 예방하고자 한 처방이다. 저급 성문화의 폐해에 대비해서 앞의 주장에 반대할 의사는 없으나, 이 지경에 이르지 않도록 예방책을 미리 마련하지 못하고 사후대책을 예비하려니 무언가 본말이 전도된 듯하여 자못 안타깝다.

Ⅷ. 혼인빙자 간음죄 폐지와 미혼모 문제

오늘의 사회는 전근대 전통사회가 분명 아니며 '내외법' 같은 구습은 이미 폐기된 지 오래이다. 인구문제가 심각한 오늘날 출산을 전제로 한 성만을 규범으로 고집하는 것은 넌센스이다. 절제만이 미덕이 아니며 욕망추구의 성도 차츰 자리잡아간다. 이러한 전환기를 맞아서 미혼모가 급증하는 것은 이미 예견된 상황이라 하겠다.

사실 전근대 한국 전통사회에서는 미혼모 문제나 청소년의 성범죄는 없었던 것으로 보인다. 법적 결혼연령이 낮았던 관계로 10대 중반에 대부분 결혼을 하기 때문에 성관계는 제도결혼내에서 거의 해소되었다고 하겠다. 그러나 산업화의 진전으로 핵가족의 가장은 가족에 대한 부양의 의무를 떠맡게 되므로 경제적 자립이 가능할 때까지 결혼을 미룰 수밖에 없었고 자연히 결혼연령도 상승하게 되었다. 그런데 생물학적으로 성적 욕구가 가장 왕성한 시기는 10대 후반이라는 학설은 아직도 유효하기 때문에 이러한 부조화에서 오는 청소년의 성범죄와 미혼모 문제가 사회적으로 대두되는 것은 피할 수 없게 되었다. 이제까지 혼외의 출생을 해외 입양이라는 편법을 통해서 해소해 왔으나 '아기 수출국'이라는 불명예를 벗어야 하는 과제 또한 해결해야 하는 이중난제에 직면해 있기도 하다.

영국이 1733년에 제정한 사생아 방지법은 우리나라의 '혼인빙자 간음죄'에 비견할 수 있을 것이다. 최근 이 혼인빙자 간음죄를 72퍼센트가 넘는 반대 여론을 무시하면서 폐지하겠다는 것이 법무부의 결심이다. 이유인즉 이러하다. "성문제에 관한 형법의 개입은 개인의 법익과 사회질서의 유지에 본래의 사명이 있는 것이며 도덕적·윤리적 가치를 보호하고자 하는 기능을 가질 수는 없다. 형법이 혼전 성관계를 범죄로 규정하지 않는 이유도 여기에 있다. 혼전 성관계는 범죄로 하지 않으면서도 순수하지 못한 혼전 성관계만을 처벌하는 것은 합당하다고 할 수 없을 뿐만 아니라, 건전한 판단능력이 있는 성년의 부녀가 혼인을 이유로 혼전 성관계를 맺는 경우에는 부녀의 성적 자기결정의 자유가 침해되었다고 볼 수 없으므로 이는 어디까지나 부녀 스스로 책임을 져야 할 문제이지 형법이 개입할 분야가 아니라고 해야 하기 때문이다."(이재상, 1991).

그렇다면 성적 자기결정권이라는 같은 논리로 간통죄를 폐지하려다가 여론의 거센 반발에 부딪혀서 그대로 존속시키기로 결정한 것은 이와는 다른 법논리인가? 형법이 갖는 본래 사명의 일단이 사회질서 유지에 있다면 사생아와 미혼모의 문제를 미혼부는 제외하고 미혼모 단독의 책임으로만 돌리고 방관해도 되는지 묻고 싶다. 13세 이하의 어린이의 성침해는 동의가 있더라도 강간이 성립되기에 예외로 치더라도 14세에서 19세까지의 미성년 여성의 성적 자기결정의 자유는 법적으로 없다는 뜻인지 매우 애매모호하다. 사실 혼전 성관계의 허용 연령을 법으로 규정할 수 없는 상황에서 10대 미혼모의 증가는 사회문제가 아닐 수 없다.

언젠가 10대의 소녀가 아이를 출산한 즉시 비닐에 넣어 질식시켜

토막살해한 사건을 신문 사회면 기사에서 읽고 충격을 받은 적이 있다. 이 10대의 미혼모는 성적 자기결정권을 행사한 대가로 살인자로 내몰려도 마땅하다는 말인가? 아마도 형법학자들은 미혼모에 대한 차선의 해결책으로 형법에서 낙태의 허용범위를 완화하려고 시도하다가 이 또한 가톨릭뿐 아니라 개신교 교단까지 반대하는 거센 저항에 부딪히자 주춤하고 있는 상태이다. 이의 귀추를 예의주시하겠다.

미혼부에게 2년 이하의 징역이라는 감옥행을 면죄시켜 주려거든, 영국처럼 7세까지의 양육비를 미혼부에게 부담시킨다든지, 그것도 아니라면 미혼모와 사생아가 떳떳하게 살아나갈 수 있도록 사회복지정책으로 국가가 이를 보호해야 할 것이다. 그렇지 않고서 낙태에 의존시키려는 미봉책과 더불어 '혼인빙자 간음죄'를 폐지하려는 것은 아직은 시기상조이므로 철회되어야 할 것이다.

IX. 바람직한 성문화 — 절제와 욕망의 합일

지금까지 절제를 강조한 한국 전통사회의 성문화와 욕망과 쾌락 추구의 구미의 성문화를 대비하여 보았다. 전근대사회가 아닌 오늘날 절제만을 강요할 수도 없으며, 그렇다고 해서 쾌락만을 추구하는 구미의 성모랄을 그대로 이식할 수도 없는 형편이다.

마광수의 《즐거운 사라》 필화사건이 그 단적인 예라고 하겠다. 대다수 한국인의 정서를 무시한 채 서양의 성이론을 소설로 형상화하려던 의도가 무모했음을 마교수도 솔직하게 인정하였다(연세대 총장에게 보낸 서신). 그러면 바람직한 성문화란 과연 어떤 것인가? 아직은 명쾌한 정답을 제시하기는 어렵다. 다만 몇 학기 전 철학도 여학생이 제시한 적이 있는 '절제와 욕망이 합치되는 접점'이 바로 바람직하고 이상적인 성이라고 잠정적인 결론을 내리려 한다. "바람직한 성문화란 무엇인가?"라는 물음은 앞으로도 필자의 지속적인 관심의 대상에서 벗어나지는 않을 것이다.

(〈외대〉 31호 1992, 겨울)

마무리 글
― Sexuality 논쟁의 새로운 지평을 열며 ―

다음에 인용한 글은 '또 하나의 문화'에서 펴낸《새로 쓰는 사랑 이야기》와《새로 쓰는 성 이야기》에 대하여 필자가 쓴 '서평'의 후반 부이다.

…… 두 책의 서문에서 밝혔듯이 "이성애(異性愛)라는, 남녀 사이에만 허용되는 특정형태의 관계에 투여되고 있는 엄청난 물리적 시간과 에너지에 관한 성찰 없이 이 시대의 불행을 논의한다는 것은 무의미한 일"이며, "폐쇄적인 이성애, 가부장적 제도로서의 결혼, 그리고 집착적인 성에 대해 침묵"을 깨고 문제제기를 하려는 의도인 것 같다. 사랑·성·결혼이 역사적 조건에 따라서 어떻게 조합되는가를 설명한 논설(7호)에서 결혼제도가 사회적 구성물임을 예시하며, 플라톤의《향연》의 신화를 빌어서(8호) 사랑의 대상으로 남성을 만날 수도(異性愛), 여성을 만날 수도(同性愛) 있으며, 성관계는 사랑하는 사람 사이의 인격의 연장이기에 동성간의 성관계도 정상이라는 함의를 수반하고 있는 것이다. 이러한 의도에도 불구하고, 편집진들이 실토했듯이, 게재된 글들은 하나같이 '감정적으로 무미건조한 이성간의' 성관계와 사랑의 양면성을 다루고 있다. 왜 그랬을까?

남녀간의 성관계(hetero-sexuality)가 억압적이라고 보는 레즈비어니즘은 〈여성이 자신의 몸에 대한 권리를 소유하는 것이 가능한가?〉(8호)에서 잘 투사되었다. 남성 성기를 필요로 하는 질(膣) 오르가즘은 급진 여

284

성운동가들에 의해 비판되고 음핵 오르가즘으로 대체된다. 즉 남성 성기 없이도 여성끼리 성적 쾌락을 추구할 수 있기 때문에 여성이 주인이 되는 평등한 성관계를 유지해야 한다는 것이다. 두 책이 추구하는 대안은 〈경고! 사랑을 죽이는 바이러스 X가 돌고 있다!〉는 공동창작(7호)에서 엿볼 수 있다. 배타적인 독점관계(결혼)에서 벗어나 남녀 6명이 각각 독신으로 성적 욕구는 자위행위로 해소하며 공동체를 만들자는 것이다.

구미에서 학위를 얻고, 이 땅에서 여성학을 주도하는 기라성 같은 여성학자들이 주축이 된 '또문'이 레즈비언들이 제기하는 억압적인 이성애 문제를 이제서야 소개했다는 것은 만시지탄의 감(?)이 있다. 구미를 풍미하는 이론에 입각해서 사랑과 성 이야기를 새로 쓰려는 두 책의 필자들의 열정은 높이 평가되어야 한다. 그러나 동시에 구미의 산물인 레즈비어니즘이 한국의 역사적 토대 위에서 착지가 가능한가의 문제는 전연 다른 차원에서 따져봐야 할 것이다. 특히 문화제국주의와 결부해서 엄격한 검증이 요구된다고 하겠다. 이 두 책의 출간으로 말미암아 필연적으로 이 땅에서 레즈비언 논쟁의 장(場)이 도래할 것을 예고케 한다.

(1992년 1월 5일자 《출판저널》 제97호)

당시 어떤 경로로 필자에게 앞의 두 책에 대한 서평을 부탁하게 되었는지는 알 길이 없었으나, 책이 두 권 생기는 데다가 때는 겨울방학이라 시간의 여유가 있었기 때문에 선뜻 쓰겠다고 승낙하였다. 그 두 책은 그때까지 '또문'에서 펴낸 일련의 책들과는 성격을 달리하는 것이었다. 공식적으로 이성애를 비판하고 나선 처음의 것이었다. 그 책들 속에 군데군데 숨어서 일반독자들이 얼핏 보기에는 알아챌 수 없는 레즈비어니즘의 주장을 들어내고 있었다. 두 권의 두꺼운 책을 원고지 8매 이내에 평가하기란 한계가 있어서 양성애의 사랑과 성 이야기에 대한 논의를 생략한 것은 사실이었지만, 이 서평이 나가고 난 후 애꿎은 《출판저널》의 담당자와 간부들은 한국에서 내로라는 여성학자들로부터 비난의 전화 공세에 시달린 나머지 '지면을 할애할 테니 반론을 펴라'는 제의까지 하였으나 지면을 사용하지 않았다는 후문이었다.

요즈음 각 대학의 여학생회가 동성애 영화 상영을 마치 여성운동의 대중화를 표방하는 것인 양 오도하는 데에는 더이상 침묵만을 할 수가 없다. 성기 중심의 성을 비판하는 레즈비언의 시각은 이제 책이나 인터넷을 통하여 정보를 습득한 많은 학생들이 성연구의 올바른 여성학적 관점인 양 잘못 인식하고 토론·수업 시간에 발표하기에 이르렀다. 이런 현상은 이 땅에서 레즈비어니즘을 전파하는 전도사의 역할에 충실해 온 한국의 급진주의 여성학자들의 공헌으로 돌려야 마땅할 것이다. 그러나 이들은 마광수의 《즐거운 사라》도 비판한다. 그가 비록 비(非)성기 중심의 성을 표현했다고는 하나 주인공이 이성애의 타성을 벗어나지 못했기에 그러하다는 것이다.

참으로 이해할 수 없는 일이 있으니, 급진주의 여성학자들은 공식적이고도 공개적으로 자신들이 레즈비언임을 밝히지 않으면서 수업시간 혹은 토론시간을 통하여 교수라는 직위의 권위를 빌려 학생들에게 급진주의 이론을 비판하지 못하도록 압력을 가하는 것이다. 한번은 이런 일이 있었다. 급진주의 여성이론에 대한 학부 학생들의 거부감이 있는 만큼 이에 대한 여성학과의 공식 입장을 정리해 달라는 《이대학보(梨大學報)》의 요청을 받고 대학원 J교수의 여성학이론 강의시간에 입장정리를 위한 토의가 1986년 5월 어느날 진행되었다. 이때 필자는 급진주의 여성이론은 구미의 여성들의 경험을 바탕으로 한 구미의 문화적 유산이므로 한국여성들의 문제를 분석하는 틀로서는 부적합하다는 견해를 밝혔으나 그 교수를 포함한 학생들 모두는 일사불란하게 레즈비어니즘을 부인하면 반(反)여성학적이라고 항변하였다. 민주주의의 다수결원칙을 앞세운 나머지 그로부터 레즈비어니즘은 여성학과에서 당당한 보편의 이론이 되었으나 필자는 그래도 승복하지 않고 졸업과 동시에 이 책에 실린 〈한국 여성운동의 이념 정립을 위한 시론〉에서 급진주의 이론을 비판하였다. 그 결과 이대 대학원 여성학과 박사과정이 개설되었을 때 입학전형에서 필자는 다섯 번이나 낙방의 고배를 마셔야만 했다. 반면 급진주의 여성이론은 우리나라에서는 발도 못 부친다고 석사과정 초기에 비공식 석상에서 강력히 반대하던 여성학과 한 학기 후배가, 여성학과 박사과정이 개설된 즈음에는 '우리나라에도 궁녀들 사이에 동성애자들이 있었다'고 태도를 바꾸더니 드디어 박사과정에 입학이 허용되었다. 결혼의 자유를 박탈당했던 궁녀들이 결혼의 자유가 보장되었던 희랍의 여류시인 Sappho와 어찌 동렬에서 비교가 가능한가!

또 한가지 이해할 수 없는 일이 있으니, 급진주의 여성학자들은 직접 나서지 않고, 남성학자 두 사람이 이들의 대변자임을 자처하는 일이다. 여성학은 여성의 경험을 소중하게 여기는데, 남성 자신들이 경험하지 않은 바를 어떻게 제대로 주장하고 옹호할 수 있다는 말인가? 더욱이 여성학 연구방법론에서 객관성과 가치 중립성을 비판함에 있어서랴! 필자는 급진주의 여성이론의 전말을 이해하려고 비싼 비행기 삯을 지불하고 '88년과 '90년 두 번씩이나 미국 여성학대회(미네소타대에서 개최)와 세계여성학대회(뉴욕 헌터대에서 개최)에 참석하였다. 그때 직접 레즈비언 여성학자들과도 만나서 많은 대화를 하였다. 그들은 당당하게 자신의 삶과 경험을 밝히고 그들의 주장을 떳떳하게 펴는 것이었다. 남성 학자들이 급진이론을 옹호하려거든 자신들이 게이임을 떳떳하게 밝히고 게이 해방을 선언하는 것이 타당할 것이다.

필자는 서양 레즈비언들의 입지를 충분히 이해한다. 여성은 신체적으로 열등하고 '불구의 남성(misbegotten male)'이라는 서양의 남성우월주의적 지적 전통에 용감히 맞서서, 오히려 남성은 '불구의 여성'이며 여성의 퇴화된 모습이라는 여성우월주의를 주창하는 심경을 왜 이해하지 못하겠는가! 그러나 우리의 전통은 그들과는 다름을 수차 논급하였다. 음양은 태극이라는 일자(一者)의 양의(兩儀)이며 상호 대등한 위(位)를 가졌으나 강하고 부드러움에서 다름을 추구한 것은 원리에서는 동등함을 인정한 것이며 여성을 생물학적으로 열등한 존재로 본 것이 결코 아니다. 그런데도 왜 이 땅에 급진주의 이론이 필요한 것인가! 한국여성학은 여성우월주의가 아닌 남녀평등을 지향해야 할 것이다. 다만 음과 양의 운동법칙에서 먼저 움직이는 것(이니시어티브를 잡는 것)은 양이므로 여성은 선제지의(先制之義)가 없다는 주장에 대해서는 앞으로 세밀한 연구에 따른 반론이 제기되어야 할 것이다.

지금부터 4년 전으로 거슬러 올라가 당시 이화여대의 한 젊은 남성 교수(현재 타대학 재직)는 (여성문제에) "함께 좀 잘해보자고 협조를 하려는데 남성을 적으로 몰아붙이니 어떻게 하라는 거냐"며 불평하였다. 지금이야말로 급진주의 여성학자들은 자신들이 레즈비언임을 솔직하게 밝히고 정정당당하게 직접 자신들의 주장을 펴야 할 것이다. 여성학이론이 이 땅에서 고통받는 수많은 여성들을 외면한 채, 상아탑이라는 보호막 안에서 관념의 유희로 전락하는 것을 더이상 방치해서는 안 될 것이다.

지금은 세계화·글로벌주의라는 유행의 물결 속에서 열린 민족주의가 수난을 받고 있다. 국수주의 혹은 쇄국주의와 열린 민족주의를 구분하지 못하는 학자가 이 땅에 존재하는 모양이다. 필자가 제시한 민족주의는 공적 경제활동에 참여하기를 원하는 고등교육을 받은 여성들에게 선택의 자유는 보장되어야 하며, 또한 가난한 여성들의 사회적 평등도 국가가 책임져야 하고, 이념의 대립으로 갈라진 남북분단을 통일로 이끄는, 곧 **자유**와 **평등**과 **통일**을 포괄하는 통합의 이데올로기로서 민족주의를 제시한 것이다.

마지막으로 요즈음 남성 동성애자들이 늘어나고 있다는 정보를 접한다. 그들의 동성에 대한 성적 선호(sexual preference)가 자연적(natural)임을 주장하는 것으로 보아 희랍의 남성 동성애자들과는 다름을 보인다. 플라톤 시대의 남성 동성애의 기원은 여성을 낮추어 본 데서 비롯되었으므로 이들의 문제와는 거리가 있다고 하겠다.

흔히 사람들은 '플라토닉 러브'를 이성간의 육체적 교섭을 배제한 지고지순의 정신적인 사랑으로 잘못 알고 있다. 이 플라토닉 러브의 본뜻은 이성간의 정신적인 사랑이 아니라 남성 동성애자들 사이의 정신적인 사랑을 의미한다. 플라톤은 당시 남성 귀족들 사이에 유행했던 동성애를 자신도 인정하였지만, 그러나 그는 남성들 사이의 성적 교섭인 항문성교(anal intercourse)는 거부하였다. 따라서 육체적 교섭을 배제한 남성 동성애자들의 정신적인 사랑이 바로 플라토닉 러브인 것이다. 플라톤 자신도 남성 동성애자였음은 여러 사료에서 암시하고 있다. 이처럼 여성과는 정신적인 사랑을 할 수 없다는, 여성을 얕보는 데서 출발한 남성 동성애의 기원을 굳이 소개한 것은 다름이 아니라 한국의 주류 여성학자들의 그 모순된 논리의 허구성을 드러내 보이고자 함이다. 여성 동성애의 정당성을 인정받기 위해서 어찌 구차스럽게 플라톤을 들먹일 수가 있단 말인가!

왜 여성학에서 정치학으로 선회하였는가라는 물음에 대한 설명을 필자는 원래 다음번 기회에 하려고 했으나, '마무리 글'이라는 형식을 빌려서 이 책 말미에 일부를 급히 쓴 것은 레즈비언 여성이론의 저변 확산에 일단 제동을 걸려는 시도임을 밝힌다.

참고문헌

국내문헌

강만길, 《한국근대사》(서울 : 창작과 비평사, 1984).

강숙자, 〈문학작품에 나타난 한국 여성의 지위〉,《연구논집》제13집(서울 : 이대 대학원, 1985).

강진철, 《고려토지제도사연구》(서울 : 고려대 출판부, 1980).

──, 〈한국사의 보편성과 특수성〉, 한국사연구회 편, 《한국사연구입문》(서울 : 지식산업사, 1981).

강한영(校註), 《意幽堂日記》(서울 : 신구문화사, 1974).

고대민족문화연구소 편, 《한국문화사대제 II》(서울 : 고대민족문화연구소, 1965).

고승제, 《한국근대화론》(서울 : 사회사상사, 1976).

고영복, 〈한국사회에서의 여성의 지위〉,《아세아 여성연구》제10집(서울 : 숙명여 대 출판부, 1971).

곽동헌, 〈호주제도 존치론의 허구〉,《가족법연구》창간호(서울 : 가족법학회, 1984).

구윤우, 〈전통적 여성윤리관〉, 고대교육대학원 석사학위논문(미간행, 1981).

국사편찬위원회 편, 《한국사》10·12(서울 : 탐구당, 1974).

권병탁, 《이조 말기의 농촌직물수공업연구》(대구 : 영남대 산업경제연구소, 1969).

──, 《한국경제사》(서울 : 박영사, 1984).

권태억, 〈조선후기의 방직기술 개량론〉, 《김철준박사회갑기념 사학논총》(서울 : 지
　　식산업사, 1983).
금장태, 〈동서교섭과 근대한국사상의 추이에 관한 연구〉, 성대대학원 박사학위논
　　문(미간행, 1978).
김광자, 〈여성운동 뒷받침할 이데올로기 제시〉, 《여성연구》 겨울호(서울 : 한국여
　　성개발원, 1984).
김동욱 외, 《한국의 전통사상과 문학》(서울 : 서울대 출판부, 1982).
김두헌, 《한국가족제도연구》(서울 : 서울대 출판부, 1969).
김상일, 《한 철학》(서울 : 전망사, 1983).
──── , 《한밝 문명론》(서울 : 지식산업사, 1988).
김상일·오광남·이성은 편, 《한사상의 이론과 실제》(서울 : 지식산업사, 1990).
김신웅, 《조선시대의 수공업연구》, 동대박사논문(미간행, 1984).
김애실, 〈가사노동의 경제적 가치〉, 《여성연구》 겨울호(서울 : 한국여성개발원,
　　1985).
김열규 외, 《한국여성의 전통상》(서울 : 민음사, 1985).
김영모, 〈조선후기 신분구조와 그 변동〉, 《동방학지》 제26집(서울 : 연세대 출판
　　부, 1981).
김영정, 〈한국근대의 여성운동〉, 《여성학》(서울 : 이대 출판부, 1979).
──── , 〈기조강연, 여성연구의 의의와 과제〉, 《한국여성개발원 학술세미나》(서
　　울 : 한국여성개발원, 1984).
김영호, 〈조선후기 수공업의 발전과 새로운 경영형태〉, 《19세기의 한국사회》(서
　　울 : 성균관대 대동문화연구소, 1972).
김용국, 《李石潭夫人傳(1859~1931)》(서울 : 문장사, 1979).
김용덕, 〈婦女守節考〉, 《아세아 여성연구》 제3집(서울 : 숙대 아세아여성연구소,
　　1964).
김용만, 〈점필제김종직가문연구 : 재산소유형태를 중심으로〉, 《교남사학》 창간호(대
　　구 : 영남대, 1985)).
김용섭, 〈일제 관학자들의 한국사관〉, 《한국근대사론》 I (서울 : 지식산업사,
　　1977).
──── , 《조선후기 농업사연구》 증보판(서울 : 지식산업사, 1995).
김용옥, 〈노자 자연철학의 새로운 이해〉, 《문학사상》 6(1985).

──────, 《동양학 어떻게 할 것인가》(서울 : 민음사, 1985).

──────, 〈절차탁마대기만성〉, 《세계의 문학》 30~33(서울 : 민음사, 1984).

──────, 〈철학의 사회성〉, 《세계의 문학》 36(서울 : 민음사, 1985).

김용욱, 〈노부모 부양관계〉, 《사법행정》(서울 : 사법행정학회, 1977).

김용한, 〈상속제도 개관〉, 《사법행정》 123(서울 : 사법행정학회, 1974).

──────, 〈상속분의 조정과 유류분제도〉, 《사법행정》(서울 : 사법행정학회, 1978).

──────, 〈민법 일부개정의 배경과 문제점〉, 《법조》 1·9·11(1970~80).

──────, 서울 크리스찬 아카데미 편, 《가족법 개정의 이념과 방향》, 1982.

김위제, 《辛三稀堂(1860~1946)》(서울 : 예문사, 1968).

김인걸, 〈조선후기 향촌사회 통제책의 위기 : 동계의 성격변화를 중심으로〉, 《진단
　　　학보》 58집(서울 : 진단학회, 1985).

김재원, 《단군신화의 新研究》(서울 : 탐구신서, 1947).

김정설, 《풍류정신》(서울 : 정음사, 1987).

김정자, 《한국결혼풍속사》(서울 : 민속원, 1981).

김종명, 《韓國의 婚俗研究》(서울 : 대성문화사, 1981).

김종택, 〈전통혼속에서의 납징례에 대하여〉, 《여성문제연구》 제11집(대구 : 효성여대
　　　한국여성문제연구소, 1982).

김주수, 〈가족계획과 우리나라의 법률문제〉, 대한가족계획협회, 1973.

──────, 〈가족법 개정개관〉, 《사법행정》 9월호(서울 : 사법행정학회, 1974).

──────, 〈국회에 제출된 민법 중 개정법률안의 개관〉, 《사법행정》 11월호(서울 :
　　　사법행정학회, 1974).

──────, 《가족관계학》(서울 : 동아학연사, 1982).

김준석, 〈조선전기의 사회사상〉, 《동방학지》 29집(서울 : 연대 출판부, 1981).

김준형, 〈18세기 里定法의 전개 : 촌락의 기능강화와 관련하여〉, 《진단학보》 제58
　　　집(서울 : 진단학회, 1985).

김증한, 〈한국민법의 법제사적 및 비교사적 연구〉, 《법학》(서울 : 서울대 출판부,
　　　1960).

김창혁, 〈산업사회의 노인문제와 복지정책에 관한 연구〉, 국민대 대학원 석사학위
　　　논문(미간행, 1987).

김철준, 〈동명왕편에 보이는 신모의 성격〉, 《한국고대사회연구》(서울 : 지식산업
　　　사, 1975).

김태영, 《조선전기 토지제도사연구》(서울 : 지식산업사, 1983).

김항수, 〈16세기 사림의 성리학 이해〉,《한국사론》7(서울 : 서울대 국사학과, 1981).

김홍식, 《봉건사회의 기본구조》(서울 : 박영사, 1981).

김활란박사 5주기기념 한국여성연구협의회 편,《한국여성의 어제와 내일》(서울 : 이대 출판부, 1976).

남경희, 〈사회정의, 평등이냐 자유냐〉,《세계의 문학》31(서울 : 민음사, 1984).

노명호, 〈산음장적을 통해 본 17세기 초 촌락의 혈연양상〉,《한국사론》5(서울 : 서울대 국사학과, 1979).

노영택, 《일제하 민중교육운동사》(서울 : 탐구당, 1979).

노호준, 〈李祖社會 婚姻法史研究〉, 연대 대학원 석사학위논문(미간행, 1962).

문길영, 〈여말 신흥사대부들의 신유학 수용과 그 특징〉,《한국문화》3(서울 : 서울대 출판부, 1982).

민석홍, 〈하나의 새로운 역사〉,《역사학보》제179집(서울 : 역사학회, 1978).

―――, 《서양사개론》(서울 : 삼영사, 1984).

민족문화추진위원회 역,《연산군일기》.

민현구, 《조선초기의 군사제도와 정치》(서울 : 한국연구원, 1983).

박갑수, 〈춘향전의 해학과 풍자〉,《아세아여성연구》18집(서울 : 숙대 출판부, 1979).

박근원, 《기독교와 관혼상제》(서울 : 전망사, 1984).

박마리아 편, 《한국여성문화논총》(서울 : 이대 출판부, 1958).

박미라, 〈님과 성〉,《새로 쓰는 사랑이야기》(서울 : 또하나의 문화, 1991).

박병호, 〈친족관계에 대한 검토〉,《사법행정》9월호(서울 : 사법행정학회, 1974).

―――, 《한국의 전통사회와 법》(서울 : 서울대 출판부, 1985).

―――, 〈한국가부장권제의 사적 고찰〉,《한국여성학》제2집(서울 : 한국여성학회, 1986).

박순경, 《한국민족과 여성신학의 과제》(서울 : 대한기독교서회, 1983).

박승서, 〈가족개정법의 기본문제〉,《사법행정》(서울 : 사법행정학회, 1974).

박영혜, 〈서양 Feminism과 한국적 현실〉,《여성연구의 과제와 전망》(서울 : 여성개발원, 1984).

―――, 《한국여성학의 전망》(서울 : 숙대 출판부, 1984).

박용옥, 〈국채보상운동에의 여성참여〉, 《사총》 12·13합집, 1968.

──────, 〈한국여성개화사서설〉, 《유홍렬박사 회갑기념논총》(서울 : 탐구당, 1971).

──────, 〈한국여성운동사〉, 《한국현대사대계》(서울 : 고대민족문화연구소, 1974).

──────, 〈서평 한국여성사연구의 제문제〉, 《문학과 지성》 제3권 2호(서울 : 문학과지성사, 1976).

──────, 《이조여성사》(서울 : 한국일보사, 1976).

──────, 〈朝鮮太宗朝 妻妾分辨考〉, 《한국사연구》 14(1976).

──────, 〈1920년대초 항일부녀단체 지도층 형성과 사상〉, 《역사학보》 제59집(서울 : 역사학회, 1976).

──────, 《한국근대여성운동사연구》(서울 : 정신문화연구원, 1984).

──────, 〈한국에 있어서의 전통적 여성관 : 李師朱堂의 《胎敎新記》를 중심으로〉, 《이화사학연구》 16집(서울 : 이화사학연구소, 1985).

──────, 〈기독교와 여성개화〉, 《여성》, (서울 : 한국기독교여성백년사, 1985).

──────, 〈유교적 여성관의 재조명〉, 《한국여성학》 창간호(서울 : 한국여성학회, 1985).

──────, 〈근우회의 여성운동과 민족운동〉, 《한국근대민족주의 운동사 연구》(서울 : 일조각, 1987).

──────, 〈한국여성의 근대화〉, 《한국사연구입문》 제2판(서울 : 지식산업사, 1987).

박종홍 외, 《한국의 名著》(서울 : 현암사, 1969).

──────, 《한국사상사 논공》(서울 : 서문당, 1977).

박지원, 이가원 역, 《연암 문무자소설 정선》(서울 : 박영사).

박충석, 《한국정치사상사》(서울 : 삼영사, 1982).

박혜인, 〈전통적 혼인의례에 나타난 한국가족의 성격〉, 《여성문제연구》 10집(대구 : 효성여대 한국여성문제연구소, 1981).

방동인, 〈인구의 증가〉, 국사편찬위원회 편, 《한국사》 13(서울 : 탐구당, 1974).

배경숙, 〈민법개정의 경과와 혼인에 관한 특례법의 문제점〉, 《논문집》 제4집(인천 : 인하대학교, 1978).

──────, 《여성과 법률》(서울 : 박영사, 1981).

──────, 〈호주제도의 개혁과 인구정책의 동향〉, 《여성연구》 창간호(서울 : 한국여성개발원, 1983).

백낙청, 《인간해방의 논리를 찾아서》(서울 : 시인사, 1979).

범여성가족법개정촉진회 편, 《가족법개정요강해설과 민법》 제4편 친족, 제5편 상속개정법안 및 이유시, 1974.

법제처 편, 《경국대전》, 1963.

────── 편, 《대전통편》, 1963.

변태섭, 《한국사통론》(서울 : 박영사, 1986).

변형윤 외, 《분단시대와 한국사회》(서울 : 까치, 1985).

변화순, 〈한국과 프랑스에서의 가족과 이혼의 비교연구〉, 《여성연구》 제5권 4호(서울 : 한국여성개발원, 1987).

서경숙, 〈유엔여성차별철폐협약과 국내법과의 관계〉, 《여성연구》 제2권 3호(서울 : 한국여성개발원, 1984).

────── , 〈가족법과 노동관계법〉, 《여성연구》 제3권 4호(서울 : 한국여성개발원, 1985).

────── , 〈주요국의 가족법 비교〉, 《여성연구》 제3권 2호(서울 : 한국여성개발원, 1985).

서병한·이상욱, 〈한국법제사상 여성의 법적 지위의 변천〉, 《여성문제연구》 12집(서울 : 효성여대 출판부, 1983).

성병희, 〈상장례에 있어서 여성의 역할〉, 《여성문제연구》 제11집(대구 : 효성여대 한국여성문제연구소, 1982).

소혜왕후, 육완정 역, 《내훈》(서울 : 열화당, 1984).

송백헌, 《西浦家門行狀》(대구 : 형설출판사, 1977).

송찬식, 〈조선후기 농업에 있어서의 광작운동〉, 《이해남박사회갑기념사학논총》(서울 : 일조각, 1970).

신영숙, 〈일제하 한국여성사회사 연구〉, 이대대학원 박사학위논문(미간행, 1989).

신영호, 〈상속재산의 가족성〉, 《가족법연구》 창간호(서울 : 한국가족법학회, 1984).

신영훈, 《한국의 살림집》(서울 : 열화당, 1983).

신옥희, 〈철학적 여성학 — 실존철학의 타자개념과 현대 여성학〉, 《여성학논집》 4집(서울 : 이대 한국여성연구소, 1987).

신용하, 〈일제식민지 통치기의 시대구분문제〉, 《한국근대사론》 I(서울 : 지식산업사, 1977).

────── , 〈한국근대의 사회발전〉, 《한국근대사와 사회변동》(서울 : 문학과 지성사, 1980).

신인령, 《여성, 노동, 법》(서울 : 풀빛, 1985).

신정숙, 《한국전통사회의 여성생활문화》(서울 : 대광문화사, 1984).

심정인, 〈여성운동의 방향정립을 위한 이론적 고찰〉, 《여성》 1(서울 : 창작과 비평사, 1985).

양수산, 〈개정독일민법상의 친권에 관한 고찰〉, 《가족법연구》 창간호(서울 : 한국가족법학회, 1984).

양승태, 〈예속과 해방의 논리와 비논리—밀의 《여인의 예속》에 나타난 여성의 자유·평등 논리에 대한 인성론적 비판〉, 《논총》 57집(서울 : 이대한국문화연구소, 1990).

오숙희, 〈한국여성운동에 관한 연구〉, 이대대학원 석사학위논문(미간행, 1988).

원유한, 〈조선후기의 화폐사 시대구분문제〉, 《문학과 지성》 제6권 제3호(서울 : 문학과 지성사, 1975).

윤사순, 《동양사상과 한국사상》(서울 : 을유문화사, 1984).

윤용출, 〈17·18세기 역부모립제의 성립과 전개〉, 《한국사론》 8(서울 : 서울대 국사학과, 1982).

윤혜원, 〈현대일본여성운동〉, 《아세아여성연구》 제18집(서울 : 숙명여대 출판부, 1979).

윤호미, 〈민법개정의 배경과 경과〉, 《사법행정》(서울 : 사법행정학회, 1978).

윤후정, 〈여성문제의 본질과 방향〉, 《여성학》(서울 : 이대 출판부, 1979).

이가원, 〈연암소설연구〉, 《한국문화서적》 제18집(서울 : 을유문화사, 1965).

이경숙, 〈중공여성의 지위〉, 《아세아여성연구》 제18집(서울 : 숙명여대 출판부, 1979).

이규경, 《五洲衍文長箋散稿》.

이광규, 《한국가족의 분석》(서울 : 일지사, 1975).

이남덕, 〈전통사회와 여성의 힘〉, 《한국여성의 어제와 내일》(서울 : 이대출판부, 1976).

이능화, 김상억 역, 《조선여속고》(서울 : 대양서적, 1973).

이대한국여성연구소 편, 《여성학》(서울 : 이대 출판부, 1979).

──────, 《자원활동의 이론과 실제》(서울 : 이대 출판부, 1984).

이덕무, 김종권 역, 《士小節》(서울 : 양현각, 1983).

이만규, 《조선교육사 上》(서울 : 한국진흥원, 1947).

이만열, 〈서평, 이조여성연구〉, 《아세아여성연구》 제16집(서울 : 숙대 아세아여성연구소, 1977).

──, 《한국기독교와 역사의식》(서울 : 지식산업사, 1981).

──, 《아펜젤러》(서울 : 연대 출판부, 1985).

이민수 역, 《한국한문소설선》(서울 : 서문당, 1975).

이병용, 〈가족법개정반대론〉, 《사법행정》 7월호(서울 : 사법행정학회, 1974).

이상백, 〈재가금지습속에 관한 연구〉, 《한국문화사연구론공》 한국문화총서 제2집(서울 : 을유문화사, 1954).

이상현, 《신화와 역사 : 신화의 역사화는 가능한가?》(서울 : 일조각, 1977).

이성무, 《조선초기 양반연구》(서울 : 일조각).

이우성, 《이조한문단편집 上·中·下》(서울 : 일조각, 1973).

── 편, 《19세기 한국사회》(서울 : 성균관대 대동문화연구소, 1982).

──, 〈18세기 서울의 도시적 양상〉, 《한국인의 역사인식》(서울 : 창작과 비평사, 1982).

이은상, 《사임당의 생애와 예술》(서울 : 성문각, 1978).

이은순, 〈朝鮮後期 老少 黨爭史 研究〉, 중앙대 박사학위논문(미간행, 1985).

이을호, 〈다산경학 성립의 배경과 성격〉, 《정다산 연구의 현황》(서울 : 민음사, 1985).

──, 《한 사상의 묘맥》(서울 : 사사연, 1986).

이 이, 정종복 역, 《율곡집》(서울 : 대양서적).

이중한, 노도양 역, 《택리지》(서울 : 대양서적).

이태영, 〈한국여성의 법적 지위〉, 《한국여성사 Ⅱ》(서울 : 이대 출판부, 1972).

이태재, 〈현행 민법상의 상속제도와 로마법상의 상속제도〉, 《여성문제연구》(대구 : 효성여대 여성문제연구소, 1976).

이태진, 〈庶孽差待考〉, 《역사학보》 제27집(서울 : 역사학회, 1965).

──, 〈조선전기의 향촌질서〉, 《한국사론》 3(서울 : 서울대 한국사학학회, 1976).

──, 《한국사회사연구 : 농업기술발달과 사회변동》(서울 : 지식산업사, 1986).

이해준, 〈埋香信仰과 그 주도집단의 성격 : 14~15세기 埋香事例의 분석〉, 《김철준박사 회갑기념사학논총》(서울 : 지식산업사, 1983).

이현희, 〈려말선초의 여성생활에 관하여〉, 《아세아여성연구》 10집(서울 : 숙대 출판부, 1977).

──, 《한국 근대여성개화사》(서울 : 이우출판사, 1980).

이혜성, 〈여자교수의 성취동기에 관한 사례연구〉, 《여성학논집》 창간호(서울 : 한
　　국여성연구소, 1984).
이효재, 《가족과 사회》(서울 : 경문사, 1976).
──────, 〈세계여성의식의 동향〉, 《한국여성의 어제와 내일》(서울 : 이대 출판부,
　　1976).
──────, 〈일제치하 한국여성노동운동〉, 《한국근대사론 III권》(서울 : 지식산업사,
　　1977).
──────, 《여성과 사회》(서울 : 정우사, 1979).
──────, 《여성의 사회인식》(서울 : 평민사, 1980).
──────, 《분단시대의 사회학》(서울 : 한길사, 1985).
이홍탁, 《여성사회학》(서울 : 법문사, 1986).
이희배, 〈가족법개정 경위와 개정전망에 관한 제언〉, 《가족법연구》 창간호(서울 : 한
　　국가족법학회, 1984).
이희봉, 〈한국법제사〉, 《한국문화사대계》 II(서울 : 고대민족문화연구소, 1965).
임동권, 《한국민요사》(서울 : 문장사, 1964).
장　　상, 〈기독교 여성관의 재발견〉, 《한국여성학》 창간호(서울 : 한국여성학회,
　　1985).
전대응, 〈한국여성운동의 이념적 근거〉, 《여성문제연구》 제4집(대구 : 효성여대
　　한국여성문제연구소, 1975).
──────, 〈신여성과 그 문제점〉, 《여성문제연구》 제5·6집(대구 : 효성여대 여성문
　　제연구소, 1976).
정광현, 《한국가족법연구》(서울 : 서울대 출판부, 1967).
정대현, 〈비트겐슈타인의 일상언어 분석의 방법〉, 서광선 외, 《철학하는 방법》(서
　　울 : 이대 출판부, 1980).
──────, 〈여성해방과 한국일상언어〉, 김태길 외, 《현대사회와 철학》(서울 : 문학과
　　지성사, 1981).
──────, 〈이론의 선택과 실학적 방향 : 최한기의 실학이론을 중심으로〉, 《철학연
　　구》 18집(서울 : 철학연구회 편, 1983).
──────, 〈여성문제의 성격과 여성학〉, 《한국여성학》 창간호(서울 : 한국여성학회,
　　1985).
──────, 〈사랑의 미신〉, 《새로 쓰는 사랑이야기》(서울 : 또하나의 문화, 1991).

정범석, 〈가족법개정요강에 관한 管見〉, 《사법행정》 1월호(서울 : 사법행정학회, 1975).

정비석, 《李朝女人史話》(서울 : 정음사, 1981).

정상원, 《권홍숙대월부인전(1878~1957)》(서울 : 계량문화사, 1958).

정석종, 〈조선후기의 숙종년간의 미륵신앙과 사회운동〉, 《한우근박사 정년기념 사학논총》(서울 : 지식산업사, 1981).

――――, 《조선후기의 사회변동연구》(서울 : 일조각, 1983).

정세현, 〈일제치하부녀운동소고〉, 《아세아여성연구》(서울 : 숙대 출판부, 1963).

――――, 〈한국여성의 신문화운동〉, 《아세아여성연구》(서울 : 숙대 출판부, 1971).

정세화, 〈이대 '여성학' 강좌의 교육내용 및 운영에 있어서 문제점과 개선방안〉《여성학논집》 창간호(서울 : 이대 한국여성연구소, 1984).

정세화·신옥희·조형, 〈여성학 교과과정 재정립을 위한 기본자료의 수집, 분석 및 평가〉, 《논총》 44집(서울 : 이대 한국문화연구원, 1984).

정순목, 《한국서원 교육제도연구》(대구 : 영남대 민족문화연구소, 1979).

――――, 《퇴계의 교육철학》(서울 : 지식산업사, 1986).

정승모, 〈동족지연공동체와 조선전통사회구조〉, 《태동고전연구》 창간호(서울 : 태동고전연구소, 1984).

정약용, 송재소 역, 《다산시선》(서울 : 창작과 비평사, 1981).

――――, 《국역 경세유표》(서울 : 민족문화추진회 간행).

――――, 다산연구회 역, 《역주 목민심서 Ⅰ·Ⅱ·Ⅲ·Ⅳ·Ⅴ·Ⅵ》(서울 : 창작과 비평사).

정요섭, 〈이조시대에 있어서 여성의 사회적 지위〉, 《아세아여성연구》 제3집(서울 : 숙명여대 출판부, 1964).

――――, 〈일제치하에 있어서 한국여성에 대한 교육정책과 그 저항운동에 관한 연구〉, 《아세아여성연구》 19집(서울 : 숙대 출판부, 1970).

――――, 《한국여성운동사》(서울 : 일조각, 1971).

정의숙, 〈여성해방운동의 이념〉, 이대 한국여성연구 편, 《여성학》(서울 : 이대 출판부, 1979).

정재소 외, 《이조후기 한문학의 재조명》(서울 : 창작과 비평사, 1983).

정재식, 〈유교전통과 가치〉, 《연세사학》(서울 : 연세대출판부, 1984).

정진경, 〈심리적 성차와 양성성〉, 《남녀평등과 인간화》 (서울 : 연대 여학생처,

1986).

정진영, 〈16세기 안동지방의 洞契〉,《교남사학》창간호(대구 : 영남대출판부, 1985).

──, 〈조선후기 향약의 일고찰 : 부인동 동약을 중심으로〉,《민족문화논총》2·3집(대구 : 영남대 출판부, 1981).

정진홍, 〈신화의 구조적 분석〉, 이은봉 편,《단군신화연구》(서울 : 온누리, 1986).

장필화, 〈여성의 사회적 지위 : 일, 가족, 국가와의 체계분석을 위한 예비적 고찰〉,《여성학논집》4집(서울 : 이대 한국여성연구소, 1987).

조 광, 〈19세기 민란의 사회적 배경〉,《19세기 한국전통사회와 민중의식》(서울 : 고대민족문화연구소, 1982).

조동일, 〈한국인문과학에 끼친 서양의 충격과 한국의 전통〉,《미래세계의 대학》(서울 : 연대 출판부, 1984).

──,《한국문학통사 3권》(서울 : 지식산업사, 1984).

──,《우리학문의 길》(서울 : 지식산업사, 1993).

조 은, 〈가부장제와 경제〉,《한국여성학》2권(서울 : 한국여성학회, 1986).

조 형, 〈한국여성운동의 비판적 고찰〉,《이화》38호(서울 : 이대 출판부, 1984).

조혜정, 〈전통적 경험세계와 여성〉,《아세아여성연구》20집(서울 : 숙대 출판부, 1981).

──, 〈가부장제의 변형과 극복〉,《한국여성학》제2집(서울 : 한국여성학회, 1986).

주경미, 〈전문직에서의 여성배제구조 : 의사사회를 중심으로〉, 이대 대학원 석사학위논문(미간행, 1991).

주준희, 〈국제여권의 발전〉,《여성연구》여름호(서울 : 한국여성개발원, 1986).

朱熹, 이기석 역,《소학》(서울 : 홍신신서, 1981).

지두환, 〈조선초기 주자가례의 이해과정〉,《한국사론》8(서울 : 서울대 국사학과, 1982).

──, 〈조선전기의 종법제도 이해과정〉,《태동고전연구》창간호(서울 : 태동고전연구소, 1984).

진덕규,《19세기 한국전통사회의 변모와 민중의식》(서울 : 고대민족문화연구소, 1982).

──,《현대민족주의의 이론구조》(서울 : 지식산업사, 1983).

──, 〈분단사회의 민족주의 형성에 관한 고찰〉,《분단시대와 한국사회》(서울 :

까치, 1985).

천관우, 《근세조선사연구》(서울 : 일조각, 1979).

천정숙, 《한국가족법론》(서울 : 법문사, 1980).

최강현, 《한국고전수필강독》(서울 : 고려원, 1983).

최길성, 《무속의 세계》(서울 : 정음사, 1984).

최삼섭 외, 《譯註 胎教新記》(서울 : 성보사, 1991).

최숙경, 〈한국여성해방 사상의 성립배경〉, 《한국사학》 1(서울 : 한국정신문화연구원, 1980).

──────, 〈한말 여성해방논리의 발전과 그 한계점〉, 《논총》 43(서울 : 이대 한국문화연구원, 1983).

최순희, 〈茶山 정약용이 본 농민생활상 및 그의 개선책〉, 《사학지》 7집(서울 : 단국대 사학회, 1973).

최영진, 《동양과 서양》(서울 : 지식산업사, 1993).

최용한, 《사법논문집》(광주 : 전남대 출판부, 1985).

최재석, 《한국가족연구》(서울 : 민중서관, 1966).

──────, 〈조선시대의 상속제에 관한 연구〉, 《역사학보》 제53·54합집(서울 : 역사학회, 1972).

──────, 《한국농촌사회연구》(서울 : 일지사, 1975).

──────, 〈조선시대의 족보와 동족조직〉, 《역사학보》 제81집(서울 : 역사학회, 1979).

──────, 《한국가족제도사연구》(서울 : 일지사, 1983).

──────, 〈韓國社會史에서의 한 制度의 通時的 追求〉, 《동방학지》 제51집(서울 : 연대 국학연구원, 1986).

최종고, 〈막스 베버가 본 동서양 법 : 비교법사의 기초를 위하여〉, 《법사학연구》 6집(서울 : 한국법사학회, 1981).

──────, 《한국의 서양법 수용사》(서울 : 박영사, 1982).

──────, 《서양법제사》(서울 : 박영사, 1986).

평목실, 《조선후기 노비제연구》(서울 : 지식산업사, 1982).

표경조, 〈서평, 고군일지 著 여성의 역사〉, 《아세아여성연구》 제4집(서울 : 숙대 아세아여성연구소, 1965).

하현강 외, 《한국여성의 傳統像》(서울 : 민음사, 1985).

한국경제사학회, 《한국사시대구분론》(서울 : 을유문화사, 1970).

한국고전문학연구회, 《한국소설문학의 탐구》(서울 : 일조각, 1978).

한국노동조합총연맹 편, 《한국노동조합운동사》(1979, 비매품).

한국사연구회, 《한국사연구 입문》(서울 : 지식산업사, 1981).

한국여성사편찬위원회, 《한국여성사》 I·II·III권(서울 : 이대 출판부, 1972).

한국여성유권자연맹, 《가족법개정의 제문제 논집》, 1985.

한국여성학회 편, 《한국여성학》 창간호(서울 : 한국여성학회, 1985).

──────, 《한국여성학》 제2집(서울 : 한국여성학회, 1986).

한국응용통계연구소, 《국가현안에 대한 국민여론조사》, 1988.

한국정신문화연구회 편, 《국역한국지》(서울 : 정신문화연구원, 1984).

한상권, 〈16·17세기 향약의 기구와 성격〉, 《진단학보》 58집(서울 : 역사학회, 1985).

한상범, 〈대가족제도의 유산과 가족법개정논쟁〉, 《사법행정》 10월호(서울 : 사법행정학회, 1974).

──────, 〈남녀평등과 법률〉, 《여성이론과 실제》(서울 : 동국대 출판부, 1986).

한영우, 〈17세기 반존화적 도가사학의 성장〉, 《한국의 역사인식 上》(서울 : 창작과 비평사, 1976).

──────, 《조선전기 사회사상사연구》(서울 : 지식산업사, 1983).

──────, 〈조선초기 사회계층에 대한 재론〉, 《한국사론》 12집(서울 : 서울대 한국사연구회, 1985).

──────, 〈許穆의 古學과 역사인식〉, 《한국학보》 40집(서울 : 일지사, 1985).

한우근, 《東學亂起因에 관한 연구》(서울 : 서울대 한국문화연구소, 1971).

──────, 〈조선왕조 초기에 있어서의 유교이념의 실천과 신앙·종교 : 祀祭問題를 중심으로〉, 《한국사론》 3(서울 : 서울대 국사학과, 1976).

──────, 《성호이익연구》(서울 : 서울대 출판부, 1980).

함희숙, 〈프랑스혁명과 여성운동〉, 여성사연구회 편, 《여성》 2(서울 : 창작과 비평사, 1988).

허　균, 이민수 역, 《해동야언》(서울 : 대양서적).

허　영, 《헌법차원에서 본 현행 가족법》(서울 : 크리스찬 아카데미, 1982).

홍만선, 민족문화추진위원회, 《산림경제》.

홍사중, 《영국혁명사상사》(서울 : 전예원, 1982).

홍성표, 〈인구증가와 농민의 생활수준의 변화〉, 《민석홍박사 화갑기념사학논총》(서

울 : 삼영사, 1985).

———, 〈여성의 재산권 행사의 한계와 그 성격〉, 《역사학보》 제22집(서울 : 역사학회, 1989).

홍이섭, 〈歐美人의 한국여성관〉, 《아세아여성연구》 제1집(서울 : 숙대 아세아여성연구소, 1962).

황패강, 《조선왕조 소설연구》(서울 : 단국대 출판부, 1973).

국외문헌

게오르그, G. 이거스, 박은구 역, 《현대사회사학의 흐름》(서울 : 전예원, 1975).

宮嶋博史, 〈갑오개혁 이후의 상업적 농업〉, 《동학혁명의 연구》(서울 : 백산서당, 1982).

글레논 린다,M, 이수자 역, 《여성과 이원론》(서울 : 이대출판부, 1986).

글룩스만, M, 정수복 역, 《구조주의와 현대 마르크시즘》(서울 : 한울사, 1983).

달레, 샤를르, 정기수 역, 《조선교회사 서론》(서울 : 탐구당, 1966).

렘프레히트, S. P., 최명관 외 공역, 《서양철학사》(서울 : 을유문화사, 1963).

류터, 로즈매리, 손승희 역, 《새여성·새세계》(서울 : 현대사상사, 1980).

미드, 마가렛, 조혜정 역, 《세 부족 사회에서의 성과 기질》 (서울 : 이대 출판부, 1989).

미첼, 줄리엣, 이형랑·김상희 공역, 《여성의 지위》(서울 : 광민사, 1980).

梶村秀樹, 〈이조 말기 면업의 유통 및 생산구조〉, 《한국근대경제연구》(서울 : 사계절, 1983).

밀, 존 스튜어트, 김예숙 역, 《여성의 예속》(서울 : 이대 출판부, 1986).

밀레트, 케이트, 정의숙·조정호 공역, 《성의 정치학》(서을 : 현대사상사, 1976).

배러클로우, G., 이연규 역, 《현대역사학의 추세와 방법론》(서울 : 풀빛, 1983).

베벨, A., 선병렬 역, 《여성과 사회》(서울 : 한밭).

불핀치, 토마스, 최준환 편역, 《그리스 로마 신화》(서울 : 집문당, 1991).

브린튼, 크레인, 최명관 역, 《서양사상사》(서울 : 수도문화사, 1950).

쇼이, 우슬라, 손덕수 역, 《여자로 태어난 것이 아니라 여자로 만들어진다》(서울 : 정우사, 1990).

水田珠技, 김희은 역, 《여성해방사상의 흐름》(서울 : 백산서당, 1983).

스와미 하르시난다, 김석진 역, 《인도의 여신과 남신》(서울 : 남명문화사, 1980).

아시모프, 아이작, 이민재 역, 《태초에 ─ 창세기와 과학의 대조》(서울 : 탐구당, 1987).

아이젠슈타인, 헤스터, 한정자 역, 《현대여성해방사상》(서울 : 이대 출판부, 1986).

윌리암스, 돈, 김이봉 역, 《바울과 여성》(서울 : 기독교문사, 1982).

제거, 엘리슨, 폴라 스트럴, 신인령 역, 《여성해방의 이론체계》(서울 : 풀빛, 1983).

츠바이크, 스테판, 《마리 앙투아네트》(서울 : 풀빛).

카프라, F., 이성범, 김용정 역, 《현대물리학과 동양사상》(서울 : 범양사, 1974).

쿤 토마스, 조형 역, 《과학혁명의 구조》(서울 : 이대 출판부, 1980).

크릴, H. G., 이성규 역, 《공자 인간과 신화》(서울 : 지식산업사, 1988).

파킨슨, 노드코트, 안정효 역, 《동양과 서양》(서울 : 고려원, 1963).

파이어스톤, 슐라미스, 김예숙 역, 《성의 변증법》(서울 : 풀빛, 1983).

퍼버, 마리안, A., 줄리 A. 넬슨, 김애실 외 역, 《남성들의 경제학을 넘어서》(서울 : 외국어대 출판부, 1997).

프리단, 베티, 김행자 역, 《여성의 신비》(서울 : 평민사, 1986).

하이젠베르크, 베르너, 최종덕 역, 《철학과 물리학의 만남》(서울 : 한겨레, 1958).

Agonito, Rosemary, *History of Ideas on Woman*(New York : G. P. Putnams Sons, 1977).

Angerman, Arina(eds.), *Current Issues in Women's History*(London : Routledge, 1989).

Basch, Norma, *Women, Marriage and Property in Nineteenth-Century New York*(Ithaca : Cornell Univ. Press, 1982).

Beard, Mary R., *Women as Force in History*(New York : The Macmillan Co., 1946).

Beauvoire, Simonne de, H. M. Parshley(tr.), *The Second Sex*(New York : Bantam Book, 1961).

Biemer, Linda B., *Women and Property in Colonial New York, ─ The Transition from the Deuch to the English Law 1643~1717*(Michigan : UMI Research Press, 1979).

Bluestone, Natalie H., *Women and the Ideal Society*(Amherst: The Univ. of

Massachusetts Press, 1987).

Boserup, Easter, *Women's Role in Economic Development*(New York : St. Martin's Press, 1970).

Bowels, Gloria & Renate Duelli Klein, *Theories of Woman's Studies*(London : Routledge & Kegan Paul, 1983).

Bronte, Charlotte, *Jane Eyre*(London : J. M. Dent & Sons Ltd., 1847).

Burstyn, Joan N., *Victorian Education and the Ideal of Womanhood* (New Jersy : Rutgers University Press, 1984).

Bynum, Caroline W., Stevan Harrell and Paula Richman(eds.), *Gender and Religion: On the Complexity of Symbols*(Boston: Beacon Press, 1986).

Daly, Mary, *Gynecology*(Boston : Beacon Press, 1978).

Davis, K. & Blake, J., "Social Structure and Fertility : An Analytic Framework," *Economic Developement and Cultural Change 4*(1955).

Delphy, Christine, *Close to Home*(London : Hutchison & Co. Ltd., 1970).

Donovan Josephine, *Feminist Theory*(New York : Frederick Ungar Co., 1985).

Eisenstein, Zillah, *The Radical Future of Liberal Feminism*(New Jersey : Princeton Univ. Press, 1981).

Elliot, Faith R., *The Family: Change or Continuity?*(New Jersey: Humanities Press International, Inc.1986).

Elshtain, J. Bethke, *Public Man, Private Woman*(New Jersey : Princeton Univ. Press, 1981).

————(ed.), *The Family in Political Thought*(Amherst: The Univ. of Massachusetts Press, 1982).

Engels, Frederick, *The Origin of the Family, Private, Property and the State*(New York : Int'l Publishers, 1884).

Englinsh, Jane(eds.), *Feminism and Philosophy*(New Jersey : Littlefield Adams & Co., 1977).

Farnham, Christie(ed.), *The Impact of Feminist Research in the Academy* (Indianapolis: Indiana Univ. Press, 1987).

Ferguson, Ann, *Sexual Democracy*(Boulder : Westview Press, 1990).

Folbre, Nancy, "Of Patriarchy Born : The Political Economy of Fertility Decisions," in *Feminist Studies* Vol. 9 No. 2(University of Maryland, 1983).

Fontaine, Coralyn, "A Lesbian Feminist Perspective," in Margaret Cruikshank (eds.), *Lesbian Studies*(New York : Feminist Press, 1982).

George, Margaret, *Women in the First Capitalist Society-Experiences in Seventeenth-Century England*(Chicago: Univ. of Illinois Press, 1988).

Gies, Francis, *Women in the Middle Ages*(N.Y. : Barns & Noble Books, 1978).

Grimshaw, Patricia, *Women in History : Reconstructing the Past*(Sydney : George Allen & Unwin, 1985).

Hanawalt, Barbara A., *Women and Work in Preindustrial Europe*(Bloomington : Indian Univ. Press, 1986).

Harding, Sandra, *Feminism & Methodology*(Indianapolis: Indiana Univ. Press, 1987).

Harding, Susan, "Women and Words in Spanish Village," in *Toward an Anth-ropology of Women*(New York : Monthly Review Press, 1975).

Hartman, Heidi, "Unhappy Marriage of Marxism and Feminism." in L. Sargent (ed.), *Women and Revolution*(London : Pluto Press, 1975).

Hill, Bridget, *Women, Work, and Sexual Politics in Eighteenth-Century England* (Oxford: Basil Blackwell Ltd., 1989).

Himmelfarb, Gertrude, *Marriage and Morals in Victorians*(New York : Vintage Books, 1987).

Hymowtlz, Carol & Michaele Weiseman, *A History of Women in America*(New York : Bantam Books, 1978).

Ibsen, Henrik, "A Doll's House," *Six plays by H. Ibsen*(tr.by), Eva le Galliennne (New York : The Modern Library, 1879).

Jagger, Alison, *Feminist Politics and Human Nature*(Sussex : The Harvester Press, 1983).

Janeway, Elizabeth, *Men's World, Women's Place : A Study in Social Mytholo-gy*(N.Y. : William Morrow Co., 1971)

Jones, G. Herber, "The Status of Woman In Korea," *The Korean Repository*, Vol. III.(Seoul : Trilingual Press, 1896).

————, *Korea Mission*(New York : The Board of Foreign Missions of the Methodist Episcopal Church, 1910).

Kauffman, Linda, *Gender & Theory*(Oxford: Basil Blackwell Ltd., 1989).

Kelly, Joan, *Women, History and Theory*(Chicago : Univ. of Chicago Press, 1984).

Kelly, Linda, *Women of the French Revolution*(London: A Hamish Hamilton Paperback, 1987).

Kennedy, Ellen-Susan Mendus, *Women in Western Political Philosophy*(New York : St. Martins Press, 1987).

Keohane, N., M. Z. Rosald and B. C. Gelpi, *Feminist Theory*(Chicago : The Univ. of Chicago Press, 1982).

Kleinberg, S. Jay(ed.), *Retrieving Women's History*(Paris: Unesco Press, 1988).

Kristeva, Julia, "On the Women of China," in *SIGNS* Vol. 1, No. 1.(Chicago : Univ. of Chicago Press, 1975).

Leacock, Eleanor, "Montagnais Women and the Jesuit Program for Colonizaion," *Women and Colonization*(New York : Bergin Publishers, Inc., 1980).

Lerner, Gerda, *The Creation of Patriarchy*(New York: Oxford Univ. Press, 1986).

Lewis, Jane, "Women Lost and Found," in Dale Splender(eds.), *Men's Studies Modified*(Oxford : Pergamon Press, 1981).

Lewis, Judith Schneid, *In the Family Way-Childbearing in British Aristocracy, 1760~1860*(New Jersey : Rutgers Univ. Press, 1986).

Lloyd, Trevor, *Suffragettes International*(London : American Heritage Press, 1971).

MacCormack, Carol P., *Nature, Culture, and Gender*(London : Cambridge Univ. Press, 1980).

———, "Anthropology : A Discipline with a Legacy," in Dale Spender(eds.), *Men's Studies Modified*(Oxford : Pergamon Press, 1981).

MacMillan, James F., *The Place of Women in French Society*(New York : St. Martins Press, 1981).

MacMillan, Sally G., *Motherhood in the Old South, Pregnancy, Childbirth, and Infant Rearing*(Baton Rouge : Louisiana State Univ. Press, 1990).

Mandelbaum, Maurice, *History, Man & Reason : A Study in Nineteenth-*

Century Thought(Baltimore : The Johns Hopkins Univ. Press, 1971).

Marjorie, Topley, "Marriage Resistance in Rural Kwangtung," in *Women in Chinese Society*(Calif. : Stanford Univ. Press, 1975).

Marks, Elaine & Isabelle de Coutivron, *New French Feminism*(Amherst : The Univ. of Massachusetts Press, 1980).

McLaughlin, Eleanor Commo, "The Impact of Christianity," in Martha Lee Osborne(eds.), *Woman in Western Thought*(New York : Random House,1979).

Michie, Helena, *The Flesh Made Word*(New York: Oxford Univ. Press, 1987).

Midgley, Mary, "On not Being Afaid of Natural Sex Difference," in M.Griffiths & M. Whiteford(eds.), *Feminist Perspectives in Philosophy* (Indianapolis : Indiana Univ. Press, 1988).

Mies, Maria, "What Unites, What Devides Women from the South and from the North in the Field of Reproductive Technologies?" Paper Presented at FINRRAGE International Conference(Bangladesh from March 10th to March 16th, 1989).

Mortley, Raoul, *Womenhood*(Sydney : Delacroix, 1981).

Mosse, George L., *Nationalism and Sexuality* (Madison: The Univ. of Wisconsin Press, 1985).

Neumann, Erich, *The Great Mother*(Princeton : Princeton Univ. Press, 1963).

O'Brien, Mary, *The Politics of Reproduction*(London : Routledge & Kegan Paul, 1981).

Okin, Susan M., *Women in Western Political Thought*(New Jersey : Princeton Univ. Press, 1979).

Osborne, Martha Lee, *Women in Western Thought*(New York : Random House, 1979).

Pannick, David, *Sex Discrimination Law*(Oxford: Clarendon Press, 1985)

Peterson, Jeanne, *Family, Love, and Work in the Lives of Victorian Gentlewomen*(Indianapolis: Indiana Univ. Press, 1989).

Pinchbeck, Ivy, *Women Workers and Industrial Revolution*(London : Virago Press, 1930).

Ramaganoglu, Caroline, *Feminism and Contradictions of Opprerssion*(London : Routledge, 1989).

Reiter, Rayana, "Men and Women in South France," in *Towards an Anthropology of Women*(New York & London : Monthly Review Press, 1975).

Roberts, Helen, *Doing Feminist Research*(London : Routledge & Kegan Paul, 1981).

Roberts, Rom. E., "Cultural Imperialism : Nativistic and Nationalistic Movement," in *Social Movement*(Saint Lewis : The C. V. Mosby Company, 1974).

Rogers, Katharine M., *Feminism in Eighteenth-Century England*(Urbana : Univ. of Illinois Press, 1982).

Rosaldo, Michelle & L. Lamphere(eds.), *Women, Culture and Society*(Calif. : Stanford Univ. Press, 1972).

Rowbotham, Sheila, *Hidden from History*(New York: Pantheon Books, 1974).

Rowland, Row, "Of Women Born, But for How Long?," in Patricia Spallone & Deborah Hynn Steinberg(eds.), *Made to Order, The Myth of Reproductive and Genetic Progress*(London : Pergamon Press, 1987).

Sargent, Lydia(eds.), *Women & Revolution*(London : Pluto Press, 1981).

Scarre, Geoffrey, *Witchcraft and Magic in 16th and 17th Century Europe* (New Jersey: Humanities Press International, Inc., 1987).

Scott, Joan Wallach, *Gender and the Politics of History*(New York: Columbia Univ. Press, 1988).

Shanley, Mary Lyndon, *Feminism, Marriage, and the Law in Victorian England, 1850-1895*(New Jersey: Princeton Univ. Press, 1989).

Speth, Linda E. & Alison Duncan Hirsch, *Women, Family, and Community in Colonial America : Two Perspectives*(New York : The Haworth Press, 1983).

Stanley, Lis & Wise, Sue, *Breaking Out*(London : Routledge & Kegan Paul, 1983).

Stone, Lawrence, *The Family, Sex and Marriage in England 1500~1800* (New York : Harper and Row Publishers, 1977).

Tarsia, Carol and Carole Offirs, *The Longest War : Sex Differences in Perspec-

tive(New York : Harcourt Brace Jovanovich, Inc., 1977).

Tilly, Louise A. & Joan W. Scott, *Women, Work & Family*(London: Routledge, 1987).

Tong, Rosemarie, *Feminist Thought*(Boulder : Westview Press, Inc., 1989).

Vogel, Lise, *Marxism and the Oppression of Women : Toward an Unitary Theory*(New Jersey : Rutgers Univ. Press, 1983).

Ward, Barbara E., *Women in the New Asia*(New York : UNESCO Publications Center, 1964).

Weigle, Marta, *Creation and Procreation*(Philadelphia: Univ. of Pennsylvania Press, 1989).

Wiesmen, Merry E., "Early Modern Midwifery : A Case Study," in B. A. Hanawalt(eds.), *Women and Work in Preindustrial Europe*(Bloomington : Indiana Univ. Press, 1986).

신문·잡지 및 기타자료

《이대학보》, 1987년 6월 8일자 2면.

김남천, 〈여성의 직업문제〉, 《여성》 12월호(조선일보사, 1940).

김정배, 〈한국사의 새지평〉, 《조선일보》 1986년 9월 11일자 제3면.

송지영, 〈현대여성을 위한 고전적 인생론〉, 《가정조선》 창간호(조선일보사, 1985).

이경숙, 〈여자해방과 우리의 필연적 요구〉, 《신여성》 신년호(개벽사, 1937).

이회명, 〈신여성시비〉, 《여성》 11월호(조선일보사, 1940).

주요섭, 〈신여성과 구여성의 행로〉, 《신여성》 신년호(개벽사, 1933).

허정숙, 〈근우회운동의 역사적 지위와 당면임무〉, 《근우》, 1929.

황신덕, 〈조선부인운동의 사적 고찰〉, 《신동아》 5월호(동아일보사, 1935).

황호근, 〈이조여인서민사 : 早婚考〉, 《여성동아》 11월호(동아일보사, 1973).

한국 여성 항일운동사 연구

박용옥 저
신국판/양장 482쪽

1920·1930년대의 한국 여성운동을 역사적으로 조명하여 그 성격과 역사적 위상 등을 밝힌 책. 제1부는 1920·1930년대 여성 항일민족운동, 제2부 국외 한국여성의 항일민족운동을, 제3부는 근우회의 여성운동과 민족운동을 중심으로 하여 항일운동사에서 한국여성의 역할을 심도있게 밝히고 있다.

한국사회사상사

이은순·이배용 외 지음
신국판 / 반양장 406쪽

원시시대부터 1900년대 전반까지 한국사회를 지배했던 사상의 흐름을 통시적으로 살핀 12편의 논문이 수록된 이 책은, 특히 한국사의 전개과정에서 사회변동기에 어떤 사상이 대두되어 어떠한 역할을 했는지, 그리고 그 사상이 어떠한 함의를 자니는지를 심도있게 파헤치고 있어서, 사상과 사회변동 혹은 사상과 사회의 관계를 밝히려는 역사학의 한 분야인 사회사상사에 귀중한 업적이 될 것으로 보인다.

동양과 서양
―두 세계의 사상·문화적 거리

최영진 지음
신국판/ 반양장 272쪽

동·서양은 일찍이 대조적인 주변환경―열린 세계로의 서양과 닫힌 세계로서의 동양―의 영향으로 해양문화와 대륙문화라는 陽과 陰처럼 대칭적인 문화를 형성했다. 이러한 차이는 두 세계의 신화·종교·인간관·자연관·세계관 등에 광범위하고 깊게 영향을 미쳤다. 저자는 여러 고전과 문화현상의 예를 들면서 두 세계의 문화적 차이를 설명하고, 아울러 동·서양문화의 만남을 통해 이루어질 새로운 인류문화의 발전 가능성을 보여주고 있다.

사회와 사상 13
한밝文明論
한民族 統一意識의 起源과 歷史

김상일 저
신국판 / 반양장 274쪽

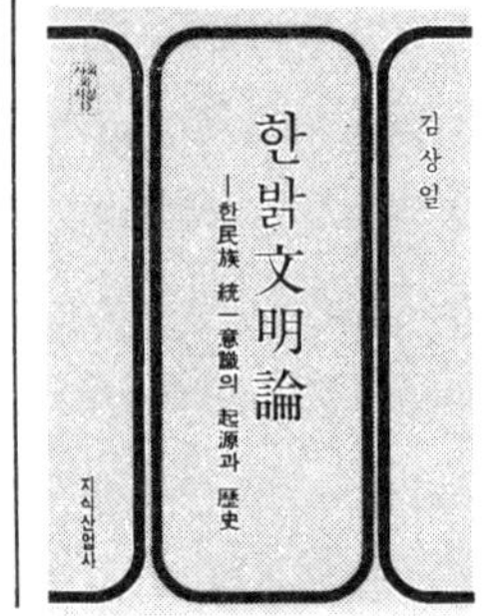

한민족의 무의식의 심층과 한민족사의 전개과정에서 면면히 이어온 총체적 전체성을 '한'으로 보고, 이 '한'이 한민족의 역사에만 국한되지 않고 인류의 보편적 문명사 속에서 어떻게 나타나고 어떻게 좌절되고 승화되었는가를 개체발생이 계통발생을 반복한다는 기본입장에서, 고고인류학과 인지발달심리학을 결부시키는 방법을 통하여 8개의 문화층으로 나누어 고찰하고 있다.